课程思政

我们这样设计案例（计算机类）

刘小丽　翁　健◎主编

清华大学出版社
北京

U0275080

<h1 style="text-align:center">内 容 简 介</h1>

为贯彻落实立德树人的教育理念,用好课堂教学这个主渠道,把做人做事的基本道理、社会主义核心价值观的要求以及实现民族复兴的理想和责任融入各类课程教学之中,本书介绍了课程思政的概念,并针对计算机类专业设计了面向课程思政的教学案例。

全书共分为三部分:第一部分(第1~3章)为课程思政指引,介绍课程思政的概念、指导纲要、名校战略、课程实践以及部分高校课程思政的建设方案与实施举措;第二部分(第4~13章)为"计算机科学"课程思政案例,介绍了十个计算机科学的课程思政案例,包括量子计算机、数字化、程序设计、人工智能、物联网和信息安全等内容;第三部分(第14、15章)为"资讯科技"课程思政备赛案例,介绍了全国高校教师教学创新大赛(课程思政组)、广东省首届本科高校课程思政教学大赛的参赛规则,以"资讯科技"课程为例,展示了课程思政教学竞赛的准备材料。本书的第一、三部分从教学的角度出发,梳理了计算机类课程思政的建设思路和实践方法;第二部分基于基本知识点,面向实际应用和产业发展,从不同维度讲解信息技术,并剖析其中的思政元素。

本书适合作为高等院校计算机类课程教师的课程思政参考书,也可供学生学习信息技术知识、掌握信息技术应用和发展。

图书在版编目(CIP)数据

课程思政:我们这样设计案例.计算机类/刘小丽,翁健主编.—北京:清华大学出版社,2023.3
ISBN 978-7-302-63156-9

Ⅰ.①课⋯　Ⅱ.①刘⋯　②翁⋯　Ⅲ.①高等学校－思想政治教育－教学研究－中国　Ⅳ.①G641

中国国家版本馆 CIP 数据核字(2023)第 043533 号

责任编辑:白立军　薛　阳
封面设计:刘　乾
责任校对:韩天竹
责任印制:曹婉颖

出版发行:清华大学出版社
　　　　网　　　址:http://www.tup.com.cn,http://www.wqbook.com
　　　　地　　　址:北京清华大学学研大厦 A 座　　　　　　邮　　编:100084
　　　　社 总 机:010-83470000　　　　　　　　　　　　　邮　　购:010-62786544
　　　　投稿与读者服务:010-62776969,c-service@tup.tsinghua.edu.cn
　　　　质量反馈:010-62772015,zhiliang@tup.tsinghua.edu.cn
　　　　课件下载:http://www.tup.com.cn,010-83470236
印 装 者:三河市龙大印装有限公司
经　　销:全国新华书店
开　　本:186mm×240mm　　　　　　**印　　张:**15.75　　　**字　　数:**357 千字
版　　次:2023 年 5 月第 1 版　　　　　　　　　　　　　**印　　次:**2023 年 5 月第 1 次印刷
定　　价:69.00 元

产品编号:095819-01

习近平总书记在 2016 年 12 月全国高校思想政治工作会议上的讲话指出,要"用好课堂教学这个主渠道""所有课堂都有育人功能",要把做人做事的基本道理、社会主义核心价值观的要求以及实现民族复兴的理想和责任融入各类课程教学之中,使各类课程与思想政治理论课同向同行,形成协同效应。

课程思政建设需要建立在对课程思政本质的透彻理解之上,除了需要提炼专业课程中蕴含的思政元素,还需要一流课程的示范效应和授课教师对教学流程的精雕细琢。本书从课程思政的概念出发,列举了部分高校课程思政的顶层设计策略,梳理了一些国家级一流本科课程(包括课程思政示范课程)、著名高校的课程思政建设思路和举措,设计了 10 个计算机类的课程思政案例,列举了课程思政教学竞赛的竞赛要点,并展示了"资讯科技"课程思政教学大赛的参赛材料,可为教师们的课程思政建设提供一定的参考,为教师们的教学设计提供一定的借鉴。

1. 组织

本书包括三部分,组织结构如图 0-1 所示。

第一部分包括部分高校对课程思政的理解实施,除了包括著名高校课程思政的顶层设计,国家级一流本科课程和课程思政示范课程的思政建设实践,还列举了知名高校的课程思政实施方案和实施措施。

第二部分包括十个计算机类课程思政案例,进行贯穿思政元素的"兴趣导向式"教学设计。每个案例都包括四部分:案例引入、案例思政分析、案例教学设计和思政总结。首先对引入材料进行思政分析,然后剖析其中的教学知识点,最后通过延伸阅读材料、思政总结等内容,引导学生思考、讨论、实践等。

第三部分介绍全国第三届高校教师教学创新大赛(课程思政组)的比赛说明、课程思政教学大赛参赛要点和材料展示,包括课程思政实施方案、教学设计、教学大纲等内容。

2. 致谢

本书的编写得到了多位老师的支持和帮助,特别感谢古天龙教授对本书提出的宝贵意见和大力支持,感谢卢健民书记对本书提供的写作素材和撰写思路,还有关心和支持本书编写的同行,在此向他们表示感谢! 有了他们的支持,才使这本书得以出版。本书由广东省教育科学规划课题(2022GXJK141)和暨南大学本科教材资助项目支持,也得到了暨南大学信

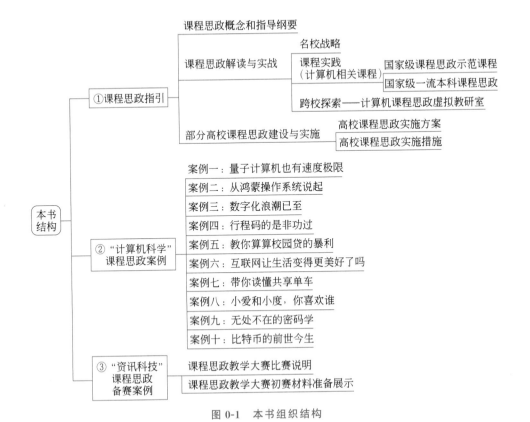

图 0-1　本书组织结构

息科学技术学院/网络空间安全学院领导和计算中心领导的支持,在此向以上单位一并表示感谢。

　　本书在编写的过程中参考了大量的论文、书籍、新闻报道、名家讲座、个人博客、网上公告、高校公开文件等相关资料,汲取了多方的宝贵经验,在此向相关人员和机构表示感谢。由于篇幅有限,本书只列举了部分易追溯的参考文献,如果有资料因没有查到出处或因疏忽而未被列出,恳请原作者见谅并联系我们,我们会在重印时及时补上。本书的编写因时间仓促,加之编者水平有限,书中难免有疏漏和不足之处,在此恳请广大读者批评指正,以便日后修订。

编　者

2023 年 3 月

CONTENTS **目录**

第二部分　"计算机科学"课程思政案例

第三部分　"资讯科技"课程思政备赛案例

第 一 部 分

课程思政指引

本部分简单介绍课程思政的基本概念、知名专家学者对于课程思政的解读，国家级课程思政示范课程和国家级一流本科课程的课程实践、部分高校的课程思政实施方案和具体实施举措。

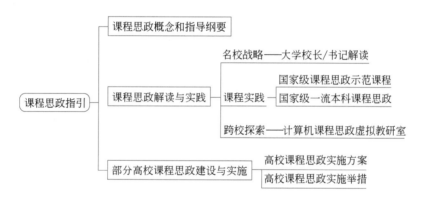

第1章

课程思政概念和指导纲要

1.1　课程思政概念

课程思政是以构建全员、全程、全课程育人格局的形式实现各类课程与思想政治理论课同向同行,形成协同效应,把"立德树人"作为教育的根本任务的一种综合教育理念。

1.1.1　课程思政的内涵

课程思政的主要形式是将思想政治教育元素,包括思想政治教育的理论知识、价值理念以及精神追求等融入各门专业课程中去,潜移默化地对学生的思想意识、行为举止产生影响。

1. 课程思政的意义

从课程思政的提出来看,其目的就是为了实现各类课程与思想政治理论课的同向同行,实现协同育人。我们党的教育方针和我国各级各类学校的共同使命是：为中国特色社会主义事业源源不断地培养合格建设者和可靠接班人,为实现中华民族伟大复兴中国梦凝聚人才、培育人才、输送人才,这也是衡量一所学校教育水平最为重要的指标。世界一流大学都是在服务自己国家的发展中成长起来的,"只要我们在培养社会主义建设者和接班人上有作为、有成效,我们的大学就能在世界上有地位、有话语权"。

2. 课程思政的本质及主要形式

"课程思政"不是特指一门课程,而是以学校所有教育教学活动和科目为载体,将思想政治教育贯穿到全程全方位育人过程中的一种理念。课程思政强调以课程为渠道,在学科中渗透思政教育,将思政元素融入教学体系中,结合到具体的教学科目中,实现知识导向和价值引领相结合的协同育人。课程思政正是要通过深化课程目标、内容、结构、模式等方面的改革,把政治认同、国家意识、文化自信、人格养成等思想政治教育导向与各类课程固有的知识、技能传授有机融合,实现显性与隐性教育的有机结合[1]。

1.1.2 课程思政与思政课程

"思政课程"是指几门思想政治理论课程(在本科层面,主要指"思想道德与法治""中国近现代史纲要""马克思主义基本原理""毛泽东思想和中国特色社会主义理论体系概论""习近平新时代中国特色社会主义思想""形势与政策"6门课程),"课程思政"则指"其他各门课程"融入思想政治教育元素。"思政课程"改革重"主渠道"质量提升及课程育人的启发性,"课程思政"改革重"微循环"拓展创新及课程育人的显化性,两者要在"立德树人"的目标下,尊重各自异同,求同存异,注意价值引领的统一、方法论教育的统一、课程间独立性与开放性的统一,以有效形成协同育人机制[2]。

思政课程与课程思政都在育人体系中具有重要地位。一方面,要推动思政课程改革,实现课堂教学内容专题化、教学手段现代化、考试方式多样化,使课程要点与思想实际相结合、课堂教学与自主学习相结合、理论学习与实践育人相结合,努力增强思政课程的吸引力和感染力。另一方面,要大力推动以课程思政为目标的课堂教学改革,优化课程设置,修订专业教材,完善教学设计,加强教学管理,梳理各门专业课程蕴含的思想政治教育元素和承载的思想政治教育功能,实现思想政治教育与知识体系教育的有机统一[3]。思政课程与课程思政的区别见表1-1。

表 1-1   课程思政与思政课程的区别

比 较 项	思政课程	课程思政
课程类别	思政课	专业课
开课学院	马克思主义学院	其他专业学院
课程对象	6门课	6门课之外所有课程
侧重要点	思想政治理论	思想价值引领
改革目的	育人的启发性	育人的显化性
改革重点	重"微循环"拓展创新	重"主渠道"质量提升
教育优势	有鲜明的意识形态性	思政元素是隐性的

思政课程与课程思政同向同行是指:一方面,思政课程向各类课程学习科学的研究方法,吸收深厚的人文底蕴,不断推进马克思主义中国化、时代化、大众化;另一方面,各类课程向思政课程学习,不断挖掘各类课程当中蕴含的社会主义核心价值观元素,掌握马克思主义

的世界观和方法论。思政课程与课程思政同向同行,要求教师不断提高学生获取知识的能力,引导大学生不断巩固和升华理想信念。

西南交通大学出版的《思政课程与课程思政融合的教学研究》[4]指出,在思政课程与课程思政的融合过程中,教师有必要根据教育对象的特点、教学活动实施的环境以及教学内容和目标选择适宜的教学方法。思政课程与课程思政融合路径的建立是其中的关键,它不仅关乎融合之后的课堂能否受到学生的喜爱,更决定了融合后的教学质量和课堂效果。如果融合的方法欠佳,那么思政课程与课程思政的融合只能是"生拉硬扯",这样课程思政建设的效果就会大打折扣,甚至适得其反。

江苏大学出版的《润物无声(思政课程与课程思政江大元素汇编)》[5]中,除了收录了国家发展大事、重要思想和理论等元素,还从历史人文、现代事迹、教学成绩等方面展示了江苏大学的魅力,可为教师们的思政元素设计提供一定的借鉴。

1.1.3　课程思政与学科德育

"学科德育"的概念起源于2000年中共中央办公厅、国务院办公厅所颁布的《关于适应新形势进一步加强和改进中小学德育工作的意见》,其中指出:德育要寓于各学科教学之中,贯穿于教育教学的各个环节。"学科德育"是对中小学狭义的承担直接德育的"德育学科"(品德与社会等)的"超越"。"课程思政"这一概念则来自上海高校对于2016年全国高校思想政治工作会议精神落实的实践探索。"课程思政"是对高校承担的作为思想政治教育直接渠道的"思政课程"的"超越"[6]。

德育教育是对学生进行思想、政治、道德、法律和心理健康的教育,它与智育、体育、美育等相互联系,彼此渗透,密切协调,对学生健康成长成才和学校工作具有重要的导向、动力和保证作用。课程思政是德育教育在社会主义新时代的时代化成果。在新时代背景下,高校育人理应以课程思政为抓手自觉贯彻三全育人的理念形成多方合力,将社会主义核心价值观体系、社会主义信仰和"四个自信"等新时代中国特色社会主义理论的精髓有机融入日常课堂教学的育人活动中。

德育元素的挖掘是深化课程思政的关键环节,是凸显课程育人价值的内在要求、优化专业课程体系的价值支撑,也是促进学生全面发展的关键所在[7]。

1.2　"大思政课"下的课程思政

"大思政课"是相对于课堂思政课而言,是对课堂思政课内涵的丰富和发展。所谓"大思政课",是基于人的思想政治素养形成与发展规律,以学生学习生活和成长发展为时空维度,集合课内课外、校内校外、线上线下全时空领域鲜活思政教育素材,构建起纵向贯穿大中小学全学段、横向贯通学校与社会全时空的思政课。"大思政课"需要明确教育导向,打通教育场域,串连教育内容,让思政课与时代同向、与现实同频、与实践同行,真正发挥培根铸魂、启智润心的作用。"大思政课"建设的有效路径是构建深化课程思政、推进专业思政、健全"三全育人"的体制机制，为"大思政课"建设提供格局保障[8]。

2022 年 8 月 10 日，教育部等十部门发布了教育部等十部门关于印发《全面推进"大思政课"建设的工作方案》的通知，详见"附录 A：全面推进'大思政课'建设的工作方案"[9]。方案中明确指出，针对课程思政存在"硬融入""表面化"等现象，要改革创新主渠道教学，设立一批实践教学基地，推出一批优质教学资源，做优一批品牌示范活动，支持建设综合改革试验区，推动思政小课堂与社会大课堂相结合。方案中第 19 条是"全面推进课程思政高质量建设"，指出：要开展高校教师课程思政教学能力培训，建设课程思政系列共享资源库、课程思政示范高校、课程思政示范课程，选拔树立课程思政教学名师和教学团队，建设高校课程思政教学研究示范中心。

课程思政是实现"大思政课"不可或缺的重要部分，"大思政课"建设的工作方案也为课程思政建设提供了思路和方向。在"大思政"的时代背景要求之下，想要进一步促进思政课程与课程思政的协同发展，就必须考虑到多元主体的作用，汇聚多元力量。武汉大学党委副书记沈壮海于 2022 年 10 月 25 日在中国教育新闻网发文"把准全面推进'大思政课'建设的关键点"，提出要"汇聚资源、构建机制、建好内核、增强'大思政课'作用"，要深入研究新时代思政课教学、课程思政开展、实践教学推进[10]。

> 思政课程、课程思政、大思政之间的关联：
>
> 课程思政与思政课程是同心圆的关系，思政课程是内核，课程思政是整体，各类课程都要发挥主渠道作用，形成课程门门有思政、教师人人讲育人的"大思政"工作格局。
>
> "大思政课"之"大"在于从学校小课堂向社会大课堂的拓展与延伸①。

1.3 《高等学校课程思政建设指导纲要》概览

2020 年 5 月 28 日，为深入贯彻落实习近平总书记关于教育的重要论述和全国教育大会精神，贯彻落实中共中央办公厅、国务院办公厅《关于深化新时代学校思想政治理论课改革创新的若干意见》，把思想政治教育贯穿人才培养体系，全面推进高校课程思政建设，发挥好每门课程的育人作用，提高高校人才培养质量，教育部制定了《高等学校课程思政建设指导纲要》，纲要的具体内容详见"附录 B：高等学校课程思政建设指导纲要"[11]。《高等学校课程思政建设指导纲要》包括九项主要内容，如图 1-1 所示。

《高等学校课程思政建设指导纲要》明确了高校课程思政建设的重要意义和目标，要求各高校科学梳理思政教学体系，并结合专业特点进行课程思政教学的融入，建立好相应的机制和条件保障措施，引导教师提升课程思政建设的意识和能力。

---

① 讲好用好新时代"大思政课"：http://www.moe.gov.cn/jyb_xwfb/s5148/202209/t20220919_662582.html。

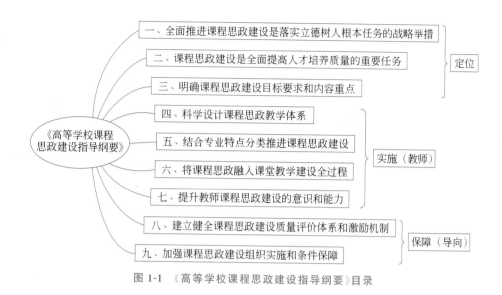

图 1-1 《高等学校课程思政建设指导纲要》目录

第2章

课程思政解读与实践

2.1 名校战略

2020 年 5 月 28 日,教育部印发了《高等学校课程思政建设指导纲要》。此后,各个高校都第一时间结合自身的特点优势,进行了课程思政建设的解读,本节展示了部分高校领导关于课程思政的解读和建设概况。

2.1.1 北京航空航天大学:协同联动扎实推进课程思政建设

2020 年 6 月,北京航空航天大学党委副书记赵罡教授在《中国教育报》发文"协同联动扎实推进课程思政建设"[12]指出,高校在贯彻落实《高等学校课程思政建设指导纲要》的实际工作中,需重点抓好五方面的工作:一是学校党委顶层设计,统筹推进。北京航空航天大学党委成立"学校思政课程与课程思政建设工作小组",党委书记和校长亲自担任组长,各部处和院系负责人为成员,小组定期开会制定课程思政各阶段工作细则。二是示范课程精选精育,有序推进,保证了课程改革实效性强、少走弯路,使课程思政的理念深入人心。三是思政元素有机融入,润物无声。学校总结出"用北航人物讲身边榜样""用北航故事讲中国故事""用北航精神讲使命担当"的课程育人模式,真正实现润物无声的效果。实践证明,这些思政内容不但没有挤占专业内容,反而成为专业课堂的"点睛之笔",增加了课程的吸引力。四是各类教师合作实践,协同育人。在第一课堂,各学科教师集体备课互相学习,形成教育共同体;在第二课堂,思政课教师和专业课教师合作带领学生奔赴祖国各地,和学生一起调研国情、服务社会。五是高校之间互学互鉴、共同进步。北京航空航天大学依托教育部高校思想政治工作创新发展中心,举办首届全国高校课程育人高端论坛,邀请专家学者共同探讨课程思政建设的理念和方法。

2.1.2 复旦大学:专业不减量 育人提质量 "三全育人"整体格局下的高校课程思政建设

2020 年 6 月,复旦大学副校长徐雷教授在《中国教育报》发文"专业不减量 育人提质量'三全育人'整体格局下的高校课程思政建设"[13]指出,课程思政建设是"三全育人"整体格局下的一项系统工程,要全面落实"两个所有"要求,要深度浸润每一门课程的教学内容和方法。复旦大学成立课程思政与教材建设领导小组,建立起党委统一领导、党政齐抓共管、教务部门牵头抓总、相关部门联动、院系落实推进、自身特色鲜明的课程思政建设工作格局。复旦大学于 2019 年发布《复旦大学课程思政攻坚行动计划实施方案》,对示范专业、医学整体思政、示范课程、教材建设、育人队伍、理论研究六方面的三年攻坚均形成了分年度计划,从质量和数量上提出了工作目标和具体指标。徐雷副校长指出,近年来,复旦大学不断推动课程思政教育教学方法改革创新,积极促进科研优势转化为育人优势,在全校营造了"课程门门有思政,教师人人讲育人"的良好氛围。复旦大学的课程思政建设将在课堂教学主渠道中全面体现"国家意识、人文情怀、科学精神、专业素养、国际视野"的复旦育人特色,培养担当民族复兴大任、掌握未来的复旦人。

2.1.3 兰州大学:课程思政要把准"四个高度融合"的内在逻辑

2020 年 6 月,兰州大学党委书记马小洁教授在《中国教育报》发文"课程思政要把准'四个高度融合'的内在逻辑"[14]表示,课程思政要把准"四个高度融合"的内在逻辑,一是知识传授和价值引领高度融合,集育德育才于一体。二是显性教育和隐性教育高度融合,汇聚强劲整体合力。三是实践探索和理论研究高度融合,辩证把握认识和实践的关系。四是统筹推进和分类施策高度融合,尊重教育和人才成长规律。马小洁书记指出全面推进课程思政建设,要紧紧抓住教师队伍"主力军"、课程建设"主战场"、课堂教学"主渠道",实现知识传授和价值引领、显性教育和隐性教育、实践探索和理论研究以及统筹推进和分类施策的高度融合,寓价值观引导于教育教学之中,切实将价值塑造、知识传授和能力培养三者有机结合、一体贯通,解决好立德树人和"培养什么人、怎样培养人、为谁培养人"的根本问题。兰州大学先后组织开展了课程思政示范课程立项建设、课程思政讲课比赛、课程思政教学研究等,全面推动课程思政建设。

截至 2020 年 6 月,兰州大学 3000 余门专业课、225 门通识教育课、73 门在线课程已实现课程思政全覆盖,并从中遴选了 122 门专业课作为课程思政重点示范课程进行建设,13 门人文社会科学专业课和通识课程进行课程思政教学改革研究。

2.1.4　清华大学：课程思政要如盐在水

2020 年 6 月，清华大学副校长彭刚教授在《中国青年报》发文"课程思政要如盐在水"[15]，指出教师队伍是课程思政的主力军、课程建设是课程思政的主战场、课堂教学是课程思政的主渠道。他指出，在课程思政建设中，教师要具备让学生敬重的学问与品行，要以自己的"理想信念、道德情操、扎实学识、仁爱之心"，通过自己的言传身教，让学生耳濡目染。各类课要以符合自己特点的方式，建构开展课程思政的有效路径。不同课程的课堂教学，都要有机地融入思政元素，让价值引导的成分在课程设计和课堂教学中如盐在水，达到春风化雨、润物无声的育人效果。课程思政需要从教师队伍、课程建设、课堂教学三方面展开。彭刚教授列举了图灵奖获得者姚期智院士的例子，姚期智院士长期坚持给清华大学计算机科学实验班的学生上课，除了讲好自己承担的课程，他还投入大量精力精心指导年轻教师备课，甚至在年轻教师上课时坐在第一排，和学生"抢"答问题。教师在教学活动中所展现出来的治学精神和人生态度，对学生有着莫大的影响，是课程思政最见成效的方式。

2.1.5　同济大学：面向复兴大业 加强课程思政 培育时代新人

2020 年 12 月时任同济大学校长陈杰教授在教育部网站发文"面向复兴大业 加强课程思政 培育时代新人"[16]中指出，在深入贯彻落实《高等学校课程思政建设指导纲要》和高等学校课程思政工作视频会议精神时，要抓好"导向"、抓牢"质量"、抓实"范围"。在抓好"导向"这个全局变量时，班子成员带头推动，要与时俱进因势而新，并且以"互联网＋"赋能。以教学大纲修订为抓手，要求所有课程教师结合中央精神、国家战略、红色传承等进行"立德树人"内涵设计，推进课程思政全面落地，构建横向覆盖所有专业的课程思政群、纵向贯穿培养全过程的课程思政链，形成完整体系。通过课程思政资源共享、融合延展，构建本研一体的课程思政课程体系，贯通人才培养主渠道。

同济大学投入专项经费促进课程思政改革，坚持学生中心，探索激发能动性为导向的主体性教学模式、问题为导向的研究型教学模式、提高综合素质为导向的实践型教学模式。重点建设 5 个课程思政领航学院，形成 6 个示范专业、13 支特色改革领航团队；遴选资助 134 项课程思政教改项目，打造 31 个示范专业"课程链"，包括 93 门精品课程和 244 门示范课程，涌现出许多优秀的教改典型案例和教学成果。在大类招生、大类培养、大类管理的联动机制下，邀请 200 多位高层次领军人才走进课堂，发挥大类导论课作用，既传授学科基础和专业前沿，也培养学生家国情怀和社会责任。打造品牌实践活动，让学生走出书本、走近社会。同济大学已联合 36 所高校院系成立了"高校交通运输类专业课程思政研究联盟"，进一步发挥示范引领作用。

2.1.6　天津大学：开启"新工科"课程思政建设新篇章

2020 年 6 月，天津大学副校长巩金龙教授在《中国教育报》发文"开启'新工科'课程思政建设新篇章"[17]指出,新工科教育是我国建设教育强国的必由之路、战略支撑和引领力量,在"新工科、新医科、新农科、新文科"建设中具有典型示范引领作用。如何立足高校实际,在"新工科"建设中构建好协同推进课程思政建设的体制机制,实现"1+1＞2"的效果,是急须解决的一个重大课题。他进一步提出,开启"新工科"课程思政建设新篇章要坚持价值塑造、知识传授和能力培养"三位一体",推动课程思政教学体系建设;要搭桥梁、建机制、促联动,推动专业课教师和思政课教师强强联合;要上下同步齐动,校内横向联合,汇聚优质资源,推动协同攻坚。

巩金龙教授指出,要建设好学科专业思政素材库,挖掘和整理学科专业中的时代楷模与身边榜样、在重大工程以及生活中的应用和中国历史上的发明与创新、学科专业的光荣使命等,为培养学生精益求精的大国工匠精神提供鲜活案例。依托传统媒体与新媒体平台,开展优秀课程思政案例汇编、思政素材库建设、教师培训课程建设、课程思政评价标准制定等专项工作,形成一批可复制、可推广的课程思政教育教学改革成果。

2.1.7 武汉大学:提升课程思政建设的意识和能力

2021年7月,武汉大学副校长周叶中教授在《人民日报》发文"提升课程思政建设的意识和能力"[18]指出,全面推进课程思政建设,教师是关键。青少年阶段是人生的"拔节孕穗期",最需要精心引导和栽培,教师队伍责任重大。在价值塑造、知识传授、能力培养过程中,教师要用习近平新时代中国特色社会主义思想铸魂育人[19],引导学生把爱国情、强国志、报国行自觉融入坚持和发展中国特色社会主义事业、建设社会主义现代化强国、实现中华民族伟大复兴的奋斗之中。从这个角度看,我们还需进一步提升课程思政建设的意识和能力。教师必须精心设计和组织教学。首先,要在教学中强化育人观念,激发学生学习兴趣,引导学生深入思考,实现思想启迪和价值引领;其次,要将课程思政资源和具体内容纳入总体教学目标,并细化到每个教学环节、每一堂课;第三,综合运用多种方法和手段,将课程思政要求自然而然地融入教学过程。我们应心怀"国之大者",把对家国的爱、对教育的爱、对学生的爱融为一体,转化为培养社会主义建设者和接班人的能力。

2.1.8 西北工业大学:推动思政课程和课程思政同向同行

2021年8月,西北工业大学校长汪劲松教授和西北工业大学党委书记张炜教授在《中国教育报》联合发文"推动思政课程和课程思政同向同行"[20],关于推进思政课程和课程思政建设给出了一些实施策略。一是坚持守正和创新相统一,提升课程水平。在教学内容改革方面,突出显性教育和隐性教育相融通,找准不同课程"结合"的切入点,把思政元素融入课堂教学各环节。在教学模式改革方面,要以学生为中心,因课制宜选择教学方式方法,激发学生的主动性积极性。在教学管理改革方面,研究制定科学多元的课程思政评价标准,把课程思政建设成效作为专业和课程建设考核的重要标准,把教师参与课程思政建设情况和教学效果作为教师考核评价的重要内容。二是坚持"两支队伍"建设相协调,强化师资力量。

统筹推进思政课程和课程思政建设,关键在教师,在于建立一支政治素质硬、专业能力强的教师队伍。三是坚持顶层设计和基层探索相结合,推动课程改革向纵深发展。校级层面要高度重视课程建设,把课程建设作为重要内容纳入学校教育事业发展战略规划中来,统筹各类资源,加大对思政课程和课程思政建设的投入和保障力度,同时强化分类指导,确定统一性和差异性要求。

2.1.9　西北农林科技大学：构建具有鲜明农科特色的"领航体系"

2020 年 6 月,西北农林科技大学党委书记李兴旺在《中国教育报》发文"构建具有鲜明农科特色的'领航体系'"[21]表示,西北农林科技大学准确把握课程思政总体要求和农科专业学科特点,坚持以立德树人为根本,以强农兴农为己任,把思政教育与专业教育有机统一,以课程思政建设体制机制为保障,以课程思政教学体系建设为核心,以队伍建设为关键,设计具有西农特色的课程思政"领航体系",形成了"思政课＋课程思政＋专业思政"的思政教育新体系,建设与农业大学使命担当相统一的大思政格局,努力培养新时代知农爱农新型人才。

西北农林科技大学常态化开展"思政课教师大练兵和课程思政建设"等主题活动,以项目立项形式,打造具有西农特色的课程思政示范课 256 门,涵盖通识类课程、学科类课程和实践课程 3 种类型,覆盖全校 67 个本科专业;打造了一批接地气、有成效的特色实践思政课,延伸课程思政教育链。开展"秦岭生态文明教育",引导学生树立和践行绿水青山就是金山银山的理念。实施场站教学功能提升工程,规划建设一批实践教学项目,打造实践育人"金课",创建新时代实践育人大课堂,为培养德智体美劳全面发展的社会主义建设者和接班人贡献"西农智慧"和"西农力量"。

2.1.10　中国人民大学：把好"指挥棒"、抢占"主战场"、建强"主力军"

2020 年 6 月,时任中国人民大学党委书记靳诺教授在《中国教育报》发文"把好'指挥棒'、抢占'主战场'、建强'主力军'"[22],文章指出:《高等学校课程思政建设指导纲要》从战略意义、指导思想、建设内容、教学体系、课程分类、师资建设、政策激励、支持保障等方面,形成了"全面覆盖、类型完整、层次递进、保障有力"的体系性建设意见,对进一步深化推进高校课程思政改革创新明确了工作方向,具有十分重要的理论价值和实践意义。她指出,要深刻认识课程思政建设的重大意义,把好立德树人"指挥棒";要切实推动思政教育和专业教育的有机融合,抢占课程建设"主战场";要不断提升教师思政育人的意识能力,建强教师队伍"主力军"。中国人民大学探索实施"吴玉章课程思政名师工作室"建设计划,要求每个学院每年至少培育 1 个课程思政教师团队,5 年内培育 5～8 个课程思政教师团队,争取通过几年的努力,在全校建成一批"吴玉章课程思政名师工作室",发挥课程思政名师的示范引领作用。

2.2 课程实践(计算机相关课程)

2.2.1 国家级课程思政示范课程

2021 年 6 月教育部办公厅发布《教育部关于公布课程思政示范项目名单的通知》(教高函〔2021〕7 号)[23],确定课程思政示范课程 699 门、课程思政教学名师和团队 699 个、课程思政教学研究示范中心 30 个。本节简要介绍 4 门计算机相关课程思政建设方案。

1. 计算机与网络安全

西安电子科技大学马建峰教授教学团队的"计算机与网络安全"入选首批国家级课程思政示范课程及教学团队。"计算机与网络安全"课程是信息安全、网络工程、网络空间安全三个专业的专业核心课。在重点培养学生利用密码学技术对计算机与网络进行安全防护能力的前提下,该课程构建立体式全方位沉浸式的课程思政模式[24],从世界、国家、个人三个层次,通过学术、技术、标准、法律、军事等多个角度示例,利用案例式、小组讨论、实验、线下自学等多种手段教学,使学生了解计算机与网络面临的安全威胁和相关网络安全法律法规,能够认识网络安全、国家安全和个人信息安全之间的关系,培养学生具备健康的网络空间安全观、正确的国家网络安全观和科学的网络安全防范意识,推进安全人才与人才安全的双促进、双保障。

2. 计算机科学导论

桂林电子科技大学董荣胜教授团队的"计算机科学导论"入选首批国家级课程思政示范课程及教学团队。董荣胜教授同时也是教育部计算机课程思政虚拟教研室试点建设负责人,他认为计算机类课程思政应该建立在依托马克思主义认知论构建的计算学科方法论的基础之上,用具有学科方法论性质的核心概念和思想方法认识问题、分析问题和解决问题。董荣胜教授在课程思政讲座中强调,计算学科课程思政要从学科的科学问题出发,追求有灵魂的卓越,要让思想的光芒照亮同学们前行的脚步,实现知识传授、价值塑造和能力培养的多元统一目标。他根据教育部《高等学校课程思政建设指导纲要》,将科学思维列为计算学科专业课程思政第一位的思政元素。实际操作上,他将计算学科专业课程思政中的科学思维拆分为可衡量、可检验的抽象、理论和设计三个过程,在三个过程中融入中国元素(中国学者的理论成果,中国企业的产品,中国计算机的发展历史),将科学伦理、工程伦理、大国工匠精神,以及 CC2020 中的 11 个品行元素置于计算学科的社会与职业分支领域的教学中,构建计算学科课程思政的总体结构框架,借助 Bloom 分类法①和具体案例,进行课程思政元素的挖掘与融入。

---

① 布鲁姆学习分类法是对学习层次的分类,它反映了人们思考和处理信息的路径。学习的层次分为记忆(Remembering)、理解(Understanding)、应用(Applying)、分析(Analyzing)、评价(Evaluating)和创造(Creating)。

3. 电路原理

清华大学于歆杰教授团队的"电路原理"入选首批国家级课程思政示范课程及教学团队。于歆杰教授同时也是北京市教学名师,他从"电路原理"课程着手做尝试,将信息技术深度融入课程教学,继推出全国首门"电路原理"慕课后,又率先开展翻转课堂和混合式教学改革,疫情期间通过在线教学进行远程实验。通过混合式教学课堂,可以将一些东西挪到课前来学,剩下的时间就可以用来开展课程思政教育。他提出了从课程到专业、从教师到课组的由点及面的课程思政体系建设模式[25]和合五为一的课程思政建设模式[26]。合五为一的课程思政建设模式包括五个层面:①理解层面,要准确理解课程思政和同向同行;②行动层面,要通过身教实现立德树人;③内容层面,要在知识传授过程中实现入脑入心的价值塑造;④方法层面,要将能力培养有机融入知识传授;⑤手段层面,要将课程思政建设与混合式教学改革紧密结合。在课程思政的教学实施过程中,于歆杰教授认为"连通课程思政的最后一公里[26]"尤为重要,连通"最后一公里"的关键在于将课程思政与课程教学改革融为一体,要做好以下三点:一是要想把课程思政建设好,首先得把课程建设好。二是要精心选择教学内容,统筹好"加法和减法"的辩证关系。三是言传很重要,但身教却是更直接更扎实的课程思政教育。

作为理工科的教学名师,于歆杰教授特别总结了理工科课程思政建设的抓手和建议。他提出的理工科核心课程开展课程思政的三大抓手是:教师通过身教实现立德树人、在知识传授过程中实现入脑入心的价值塑造以及将能力培养有机融入知识传授过程中[27]。同时,他也指出,虽然目前课程思政建设已呈燎原之势,但理工科核心课的课程思政建设依然是需求与难度并存,理工科核心课在混合式教学模式下,可以不断突破课程质量和学习成效的上界,实现真正落地的课程思政教育。

4. 操作系统

教育部课程思政教学名师、北京邮电大学副教授李文生老师的"操作系统"入选教育部首批课程思政示范课程,她结合专业特点及操作系统课程知识点,深入挖掘思政元素,组织了89个涉及家国情怀、社会公德及科学观的思政教育案例[28]。通过设计价值引领、知识传授、能力培养三位一体的课程思政教育方案,构建操作系统专业知识与思政教育内容嵌入式有机融合的教学模式,建立产—科—创—教融合的协同育人方法。该课程的课程思政建设包括制定课程思政教育目标、组织课程思政教育内容、课程思政教学方式方法、课程思政教学目标达成途径和教学效果评价,最后给出课程思政评价与成效。"操作系统"课程思政教学目标达成途径包括问卷调查、课堂教学、实践教学、学生自主学习、学生评价反馈以及课程总结完善[29]。

"操作系统"的89个思政教育案例中,有22个涉及家国情怀,38个涉及社会公德,67个涉及科学观。

2.2.2 国家级一流本科课程思政

2020年11月30日,教育部公布了首批国家级一流本科课程名单,共计5116门[30],本节挑选了4门与计算机相关的课程进行思政介绍。

1. 人工智能导论

浙江工业大学计算机科学与技术学院教授、国家教学名师奖获得者、国家"万人计划"首批教学名师王万良的"人工智能导论"入选首批国家级一流本科课程,课程配套教材已经出版至第5版,该课程也获批浙江省高校课程思政优秀教学案例,课程通过融入民族自信、中国文化等思政元素的方式展开思政教学。他强调课程思政是教师忠诚党的教育事业的具体表现;习近平总书记提出的"四个正确认识"是课程思政主要内容;教之以事而喻诸德是课程思政教学的重要方式。阐明了开展人工智能课程思政建设的四方面[31]:宣传国家战略,正确认识世界和中国发展大势;培养民族自信,正确认识中国特色和国际比较;弘扬中华文化,正确认识时代责任感和历史使命;发扬坚持不懈精神,正确认识远大抱负和脚踏实地。

专业度的拔高、产业发展趋势的分析也属于课程思政建设的范畴,在"走进人工智能时代"的讲座中[32],王万良教授从学科发展的宏观角度分四方面进行阐述:①走进人工智能时代:掌握科技竞争主动权。②人工智能方法本质:模拟人和生物的智能。③人工智能产品本质:机器硬件问题软件化。④人工智能人才培养:如何学好人工智能。王万良教授列举出许多生动形象的例子,如AI换脸术、超微型机器人以及假币的制作与识别等。王万良教授告诫同学们学好人工智能需要了解人工智能的生物背景,了解人工智能的应用思路。

2. 计算机组成原理

华中科技大学计算机学院副院长秦磊华教授团队的"计算机组成原理"入选首批国家级一流本科课程,他认为:打造硬件系列国家精品课程"名师团队",也是组织构建"IT中国"课程思政体系的思政教育之路,他说教师应该"埋头拉车 抬头看路 仰望星空"[33]。面对我国信息产业自主可控国家战略对创新人才的迫切需求,秦磊华教授带领教学团队锐意改革,在全国率先构建面向计算机系统设计与实现能力培养的课程体系与一体化实践教学体系,带领团队老师研制基于PFGA的硬件实验平台,积极推进计算机系统能力培养。他注重传授学生从硬件功能部件到系统的设计方法,打通了从逻辑门到CPU的设计路径。教学过程中,他注重构建采用真实环境的教学设计,引入华为、达梦等国产IT生态自主可控真技术,通过解决真问题,培养学生真能力,并结合"兼容""并行"等专业知识教授学生做人做事的道理。

秦磊华教授也甘做课程思政团队建设的踏实践行者,他积极组织开展学院"课程思政"体系顶层设计,组织开设21门课程思政微课[34],研究开课内容、开课形式,结合信息产业自主可控挖掘思政元素,组织在全国首开专业前沿导论课"IT中国"。"IT中国"导论课脱胎于"信息技术导论"教学体系,采用"大课堂、大主题、大报告"的形式授课;云计算与大数据、物联网、信息安全、人工智能、媒体计算与模式识别、网络与5G、"互联网+"与共享经济、IT产业8个专题被列入课程,围绕IT前沿技术以及信息产业布局与国际竞争等热点专题,邀请企业高管,学术"大牛"共同讲授国产IT生态的艰辛创业之路,助学生立鸿鹄志。

3. 创新药物设计与研究综合大实验

暨南大学教授、广东省教学名师孙平华教授及其教学团队的"创新药物设计与研究综合大实验"入选首批国家级一流本科课程；"计算机辅助药物设计"入选第二批国家级一流本科课程，这两门课程以药物研发为导向、一人一个新化合物为源头创新，实现计算机辅助药物设计与虚拟筛选，驱动本科学习全链条创新的探索和实验，培养了学生不怕失败、勇于探索和敢于担当的创新创业精神。他精准提出"小三全"的育人模式，通过组建广东省基于双创人才培养的大药学教学团队，对药学全课程（涵盖各大主干课程）、全教学链（涵盖各大教学环节）、全药物研发过程（涵盖药物研发的全过程）的教学开展研究与改革。课程思政的融入有望提高学生的职业素养、思想道德、政治觉悟、人文情怀等，为高素质药学人才的培养提供新途径[35]。

孙平华教授及其教学团队认为"立德树人"是一切人才培养的重要出发点，也是"金标准"[36]。他们围绕立德树人，立足于药学学科自身的三种特点和属性展开思考：其一，药物事关国民健康的社会属性，药品管理要保卫"舌尖上的安全"[37]，药学人才培养务必重视社会责任感的培养，"要学做事，先学做人"成为他们的共识；其二，传统中药与传统文化同脉同源的人文属性，围绕中医药守正创新、传承发展，积极探索中医药特色人才建设，孙平华教授于2016年在《中国医学伦理学》上发表《传统文化对中医药发展的作用及加强人文精神培养的措施》一文，提出了自己独特的见解；其三，"新药梦"，也就是实现药物自主研发，是高等药学教育的中国梦，具有重要创新属性。我国现有药品批准文号总数高达16.5万个，但是其中真正意义上的创新药物连1%都不到，这样的现状决定了高等药学教育一定要有创新精神。

4. 数据库系统概论

中国人民大学特聘教授、明理书院院长杜小勇主讲的"数据库系统概论"课程先后入选国家精品在线开放课程、国家线上一流和线上线下混合式一流课程、北京市课程思政示范课程。杜小勇教授长期从事数据库及大数据相关领域的研究，荣获多个国家级、北京市的科技进步奖。他负责建设教育部数据库课程虚拟教研室，扩展建设思路、挖掘社会价值相关文章被强国学习号转发[38]。

杜小勇教授曾多次进行课程思政的专题讲座[39,40]，并指出全面推进课程思政建设是落实立德树人根本任务的战略举措，在具体举措方面，他结合"数据库系统概论"课程教学实践认为：第一，要科学设计课程思政教学体系。要坚持学生中心、产出导向、持续改进，不断提升学生的课程学习体验、学习效果，坚决防止"贴标签""两张皮"；第二，要结合专业特点分类推进课程思政建设。专业课程是课程思政建设的基本载体，要深入梳理专业课教学内容，结合不同课程特点、思维方法和价值理念，深入挖掘课程思政元素，有机融入课程教学，达到"润物细无声"的育人效果。在讲座中，杜小勇教授还讲到"人大数据库团队的奋斗故事""如何精益求精——并发控制的效率"等案例，非常值得同行学习。

2.3   跨校探索——计算机课程思政虚拟教研室

"计算机课程思政虚拟教研室"是教育部公布的首批虚拟教研室，由桂林电子科技大学董荣胜教授担任带头人、全国几十所高校教师和企业专家组成。该虚拟教研室聚焦计算机课程思政,以立德树人为根本任务,以提高人才培养能力为核心,以现代信息技术为依托,探索建设新型基层教学组织,打造教师教学发展共同体和质量文化,引导教师回归教学、热爱教学、研究教学,提升教育教学能力,为高等教育高质量发展提供有力支撑。该教研室将依托成员主持的11门国家级一流本科课程,在学科的思维与方法论层面,解决课程思政面临的"两张皮"问题。教研室认为,计算学科的课程思政要从学科的科学问题出发,追求有灵魂的卓越,要让思想的光芒照亮同学们前行的脚步。

计算机课程思政虚拟教研室试点建设启动会于2022年4月16日采用线上方式召开,桂林电子科技大学教务处处长常亮教授主持会议,学校副校长潘开林教授致欢迎词,合肥工业大学原党委书记李廉教授、武汉大学计算机学院原院长何炎祥教授、教育部高等学校计算机类专业教学指导委员会副主任委员/计算机课程思政虚拟教研室学术委员会主任委员古天龙教授、计算机课程思政虚拟教研室学术委员会副主任委员殷建平教授等知名教授对教研室建设给予了建议。

2022年9月,计算机课程思政虚拟教研室开始筹备全国高校计算机课程思政案例设计大赛。课程思政案例评选旨在加强跨专业、跨校、跨地域的教研交流,推动高校协同打造精品教学资源库、优秀教学案例库,全面提高教师教书育人能力。评选工作由计算机课程思政虚拟教研室(牵头单位:桂林电子科技大学)主办,由计算机课程思政虚拟教研室副主任单位山东工商学院承办,相关企业协办,评选出来的优秀案例将由高等教育出版社出版[41]。

第3章

部分高校课程思政建设与实施

3.1 高校课程思政实施方案[①]

2021 年 5 月 28 日,教育部公布了课程思政示范中心[42],全国共有 15 所高校上榜,分别是清华大学、天津大学、大连理工大学、东北大学、哈尔滨工业大学、同济大学、华东师范大学、上海大学、河海大学、厦门大学、山东大学、武汉大学、华中农业大学、华南理工大学、西安交通大学。这些高校均已建设了课程思政教学研究中心或者研究基地。除了获批示范中心的 15 所高校,其他高校的课程思政研究和实践也都有很好的进展。由于篇幅有限,本节只列举了十所高校的课程思政实施方案。

3.1.1 重庆大学

根据重庆大学本科教学信息网 2021 年 11 月 30 日发布的文件,重庆大学 2021 年 1 月 21 日印发《重庆大学课程思政建设实施办法》[43],谈及了重庆大学课程思政建设的指导思想、总体目标、基本原则。在课程思政建设的目标要求和内容重点方面,《重庆大学课程思政建设实施办法》指出,要推进习近平新时代中国特色社会主义思想进教材进课堂进头脑;培育和践行社会主义核心价值观;加强中华优秀传统文化教育;深入开展宪法法治教育;深化职业理想和职业道德教育;深入开展"四史"和疫情防控知识教育。《重庆大学课程思政建设实施办法》阐明了重庆大学课程思政的主要任务有:科学设计课程思政教学体系,增强课程

---

① 本节所展示的高校课程思政实施方案摘自高校官方发布的通知/新闻或者教育部的报道。

育人功能;将课程思政融入课堂教学建设全过程;提升教师课程思政建设的意识和能力;建立健全课程思政建设质量评价体系和激励机制。《重庆大学课程思政建设实施办法》指出,到 2025 年建立健全全面覆盖、类型丰富、特色鲜明、互相支持、保障有力的课程思政建设体系。

《重庆大学课程思政建设实施办法》要求将课程思政融入课堂教学建设全过程,并给出了具体举措。将课程思政融入课堂教学建设,作为课程设置、教学大纲核准和教案评价的重要内容,落实到课程目标设计、教学大纲修订、教材编审选用、教案课件编写各方面,贯穿于课堂授课、教学研讨、实验实训、作业论文各环节。强化第一课堂与第二课堂协同育人,构建"课内""课外"相互结合的教育模式,依托智慧教室积极开展"重庆大学启航计划",帮助大一新生明确学业目标,启迪创新精神,激发批判性思维,推进创新创业树声行动、志愿服务启邦行动、社会实践熔炉行动、深造就业扬帆行动"四大实践行动",实现精准供给、精准育人。

3.1.2 东北大学

据教育部 2020 年 12 月 30 日的新闻报道,东北大学深入学习贯彻习近平总书记关于教育的重要论述,落实立德树人根本任务,实施"思业融合燎原计划"[44],建设十个示范专业、打造百门校级示范课程、覆盖数千教师、惠及数万学生,形成"一体化推进、两中心并重、三路径结合、四维度建构"的课程思政建设模式。①坚持一体化推进,实施"思业融合燎原计划"。制定《关于实施"思业融合燎原计划"加强和改进课程思政工作的意见》,明确整体性推进、个性化实施、渐进性开展、动态性调整的原则,重点加强示范课程建设、示范专业建设、教材资源建设、师资队伍建设、考评体系建设等工作。②坚持两中心并重,构建双向督导评价机制。在部分学院组织专项督查,通过说课、专家听课等形式,动态监测课程思政建设质量。③坚持三路径结合,完善立体实施保障体系。将教师开展课程思政建设情况纳入绩效考核、评优奖励等考核评价体系,为课程思政建设提供有力经费支持,截至 2020 年年底校院两级共投入经费 1300 余万元。④坚持四维度建构,打造"十百千万"工作格局。在课程维度,指导 20 余个学院开展课程思政建设;在专业维度,建设校级示范专业 10 个、校级培育专业 5 个;在教师维度,参与课程思政建设教师超过 1000 人,涵盖老中青各年龄段,授课学时超过 15 000 学时;在学生维度,课程思政覆盖本科生、研究生超过 5 万人次。

3.1.3 东南大学

东南大学教育部高校思想政治工作创新发展中心网站于 2021 年 9 月 28 日发布了 2021 年 9 月 27 日印发的《东南大学课程思政建设实施方案》[45]。《东南大学课程思政建设实施方案》首先明确了课程思政建设的指导思想和建设目标,围绕建设目标进而提出课程思政建设的七项具体举措:①全面落实课程思政主体责任;②科学设计课程思政教学体系;③深入推进专业课程思政内涵建设;④持续开展课程思政校级示范课立项建设;⑤着力提升教师课程思政建设的意识和能力;⑥深入开展课程思政建设研究;⑦建立健全课程思政建设评价体系和激励机制。学校每隔两年设立专项经费,开展课程思政教改立项工作,形成一批高水平理论研究成果,总结汇编一批课程思政优秀教学案例,推动理论研究和实践探索成果的转化应用。

在机制保障方面:成立课程思政建设校级专家委员会,制定、指导、督促、检查和考核课程思政建设的各项工作;设立课程思政建设专项经费,加大对课程思政建设的投入力度;加强课程思政建设的专题培训,形成"专业课教师＋思政课教师＋院系辅导员＋专业班主任"构成的育人共同体;建立激励与约束机制,把课程思政建设成效作为院系"双一流"建设、年度教学工作评价和领导班子任期目标责任制考核的重要指标,并将考评结果纳入院系人才培养综合绩效(KPI)考核范畴。

3.1.4 复旦大学

复旦大学教务处 2021 年 7 月 13 日公开了 2020 年 9 月 27 日印发的关于《全面深入推进课程思政建设的实施方案》[46],实施方案和附件总共长达 40 页。具体实施方案包含三部分(共 14 个要点):首先,明确了课程思政建设的指导思想、目标要求和基本原则。其二,方案提出全面深入推进课程思政建设,要抓培养体系、教学管理、教学组织、教师培训、教材建设。其三,指出要完善课程思政建设工作体系加强组织领导,需要不断加强学校课程思政与教材建设领导小组对课程思政建设的领导,研究制定课程思政建设总体规划和阶段性推进方案,发挥"三线联动"作用;健全评价机制;重视示范引领;加强研究支撑;营造良好氛围。复旦大学还分别制订了本科和研究生课程思政建设行动计划,加强和改进复旦大学本科生和研究生思想政治教育,加快构建研究生课程思政体系,全面提高本科和研究生教育质量和立德树人成效。

《全面深入推进课程思政建设的实施方案》附件包含详细的 2020—2022 年"复旦大学全面推进本科/研究生课程思政建设行动计划",对每年的建设目标给出了非常具体的要求。例如,本科课程思政标杆建设方面:2020 年,认定一批优秀示范课程,并从中选树 30 门课程思政"标杆课",遴选 100 个课程思政"金例";2021 年和 2022 年,每年选树 30 门课程思政"标杆课"和 100 个课程思政"金例",汇编《课程思政标杆课》《课程思政金例集》。

3.1.5 南京大学

南京大学研究生院 2021 年 10 月 22 日发布的关于印发《南京大学全面加强课程思政建设行动方案》的通知中,公开了南京大学 2020 年颁布的课程思政建设方案细则。南京大学对标建设"第一个南大"和推进"双一流"建设的目标任务,践行"为党育人、为国育才"历史使命,紧扣立德树人根本任务,把思想政治教育贯穿人才培养体系,全方位构建具有"中国特色、南大风格"的课程思政体系,切实提高人才培养质量,2020 年制定《南京大学全面加强课程思政建设行动方案》[47]。《南京大学全面加强课程思政建设行动方案》提出:第一,要做出课程思政建设的"南大贡献"必须充分认识全面加强课程思政建设的重要性,全面强化课程思政建设的南大担当。《南京大学全面加强课程思政建设行动方案》进一步提出课程思政建设的基本原则和建设目标，全面落实立德树人根本任务，为培养具有"中国灵魂、国际视野、未来眼光"、堪当民族复兴大任的拔尖创新人才和高层次应用型人才提供一流的课程思政体系支撑。第二，要深化认识，全面阐述课程思政建设的"南大理念"。第三，要同心同行，系统构建课程思政全覆盖的"南大方案"。第四，要注重实效，着力打造课程思政评价的"南大标准"。

《南京大学全面加强课程思政建设行动方案》中，课程思政建设的南大标准颇具特色。构建符合专业课程建设规律的课程思政"观察点"体系：一看"勘探度"，就是看课程对于真善美和思政元素的探索情况；二看"采掘度"，就是对照课程建设目标，聚集课程思政元素，遴选课程知识点的情况；三看"冶炼度"，就是看与思政元素深度融合的知识体系构建情况；四看"加工度"，就是看课程一体化设计、融合创新的情况，是否真正成为有理、有情、有效的综合育人课程。

3.1.6　南开大学

南开大学教务处网站 2021 年 4 月 3 日公开了 2020 年 8 月 14 日印发的《南开大学课程思政建设实施方案》[48]，提出了南开大学课程思政建设的总体要求，以习近平新时代中国特色社会主义思想为指导，全面贯彻党的教育方针，切实落实立德树人根本任务，坚持"以本为本"，推动"四个回归"，立足"公能"特色，紧紧抓住教师队伍"主力军"、课程建设"主战场"、课堂教学"主渠道"，坚持价值塑造、知识传授和能力培养三位一体、显性教育与隐性教育相统一，使各类课程与思政课程同向同行，着力培养德智体美劳全面发展的新时代社会主义建设者和接班人。《南开大学课程思政建设实施方案》指出，南开大学课程思政建设的内容有：①充分发挥思想政治理论课程育人核心作用；②将课程思政融入专业建设和课堂教学全过程；③重点推进通识教育课程思政建设；④全面推进专业教育课程思政建设；⑤着力推进实验实践类课程思政建设；⑥以专业学院为重心探索课程思政新路径；⑦充分发挥基层教学组织对课程思政建设的促进作用；⑧全面提升教师的课程思政育人水平；⑨突出高水平专家学者在课程思政建设中的引领作用；⑩以全方位学业指导增进课程思政亲和力与渗透力；⑪通过教改立项加大对课程思政建设的支持力度；⑫加强组织领导；⑬强化评价督导；⑭选树优秀典型。

在增进课程思政亲和力与渗透力方面，南开大学提出扎实推进"校、院、班"三级学业指导体系。打造以思政教育为纽带、课程教育与学业指导协同共进的本科教学新局面。依托智慧书院多学科交叉优势，以学生思想特点、关注热点、迷茫痛点为切入点，结合智慧书院的专业特色，建设一门课程育人特色显著的通识课，打造"一院一课"金课品牌，有机融入思政元素，从学业规划、人生目标、身心健康等方面给予学生全方位指导。

3.1.7　天津大学

天津大学教务处公开了 2018 年 9 月 14 日印发的《天津大学"课程思政"工作实施方

案》[49]，《天津大学"课程思政"工作实施方案》以明确的指导思想和工作目标为指引，提出了课程思政建设的任务：建设思政选修品牌课、综合素养精品课、专业育人特色课、实践教学优势课，明确了每项任务的建设路径和牵头单位。在此基础上提出了保障措施，将组织领导、协同联动、师资队伍建设、工作考核、支持和奖励等多项举措并举。在课程团队建设方面，提出要组建由试点课程教师与思政课教师共建的教学团队，试点课程可根据授课实际，对接一名马克思主义学院思想政治理论课教师作为课程共建人，共建人应在试点课程的教案设计、教学资料、授课内容上给予指导和帮助。

《天津大学"课程思政"工作实施方案》中明确指出要划拨专项经费保障工作开展，通过课程试点立项的形式，对"课程思政"建设给予一定的经费支持，确保专项建设项目顺利实施。课程思政建设课程通过验收后，颁发校级示范课荣誉证书，首次授课按照三倍工作量计算。

3.1.8　武汉大学

根据武汉大学新闻网 2021 年 6 月 17 日发布的新闻，武汉大学坚持课程思政育人导向，于 2020 年 12 月发布《武汉大学课程思政建设实施方案》，对学校课程思政建设工作进行顶层设计，明确建设目标要求，制定总体方案和实施计划，全面推进[50]。武汉大学积极推进学生思政、教师思政、课程思政、学科思政和环境思政"五个思政"建设，引导师生坚定责任使命，促进学生全面发展。关于课程思政，武汉大学本科生院指出四个建设要点：第一要强化政治引领，加强顶层设计；第二要理顺体制机制，建立示范体系；第三要推动双向交流，促进融合发展；第四要关注学生体验，打造精品内容。武汉大学将以获批课程思政教学研究示范中心为契机，以促进学生成长成才为中心，以提高思想政治工作质量为核心，以全面提高人才培养能力为关键，以构建协同育人机制为重点，提高人才培养质量，培养德智体美劳全面发展的社会主义建设者和接班人。

3.1.9　西安交通大学

西安交通大学新闻网 2021 年 5 月 20 日发布"一图读懂《西安交通大学全面深化课程思政建设工作实施方案》"。《西安交通大学全面深化课程思政建设工作实施方案》[51]提出西安交通大学课程思政建设的总体思路，包括指导思想、基本原则和建设目标。在任务举措方面，其提出要营造良好氛围、完善课程体系、抓实教学管理、实施分类推进、加强教师培训、重视示范引领、打造特色品牌、深入第二课堂等举措。

西安交通大学 2022 年 5 月 25 日在陕西省教育厅官网发文，总结了深化课程思政建设的主要举措，包括以下方面：①把好"指挥棒"，坚持立德树人根本任务。制定《课程思政建设实施方案》《课程思政建设十条举措》和《课程思政三年行动计划》，推进落实"课程思政"工作体系；在教育教学改革、课程建设经费中设立"课程思政"专项预算；成立"课程思政"教学研究示范中心，不断提高育人水平。②建强"主力军"，提升教师思政育人能力。对新入职教师进行"课程思政"培训，引导教师传承西迁精神，不断探索、创新育人方式，注重组织教师深入企业研发和生产一线,深入城乡社会治理实践,将"课程思政"教学及其效果作为岗位聘用、绩效考核、选拔培训、师德师风的重要指标,建立正确价值观引导和激励机制。③管好"主阵地",推动思政教育和专业教育有机融合。通过挖掘校史育人资源、定期开展西迁精神资源展览、开设特色课程,通过讲坛、话剧、纪录片等多样化文化载体,形成具有西安交通大学特色的"课程思政"品牌;建立以思想政治理论课建设为内核、以公共基础课和通识课程建设为支撑、以专业课程建设为辐射,以及以第二课堂协同、多门课程多元参与多维互动资源共享的课程思政体系。

3.1.10 中国科学院大学

中国科学院大学教务部 2022 年 1 月 7 日发布了《中国科学院大学课程思政实施方案》[52],其中明确了中国科学院大学课程思政建设的指导思想和建设目标,在此基础上提出了课程思政建设的内容,包括提高培养质量,将课程思政融入专业建设和课堂教学全过程;结合专业特点,分类推进课程思政教学体系建设;四维并进,扎实推进系统建设,坚持学校、培养单位、基层教学组织、授课教师四维推进,扎实推进系统建设。并且进一步提出组织领导、协同联动、经费保障等实施的保障措施。

在推进课程思政教学体系建设引导举措中,要求结合专业特点分类推进课程思政建设,实施方案中给出了三点指引:①全面推进专业教育课程的课程思政建设。《中国科学院大学课程思政实施方案》中对文史哲、经管法、理工、农学、医学和艺术学等六类学科进行课程思政建设的引导,涵盖从世界观、个人素养、文化自信到家国情怀和使命担当等多个维度。②重点推进公共课程的课程思政建设。把思想政治教育内容纳入公共课程建设的核心目标、融入课程建设全过程,以"两弹一星"精神和科学家精神为统领,以课程思政引领贯通不同类型公共课程的价值取向,提高学生思想道德修养、人文素质、科学精神、宪法法治意识、国家安全意识和认知能力。开设具有中华传统特色的体育、美育类课程,健全人格、温润心灵,增强学生体质和提升审美素质。③着力推进实验实践类课程思政建设。在专业实验实践课程中,注重学思结合、知行统一,增强学生勇于探索的创新精神、善于解决问题的实践能力。创新创业教育课程,注重学生亲身参与,增强创新精神、创造意识和创业能力。社会实践类课程,教育和引导学生弘扬劳动精神,扎根中国大地,了解国情民情。开展创新的实践育人模式来推动劳动教育,以社会实践、志愿服务等形式开展公益劳动,打造立德树人阵地。

3.2 高校课程思政实施措施①

3.2.1 北京大学:打造"北大牌思政课"

据北京青年报 2022 年 3 月 27 日报道,北京大学旨在打造"北大思政课"教学品牌,"理

---

① 本节所展示的高校课程思政实施措施摘自媒体报道或者教育部网站。

论为本、内容为王、问题导向、形式创新"[53]，紧紧围绕思政课教学理念，打造让学生有获得感的思政课，培育让学生有认同感的思政课教师，不断推进思政课改革创新工作。为此，北京大学成立了专门的思政课建设领导小组和思政课建设工作小组，并在教务长办公室安排专人负责联系沟通各部门。坚持和完善课程主持人、课堂主管教师、主讲教师、助教"四位一体"的教学管理模式。曾组织全国专家集体备课和学习活动；推动本科生参加思政课课程论坛和优秀课程论文评选；为了使课程走出平面化、概念化，他们拓展课程教学空间，以全校之力打造"田间地头的北大思政实践课"。不定期开展"思政热点面对面"活动，每期围绕一个关键词展开，以对话讨论方式进行，从而使该校的思政课互动性强、参与度高、形式上很具吸引力。

北京大学践行"实践课走出去引进来"，北京大学拓展课程教学空间，以全校之力打造"田间地头的北大思政实践课"。2019 年，北京大学共派出 83 支思想政治实践课程团队、1062 名本科学生，足迹遍布 26 个省区市。2020 年，思政实践课覆盖所有一年级本科生，进一步完善课程组织方案，设置五大专题、五条主线，287 位北大教师、38 位院系党委书记、院长、226 名党员研究生助教，共同带领 3226 名北大青年，跨越 29 个省市自治区。思政实践课实现走出去与引进来的结合，通过《觉醒年代》《革命者》《长津湖》等热播影视剧主创人员进校交流的形式，在师生中引发轰动效应。

3.2.2　北京理工大学：推进课程思政数字化，打造红色铸魂精品课

据新华网 2022 年 3 月 24 日报道，深化"红色铸魂、北理品牌"的课程思政格局，打造"数字＋"课程思政示范课程是北京理工大学全面推进课程思政的重要举措[54]。以《全国高校课程思政建设指导纲要》为指引，学校深挖北京理工大学"三代人"思政元素，推动课程思政与拔尖创新人才培养全面融入，与思政课同向同行、与专业核心课改革、高水平教材规划同频联动，与人工智能、大数据、虚拟现实等信息技术深度融合，带动全校课程思政高质量建设。北京理工大学作为"延河高校人才培养联盟"牵头单位，与新华思政联合建成"延河联盟课程思政云平台"，建设红色育人特色的课程思政案例库，通过红色基因、红色论坛、示范课程、示范案例四个专题，建设"案例＋微课"课程思政资源库，实现了专业课程随时学习、课程思政润物无声。

北京理工大学展示了两门课程思政建设案例，《内燃机原理》和《汽车车身结构与设计》。《内燃机原理》课程团队通过数字长廊展示了内燃动力的发展历程，给学生带来了视觉和心灵上的震撼，激发出学生的自主性和求知欲望。课程团队通过全息数字影像展现了北京理工大学动力系车用动力专家刘福水教授对事业奉献一生的故事，激发了同学们的家国情怀。课程团队成员王字满介绍，"通过观看全息影像数字电影，让学生了解这些老前辈们面对国家重大需求时攻坚克难、锐意创新、无私奉献的精神，从而达到触动内心，实现情感共鸣。在《汽车车身结构与设计》课堂上，同学们可以看到'红旗'品牌汽车车身结构演变历程，感受我国汽车工业技术的迅猛发展，全身心沉浸在珍贵的历史图片、震撼的影音效果打造的浓厚爱国氛围中，切实增强同学们的民族自尊心、自信心和自豪感"。同时，通过这样的设计，也能

够让学生更加具象地对比国内外汽车工业技术发展,了解差距,增强投身建设"汽车强国"的伟大实践。

3.2.3　东北大学:打造育人强磁场

据人民网 2022 年 4 月 24 日报道,自 2018 年入选全国首批 10 所全员全过程全方位"三全育人"综合改革试点高校以来,东北大学以课程思政建设为突破口,以思想政治工作为主线,实现全员参与、全时贯穿、全域协同,持续打造"人人、时时、处处"的育人强磁场[55]。"大学生所接触的每一个人、大学生活的每一个时期、所处的每一个场所,都潜移默化地对他们产生影响。高校要不断创新'三全育人'的体制机制,践行为党育人、为国育才的初心使命。"东北大学党委书记熊晓梅说。课程思政是东北大学开展"三全育人"试点建设的重要抓手。近年来,学校建设课程思政示范专业 28 个、示范课程 220 余门,参与教师 1000 余人,覆盖学生 3 万余人。"大力推进'五育并举',各门课程要挖掘自身特色和优势,提炼专业课程中蕴含的科学精神和价值元素,将爱国主义基因传承下去。"东北大学校长冯夏庭说。

东北大学连续 5 年开展"讲述·东大人的故事"典型推介会,国家科技进步一等奖获得者姜周华教授、97 岁高龄仍笔耕不辍为学生撰写高数辅导教材的谢绪恺老教授……一位位榜样的故事,助力涵养师德师风、校风学风。

3.2.4　河海大学:将"源头活水"注入思政工作

据光明日报 2021 年 12 月 22 日报道,河海大学从"融水德、知水情、彰水志"三个角度展开课程思政建设,将"源头活水"注入思政工作[56]。通过长江三峡水利枢纽,以及南水北调、港珠澳大桥等一大批大国工程的生动案例,融入"为党育人、为国育才"的育人使命,培育治水兴邦的"国之大者"。通过举办各类竞赛、学术报告,聘请相关专家担任思政特聘导师,围绕水管理、水科学、水工程领域的学科前沿和发展方向,在"融盐于水"的课程思政中,讲好水故事,传递水精神。结合新时代美育要求,学校围绕水主题创作舞蹈、话剧、歌曲等。

长期以来,河海大学对学生辅导员有一项"特殊要求",每年暑假,他们都会被派往一线水利单位,接受一个月的"顶岗实践"培训。河海大学校长徐辉说:"做思政工作要抓住主体,从源头解决问题,以水育人必须让教育者先受教育。作为水利特色高校的学生辅导员,只有自己先走近水、熟悉水、热爱水,才有可能教给学生水知识、培养学生水情怀,教育引导学生在水天地里成长成才。"

3.2.5　华中农业大学:在农学课堂里进行成长教育

据《中国青年报》2022 年 5 月 10 日报道[57],华中农业大学引导学生通过"农学科学"敬畏生命、了解国情、知农爱农,在课程思政实施过程中用"三农"情怀孕育历史使命,用"强农"价值引领课堂教学。"人其实和植物一样,都需要潜心汲取养分,奋力生长"。从种子的萌发到破土而出,再到苗壮成长,最后凋谢死亡,无时无刻不在奋力生长,引导学生敬畏生命、热爱生活。在华中农业大学的思政公选课"耕读中国"上，学生们可以听到我国"三农"政策的历史演进、特征以及启示；可以看到无土栽培、智能控温、根系监测等智慧农业发展中的"高科技"；还可以用彩笔描绘自己心中的"耕读中国"。也有老师会带学生们去野外、田间、乡村实习考察，通过网络分享、拍摄短片的方式，他们也在向更多的人分享着土壤健康的理念，引导学生对智慧农业做出自己的贡献，提升学生的成就感和获得感。

3.2.6　华中科技大学：出版"华中大方案"

据人民网-湖北频道 2022 年 5 月 13 日报道，2022 年 5 月，首部工科类课程思政教学指南《新工科背景下专业课程思政教学指南》发布[58]。该书由华中科技大学课程思政研究中心和华中科技大学电气与电子工程学院主持编著，华中科技大学出版社出版。据该书主编、华中科技大学校党委副书记马建辉介绍，《新工科背景下专业课程思政教学指南》是以华中科技大学电气工程等优势工科专业长期的教学改革实践为基础，针对新工科背景下工科专业课程思政教育建设存在的不足，通过梳理总结专业课程思政教育的指导思想、构成维度、评价原则、质量保障体系，结合专业课程的典型教学案例，提供一种可具体操作的课程思政教学思路和方法。

华中科技大学校长、中国工程院院士尤政表示，学校将全面部署、深入推进课程思政建设，构建"思政课程"与"课程思政"双体系。此次出版的《新工科背景下专业课程思政教学指南》既是"新工科"建设的探索，也是"课程思政"的探索。他们还会陆续推出新文科、新医科、理科方向的思政教学指南，从理论到实际讲透讲深思政课。

3.2.7　暨南大学：打造"大思政"育人模式下的科技思政课堂

据新华网 2022 年 6 月 29 日报道，2022 年春季学期，暨南大学推出"科技强国：中国当代科技前沿介绍"课程[59]，该课程是暨南大学课程思政精品示范课，也是暨南大学"中央厨房式"大思政育人模式的第二个"卫星讲堂"。"科技强国"课程以中国现代大科学装置发展情况为背景，通过"选修课程＋专题系列讲座"相结合的形式，巡礼中国现代大科学装置发展与研究情况，介绍我国理工科领域，特别是基础科学领域前沿课题的重要进展，带领学生身临其境领悟科技发展的魅力，搭建具有浓厚家国情怀的科技类思政课堂。

与传统课程不同，"科技强国"创新多元化课程模式，通过课程＋专题讲座相结合的形式，每一次课聚焦一个主题，邀请一位专家，开展一场科普讲座。作为一门选修课程，"科技强国"面向暨南大学全体在校生开放，所有学院和专业的学生都可通过暨南大学选课系统修习此门课程，课程类别为通识类选修课。作为开放式的专题系列讲座，暨南大学官方微信公众号"文化暨南"每次课前发布课程预告，同学们可关注预告信息前来听课。讲座性质的通识课程、专题系列的教学内容形成"科技强国"脱颖而出的两大创新点，构成了独特的课程模式，使课程覆盖面不再局限于少部分选课学生，而是为全校学生提供直面当代中国大科学装置的机会。

除此之外,"科技强国"课程同时还兼顾了"专业＋实践""线上＋线下"的特色。在课程内容上,从专业＋实践相结合的角度,带领同学们走进大科学装置,探索科技发展背后的奥秘。课程采用"线上＋线下"的形式,通过线下学习与课程直播相结合的方式,将攻坚克难的故事带入课堂。"线上＋线下"的形式大受学生欢迎,200 人的线下教室,几乎坐满,这一模式也使更多学生能够参与到课堂。"科技强国"课程的创设性开展,不仅为非理工专业领域的学生提供了学习科学原理的机会。同时,也带领着同学们领悟科学发展的独特魅力、感受科学家们锲而不舍的研究精神,帮助同学们感悟科学发展历程,厚植科技强国的爱国情怀。

3.2.8 南开大学：构建"大思政课"育人格局

据教育部网站 2022 年 5 月 12 日报道,南开大学携手国内 18 所高校加强"大思政课"建设规律的研究探索[60]。坚持课程思政与思政课程同向同行,成立课程思政教学研究中心,校院联动、"一院一案"推进课程思政建设。探索专任教师、管理干部、辅导员共同深度参与思政课教学的长效机制。设置"思政课实践教学"必修课,通过主题讲座、实践活动、素质评估等形式,让辅导员队伍深度融入思政课教学,鼓励并支持辅导员主动承担形势与政策教育、心理健康教育等课程教学工作,努力构筑"大思政课"育人同心圆。将"师生四同"作为学校重点工作大力推动,党委书记直接参与教研室设置、教学大纲制定和专题内容设计,为"同学"学什么、"同研"怎么研、"同讲"怎样讲、"同行"如何行开展指导。依托"天津市高校习近平新时代中国特色社会主义思想研究联盟",牵头编写《高校习近平新时代中国特色社会主义思想"三进"教学指导方案》。

南开大学坚持开展校级学生讲思政课比赛,积极组织参加全国大学生讲思政课比赛,"成才报国"青年宣讲团面向校内外理论宣讲近一千场次。做优"师生同行"育人品牌,2018年以来,累计投入 600 余万元,支持 1.8 万余名师生组建近 2000 支团队,分四个专题赴全国各地开展社会实践,调研成果获第 17 届全国"挑战杯"红色专项赛一等奖。

3.2.9 厦门大学：打造五个"同心圆"为一体的课程思政体系

据教育部 2021 年 12 月 2 日报道,厦门大学通过系统推进立体化思政教学、创新打造品牌化示范样板等举措,打造五个"同心圆"为一体的课程思政体系[61]。五个"同心圆"包括:
(1)"校院统筹同心圆",协同构建联动化工作体系。
(2)"课程育人同心圆",系统推进立体化思政教学。
(3)"示范辐射同心圆",创新打造品牌化示范样板。
(4)"立德树人同心圆",着力打造一体化教师队伍。
(5)"考核评价同心圆",全面保障精准化改革成效。
厦门大学完善以思想政治理论课为引领,以专业课程为核心,以通识课程、实践类课程为拓展的"1＋3"课程思政教学体系。落实习近平总书记致厦门大学建校 100 周年重要贺信精神,以"四史"学习、"家国情怀"通识课程为发力点,打造"认识中国""嘉庚精神""匠心筑梦"等一系列精品课程,激励学生弘扬光荣传统,争做时代新人。由党委书记和校长讲授"开学第一课",引导新生坚定理想信念,明确规划目标。构建"专业学院＋马克思主义学院/教育研究院"课程思政建设联合体,推动专业学院教师与马克思主义学院、教育研究院教师"结对"交流,合力打造示范课堂、优秀案例,携手开展课题研究、论文撰写,提升教师课程思政建设意识、能力与水平。

3.2.10　武汉大学：打造思政授课"梦之队"

据新华网 2022 年 1 月 11 日报道,武汉大学召集 12 个学院百余名专家学者打造思政授课"梦之队"[62],电子信息学院院长龚威教授团队已有 5 位"国字号"人才进行多轮备课准备,中国科学院院士、武汉大学时任校长窦贤康表示:不仅自己要带头讲,还要发动更多院士、校内外专家登台。

据武汉大学新闻网 2022 年 4 月 12 日报道,窦贤康校长首先带头讲课程思政[63],2022年 4 月 11 日下午,文理学部第四教学楼 201 教室,窦贤康校长为文学院 2019 级本科生讲授"习近平新时代中国特色社会主义思想概论"课程"习近平总书记关于科技强国战略重要论述[64]"专题。窦贤康校长从"科技是决定综合国力的核心要素""习近平总书记关于建设科技强国的重要论述""高等教育在推动科技创新工作中的作用""新时代武汉大学的新发展"四方面,以翔实的资料、饱满的激情、亲历的事实、切身的感受、殷殷的期待,倾情讲解习近平总书记关于建设科技强国的重要论述,深入浅出地阐释建设科技强国的重要意义,勉励学生扛起时代重任,弘扬科学家精神,勇攀科技高峰,为把我国建设成为世界科技强国而努力奋斗。

武汉大学在课程思政建设时,强调"关注学生体验,打造精品内容",促进专业课教师与思政课教师协同创新,设计了课程思政跨学科对话节目"马上见"。思政融课"马上见",以"互联网＋跨学科＋思政"为独特定位,每期邀请专业课教师和思政课教师一起,挖掘其他学科的思政元素,对接思政课教学内容。"马上见"推出《回家：港湾、消逝、呵护》节目,邀请南极科考人员和思政课教师一起,从自我之小家延伸到国家、自然之大家,阐明"家国是华夏儿女的精神原乡"。目前,"马上见"已经在青年学生和社会公众中形成了良好的口碑,在"学习强国"学习平台上积累了一批固定读者。有读者评价说:"这档融课连接点很好,挖掘了不同学科专业的思政元素,带来了不同侧面更深层次的启发和思考。"

第 二 部 分

"计算机科学"课程思政案例

该部分的案例涵盖了数据处理载体、数据的表示与存储、程序设计基础、网络新技术和密码学技术及应用相关的案例,案例内容安排如下。

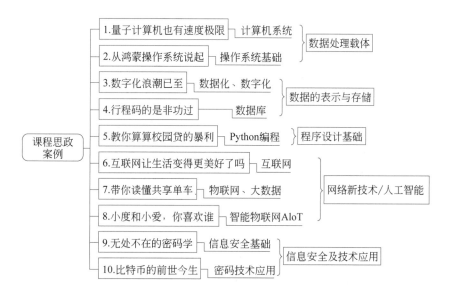

案例的设计思路如下:针对要讲解的知识点,搜寻相关的热点素材,制作案例引入材料,然后对引入材料进行思政分析,对知识点进行教学设计,最后是延伸阅读和课程思政总结。整个案例以知识点为主线贯穿。

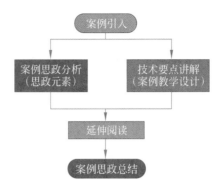

第4章

案例一：量子计算机也有速度极限

案例导图如图 4-1 所示。

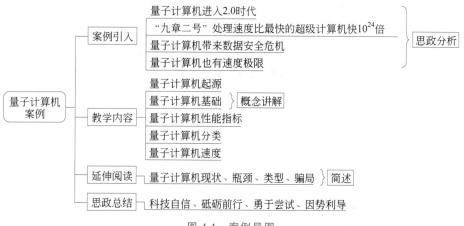

图 4-1　案例导图

4.1 案例引入

4.1.1 量子计算机进入 2.0 时代

2021 年 10 月，我国量子计算领域双喜临门："九章"和"祖冲之号"的 2.0 升级版——"九章二号"和"祖冲之二号"成功构建。"九章二号"刷新国际光量子操纵的技术水平，处理特定问题比当时全球最快的超级计算机快 10^{24} 倍。"祖冲之二号"构建了 66b 可编程超导量子计算原型机。这意味着，我国已成为世界上唯一在超导量子和光量子两种体系下达到"量子优越性"里程碑的国家。

"九章"号量子计算机，是 2020 年中国科学技术大学中国科学院量子信息与量子科技创新研究院潘建伟团队成功构建的 76 个光子 100 个模式的高斯玻色取样量子计算原型机。2021 年 10 月，潘建伟、陆朝阳、刘乃乐等与国内团队合作，发展了量子光源受激放大的理论和实验方法，构建了 113 个光子 144 模式的量子计算原型机"九章二号"[65]，并实现了相位可编程功能，完成了对用于演示"量子计算优越性"的高斯玻色取样任务的快速求解，"九章二号"144 模式干涉仪（部分）实验照片见图 4-2。

图 4-2 "九章二号"144 模式干涉仪（部分）实验照片①

中国科学技术大学潘建伟、朱晓波、彭承志等组成的研究团队与中国科学院上海技术物理研究所合作，继 2021 年 5 月成功构建 62b 的"祖冲之号"后，又于 2021 年 10 月成功构建 66b 可编程超导量子计算原型机"祖冲之二号"，求解"量子随机线路取样"任务的速度比目前全球最快的超级计算机快 1000 万倍以上，这使得中国成为目前唯一在两条技术路线上达到"量子优越性"里程碑的国家。量子计算被认为可能是下一代信息革命的关键技术，"量子优越性"像个门槛（详见 4.3.3 节），是指当新生的量子计算原型机，在某个问题上的计算能力超过了最强的传统计算机，就证明其未来有多方超越的可能。

---

① 转自"中华人民共和国国防部"网站。

"九章二号"走的是光量子计算路线,而"祖冲之二号"走的是超导量子计算路线。两者互有优势,光量子路线,计算速度更快,使用条件没有那么严苛,几乎常规条件下就可以使用,但是很难小型化,量子比特之间逻辑操作困难。而超导量子计算路线更全面,更接近现在用的超级计算机,但是特定方向的计算速度,没有光量子计算的路线快,而且使用条件严苛,要在零下270多摄氏度的环境中才能使用,"祖冲之二号"和美国悬铃木走的都是超导量子路线。

2023年1月31日上午11点,中国第一条量子芯片生产线通过央视新闻客户端首次向公众亮相,利用这条生产线研发出了悟空芯量子芯片,目前正在悟空量子计算机中调试,即将面世。

4.1.2 "九章二号"处理速度比最快的超级计算机快 10^{24} 倍

通过三维集成和收集光路的紧凑设计,"九章二号"的多光子量子干涉线路从之前的100维度增加到了144维度[66]。"九章二号"探测到的光子数增加到了113个,输出态空间维度达到了 10^{43},对比优势如图4-3所示。"九章二号"还实现了相位可编程功能。中国科学技术大学教授陆朝阳解释,此处的"可编程"并非传统计算机的编程,"我们可以动态调节压缩光的相位,实现对高斯玻色取样矩阵的重新配置"。因此,"九章二号"可用于求解不同参数的数学问题。根据目前已正式发表的最优化经典算法,"九章二号"在高斯玻色取样这个问题上的处理速度比当时最快的超级计算机快 10^{24} 倍(亿亿亿倍),"九章二号"1ms可算出的问题,全球"最快超算"需30万亿年。截至"九章二号"问世之时,在国际光量子计算领域,中国科学家的成果再次刷新了国际上光量子操纵的技术水平。

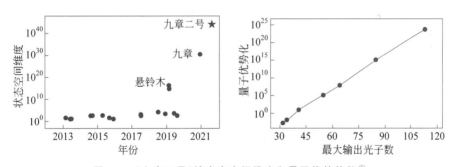

图 4-3 "九章二号"输出态空间维度和量子优势倍数①

2021年12月21日,美国物理学会Physics网站公布2021年国际物理学领域十项重大进展,中国科学技术大学潘建伟、朱晓波、陆朝阳等完成的"祖冲之二号"和"九章二号"量子计算优越性实验入选。这使我国成为目前国际上唯一同时在两种物理体系均达到"量子计算优越性"里程碑的国家。

---

① 图片源自科技日报,图片由中国科学技术大学提供。

4.1.3 量子计算机带来数据安全危机

当今的密码学技术可以保证信用卡和社会安全号码等数据的安全,但量子计算机可以在短短几秒内破解高级加密技术。当量子系统达到一定规模和量子比特数量时,量子计算机将有能力破解公钥密码学,而公钥密码学是在线交易的基础,所以量子计算机带来的安全威胁不容忽视。尽管关键量子特性仍非常脆弱,但能够运行初级"量子程序"的小型原型机已经建成,学术机构和私营公司的"量子生态系统"正在出现。这种生态系统的蓬勃发展得到了该领域前所未有的投资支持,表明人们对量子技术和量子计算的潜力持续看好,潜在的安全危机迫在眉睫。

加拿大风险管理组织 Global Risk Institutions 联合量子风险管理服务供应商 evolutionQ Inc.共同编撰并发布了 *Quantum Threat Timeline Report*[67],该量子威胁时间线报告现在已经更新到了 2022 年。2021 年报告中,46 位专家估计了实现量子计算机的可能性——该计算机可以打破像 RSA-2048 这样的加密体制。虽然大多数专家(25/46)判断在未来 5 年内开发这种量子计算机的可能性非常小(<1%),但有几位专家(21/46)表示这种可能性是不可忽视的。迁移系统所需的时间加上需要保护的信息的时间超过了量子威胁变得具体的时间,2021 年报告中的量子威胁时间线见图 4-4,threat timeline 是指在威胁性的量子解密技术能够破解当前脆弱系统之前的年数。在量子威胁变得具体之前,要确定网络系统是否已经处于危险之中,还必须考虑所需的迁移时间(migration time)以及信息需要保护的时间(shelf-life time),如果"信息需要保护的时间＋迁移时间"超过了"量子威胁将变得具体的时间"(Tshelf-life＋Tmigration>Tthreat),那么组织可能无法在信息需要保护的时间内保护其资产免受量子威胁。

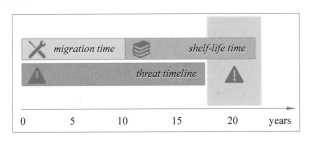

图 4-4　量子威胁时间线

据报道,2022 年年初美国已将抗量子密码纳入国家安全备忘录。英特尔公司推出到 2030 年抗量子加密战略,该战略将从第三代英特尔 Xeon 可扩展平台开始,以应对量子计算机构成的威胁。为了应对这种情况,英特尔、微软和 IBM 等公司(它们同时也在建造量子计算机)正在建造抗量子的算法以确保未来系统的安全。

4.1.4　量子计算机也有速度极限

相比于传统计算机,量子计算机的运算速度能达到指数级的提升,但量子计算机受到的速度限制，理论上并不止一个。2022 年年初，以色列理工学院团队尝试突破量子物理学的边界，提出并证明量子计算机的速度极限，这一研究成果 *Observing crossover between quantum speed limits*（量子速度极限交叉研究）发表在 *Science Advances*（《科学进展》）[68]，研究团队通过使用快速物质波的干涉测量法，跟踪光阱中单个铯原子的运动，同时测试了在多能级系统中的两个著名的速度极限理论（曼德尔斯坦和塔姆速度限制（MT Bound）和马尔高拉斯-莱维丁定律（ML Bound））。

多级量子系统中的量子速度极限团队发现，曼德尔斯坦和塔姆的速度限制（MT Bound）始终限制着量子态的发展速度，而两种速度极限的交叉会在更长的时间后发生，实验结果见图 4-5。

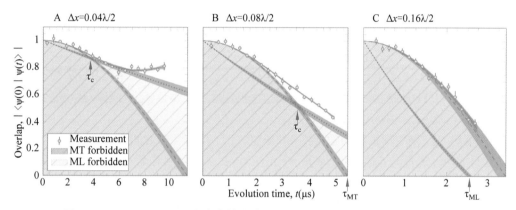

图 4-5　*Science Advances* 上发表的实验结果：多级量子系统中的量子速度限制

要理解为什么量子计算机会有速度限制，就要理解速度极限理论所应用的领域。与电子计算机不同，一些量子计算机将原子作为物质波进行处理，其速度限制取决于在这些物质波中信息的转换速度。因为粒子的能量永远不可能被准确地发现，所以实验取平均值，一个量子位能够被处理的最快速度取决于其能量的不确定性，而更高的能量不确定性将导致速度极限更快到来。但在量子物理学中，如果能量的不确定性高到足以达到原子的平均能量，物质就会停止加速，速度极限保持在平均能量。所以，即使是量子计算机，速度也不是无限快的。这些研究成果对于理解量子计算机的最终性能和相关的量子技术具有重要意义。

4.2　案例思政分析

4.2.1　为何以"祖冲之""九章"命名量子计算机

我国的量子计算机命名为"祖冲之"是为了纪念我国著名数学家祖冲之，以"九章"命名旨在纪念我国古代最早的数学专著《九章算术》。

祖冲之（见图 4-6）一生钻研自然科学，其主要贡献在数学、天文历法和机械制造三方

图 4-6 南北朝时期杰出的数学家、天文学家祖冲之

面。数学方面,他在刘徽开创的探索圆周率的精确方法的基础上,算出圆周率(π)的真值在 3.141 592 6 和 3.141 592 7 之间,相当于精确到小数点后第 7 位,简化成 3.141 592 6,祖冲之因此入选世界纪录协会,是世界上第一位将圆周率值计算到小数第 7 位的科学家。祖冲之还给出圆周率(π)的两个分数形式:22/7(约率)和 355/113(密率)。祖冲之对圆周率数值的精确推算,对于中国乃至世界都是一个重大贡献,后人将"约率"用他的名字命名为"祖冲之圆周率",简称"祖率"。

除了祖率、祖冲之量子计算机,还有一些科学发现、纪念活动也以"祖冲之"命名。人类第一次发现的月球背面的一个环形山谷,就是以"祖冲之(Tsu Chung Chi)"来命名的,祖冲之为中华民族赢得了光荣,世界人民也永远缅怀这位科学巨人。祖冲之小行星 1888 是由南京紫金山天文台于 1964 年 11 月 9 日发现的主带小行星,被命名为"祖冲之小行星"。2012 年,昆山将每年 3 月 14 日命名为"祖冲之日",以纪念祖冲之在任娄县(昆山旧称)县令期间精确推算出圆周率,比欧洲早 1000 年。

《九章算术》①是中国古代的数学专著,是"算经十书"(汉唐之间出现的十部古算书)中最重要的一种。魏晋时刘徽为《九章算术》作注时说:"周公制礼而有九数,九数之流则《九章》是矣",又说"汉北平侯张苍、大司农中丞耿寿昌②皆以善算命世。苍等因旧文之遗残,各称删补,故校其目则与古或异,而所论多近语也"。根据研究,西汉的张苍、耿寿昌曾经做过增补,最后成书最迟在东汉前期,但是其基本内容在西汉后期已经基本定型。《九章算术》是几代人共同劳动的结晶,它的出现标志着中国古代数学体系的形成。后世的数学家,大都是从《九章算术》开始学习和研究数学知识的。唐宋两代都由国家明令规定为教科书。《九章算术》是世界上最早的印刷本数学书,1084 年由当时的北宋朝廷进行刊刻。《九章算术》是中国为数学发展做出的杰出贡献之一。图 4-7 是《九章算术》印本,其中左图为赵君卿注释的"周髀算经卷上"篇,右图为刘徽注释本的"方田"篇。

4.2.2 科技进步,虽艰难但可期

2021 年 7 月 6 日,习近平总书记在北京以视频连线方式出席中国共产党与世界政党领导人峰会,并发表题为《加强政党合作 共谋人民幸福》的主旨讲话[69],指出:"道阻且长,行则将至;行而不辍,未来可期。前方的路会有曲折,但也充满希望。"习近平总书记这段饱含中国智慧的话,在国内外被广泛关注。

量子计算机的发展史,深刻阐释了"道阻且长,行则将至"的深刻含义。一个标准的量子

---

① 转自百度百科"九章算术"。
② 张仓:西汉初期丞相、历算学家。耿寿昌:西汉时期天文学家、理财家,曾用铜铸造浑天仪观天象,著有《月行帛图》《月行图》等。

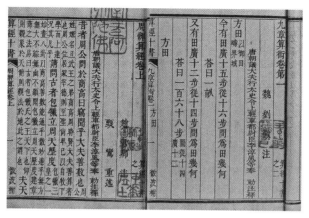

图 4-7 《九章算术》之"周髀算经"篇和"方田"篇

计算机,通常需要具备三个基本模块:一是软件系统,即量子算法;二是量子信息控制系统,即量子电路,用来确保量子计算中可靠的底层信息处理,这相当于操作系统和编程;三是硬件体系[70]。三者中首先取得重大突破的是量子算法,影响最大的有两种算法:一种是诞生于 1994 年的肖尔(SHOR)算法,用于破解大质因数分解,可将分解 5000 位数字的时间从 50 亿年减到 2 分钟,在密码破译方面潜力巨大;另一种是诞生于 1996 年的格罗弗(GROVE)算法,即量子搜索算法,可从大量无序的对象中快速找到需要的东西,解决"最短路径搜寻""大海捞针"等一些经典计算机很难解决的优化问题。三者中进展最慢的是物理硬件,多个量子比特的有效测量和规模化集成挑战难度极大。

因为量子计算机本身就是一个矛盾体,一方面要把量子比特从环境中完全孤立出来,另一方面又要控制它们并使之相互作用。好比每个光子都有很好的量子性能,但要控制很多光子达到像一个光子那样的性能,就不太容易。科学家们一直在矛盾的"夹缝"中寻找出路。量子态是脆弱和敏感的,极易受到周围环境影响。在宏观世界中去建造一台量子比特数足够多、操控保真度足够高的量子计算机,让无形的量子服从命令,简直需要"巫师一般的魔法"。经过科研人员几十年的不懈努力,量子计算机终于实现,但现整体处在早期发展阶段。如果类比经典电子计算机,目前的量子计算机发展大体在电子管时代,计算机的发展虽艰难,但有进步,亦可期。

4.2.3 科技发展辩证论:新技术必然带来新挑战

随着现代科技大踏步前进,依靠高新科学技术,人类不断拓展自己的生存空间,步入了物质上相对富足的阶段。电子计算机是第三次工业革命的发动机,各行各业实现了从机械和模拟电路到数字电路的变革,电子计算机的诞生使传统工业更加机械化、自动化,减少了工作成本,彻底改变了整个社会的运作模式。电子计算机时代靠着基于大数计算的密码学技术保证了信息传递和存储的安全性,但是随着量子计算机的发展,电子计算机时代的密码学技术面临着被秒破的威胁,人们需要研究更先进的抗量子密码学技术,以保证量子计算机时代的数据安全。

科学技术既能通过促进经济和社会发展来造福人类，同时也可能在一定条件下给人类的生存和发展带来消极后果。科学技术作用的实现要受一定客观条件，诸如社会制度、利益关系等因素的影响，也要受到一定的主观条件如人们的观念和认识水平的影响。科学技术是人类为了更好地认识自然、改造自然进而更好地生活而对自然进行的实践活动，但是历史和现实的教训一次又一次地告诉我们：科学技术在提高人类生活质量的同时是会带来危害的，而且这种危害性随着科学技术的发展与日俱增。

人类历史证明，科学技术是推动人类社会不断向前发展的重要力量，然而盲目的科技进步也给人类的发展带来种种弊端，甚至是灾难。科技工作者需要树立正确的思想观念，理解科学发展观中的辩证思维，合理运用科学技术，实现人类社会可持续健康发展。

4.3 案例教学设计

4.3.1 案例知识点

案例知识点如图 4-8 所示。

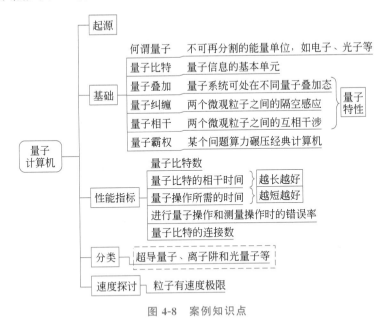

图 4-8 案例知识点

4.3.2 教学设计

1. 教学用途

本案例适用于量子计算机基础知识的讲解，让学生了解量子计算机的基本原理，理解量子的定义、分类和实现技术。

2. 教学目标

知识层面：量子计算机的基本概念、分类、速度。

能力层面：理解量子计算机实现的技术问题，包括性能指标以及技术瓶颈；对未来量子计算机如何影响我们的生活有一定的认知和准备。

价值层面：树立科技自信，明确责任担当；理解科学发展观中的辩证思维，合理运用科学技术。

3. 教学过程

本案例的教学过程分为课前、课中和课后三个阶段，具体内容见表 4-1。

表 4-1 量子计算机基础教学过程

学习阶段	教 学 方 法	学 习 内 容
课前	案例阅读	量子计算机案例材料阅读
课中	讲授法	基于时间线的量子计算机的起源
	概念讲解	量子的概念、量子比特、量子纠缠、量子霸权
	启发式教学	类比经典计算机，探讨量子计算机的性能指标
	启发式讨论	量子计算机速度问题探讨
课后	分组讨论	讨论量子计算机的发展趋势、各个国家量子计算机发展现状，并以报告的形式提交

4.3.3 教学内容

量子计算机（Quantum Computer）是一类遵循量子力学规律实现高速数学和逻辑运算、存储及处理量子信息的物理装置。量子计算基于微观粒子来构建计算机的信息单元——量子比特，处理信息的理论基础源自量子力学；量子力学是一门专门用于解释微观粒子运动规律的科学，也是非常重要的物理学分支，微观粒子的运动规律和人们熟悉的经典世界的宏观物体是完全不同的，是不连续的。

1. 量子计算机起源与发展

20 世纪 60 年代至 20 世纪 70 年代，人们发现能耗会导致计算机中的芯片发热，极大地影响了芯片的集成度，进而限制了计算机的运行速度，该发现推动了量子计算机的发展。1961 年，IBM 公司的研究人员罗尔夫·兰道尔（Rolf Landauer）发现了物理和计算领域之间的一个基本联系：他证明了每一次计算机擦除一点信息，就会产生一点热量，这与系统的熵增相对应。1972 年，理论计算机科学家查理·贝内特（Charlie Bennett）证明了熵增可以通过一台以可逆方式执行计算的计算机来避免，也就是最初的量子计算机。得到的结论：所有经典计算机都可以找到一种对应的可逆计算机，而且不影响运算能力。

量子计算概念真正起源于 1981 年 5 月 6 日至 8 日的第一届计算物理学会议。量子计算机在 20 世纪 80 年代多处于理论推导等纸上谈兵状态,一直到 1994 年彼得·肖尔(Peter Shor)提出量子质因子分解算法、威胁到了现在流行的 RSA 加密算法之后,量子计算机才变成热门话题。量子计算机速度远胜传统计算机,主要是因为量子不像半导体只能记录 0 与 1,可以同时表示多种状态,极大地加快了并行处理速度。如果把半导体计算机比成单一乐器,量子计算机就像交响乐团,一次运算可以处理多种不同状况,因此,一个 40 位元的量子计算机,就能解开 1024 位元的电子计算机花上数十年解决的问题。除了理论之外,也有不少学者着力于研究利用各种量子系统来实现量子计算机,量子计算机科学发展史见图 4-9。

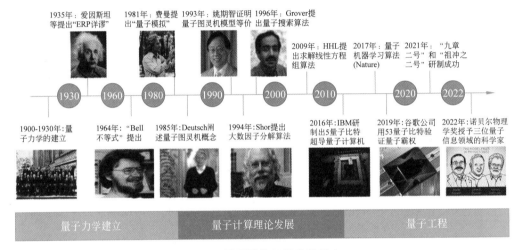

图 4-9　量子计算机科学发展史

2022 年诺贝尔物理学奖颁给了量子信息科学家:

2022 年 10 月 4 日,在瑞典首都斯德哥尔摩,瑞典皇家科学院宣布,将 2022 年诺贝尔物理学奖授予法国物理学家阿兰·阿斯佩(Alain Aspect)、美国理论和实验物理学家约翰·弗朗西斯·克劳泽(John F. Clauser)和奥地利物理学家安东·塞林格(Anton Zeilinger),以表彰他们在量子信息科学研究方面做出的贡献。他们通过光子纠缠实验,确定贝尔不等式在量子世界中不成立,并开创了量子信息这一学科。诺贝尔奖官网发布的新闻公报称,量子力学正开始得到应用。量子计算机、量子网络和安全的量子加密通信已经成为很大的研究领域。

2. 量子计算基础

简单来说,量子计算机是一种能够通过精确控制量子来突破传统计算机极限的计算机。在量子力学中,原子、电子、光子等极小的物质以及超导物质等冷却至极低温度时,会发生不同寻常的神秘现象,而这些现象是可以通过实验证实的。量子计算机研究的内容包括:基于量子力学奇怪和反直觉世界(如叠加态、量子纠缠、隧穿等)的规律,通过控制量子来进行计算,以加快计算速度[71]。

可以说,量子计算机[72]是一种遵循量子力学规律,进行高速运算、存储及处理量子信息的物理装置,其运行的是量子算法。在量子计算机中,运算对象是量子比特序列。半导体靠控制集成电路来记录和运算信息,量子计算机则希望控制微观粒子的状态,记录和运算信息。

1) 何谓量子

量子指的是所有"物理量"的基本单位,当一个物理量小到不可再分割的时候,这个物理量就是量子化的,这个最小的单位就是"量子"。量子可以是基本粒子的统称,所有粒子(包括基本粒子和复合粒子)都可以按自旋分为两类——费米子和玻色子。

(1) 费米子:自旋量子数为半奇数(1/2、3/2、5/2 等)的粒子,遵循费米-狄拉克统计。基本粒子里的轻子、夸克都是费米子,质子、中子等复合粒子也是费米子。

(2) 玻色子:自旋量子数为整数(0、1、2 等)的粒子,遵循玻色-爱因斯坦统计。基本粒子里的希格斯粒子和力的传递粒子(光子、胶子、W+、Z0、引力子)都是玻色子,介子、α 粒子(氦原子核)、氢原子等复合粒子也是玻色子。

也可以说,量子包括费米子类和玻色子两大类。费米子类是亚原子粒子类的实体物质,包括电子、质子、中微子等;玻色子类是非实体类物质,包括光子、介子、引力子、虚粒子等。对于复合粒子的自旋,有一个普遍的原则:奇数个费米子所组成的粒子仍然是费米子;偶数个费米子组成的粒子则是玻色子;任意数目的玻色子组成的粒子还是玻色子。常见粒子大小的量级对比见图 4-10。

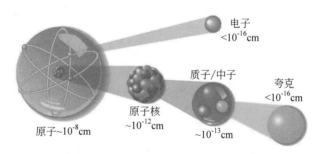

图 4-10 微世界的物理量级①

量子与原子的概念:
· 量子:是指能量不连续、一份一份的物质,光子、原子都可以看成量子,也就是一群不可分割的粒子。量子是一种表示物理量的最小单位,这个物理量可以从多个维度衡量物质,如长度、质量、物质量、时间、温度、电流、光强度等。

① 转自"壹先生科学之谜"。

> • 原子：化学反应不可再分的最小微粒。
>
> 　　量子是一个物理量，是最小的、不可再分割的能量单位。原子、电子等是物质粒子。

2）量子比特

量子计算机使用量子比特作为最小信息单位，量子比特(Qubit)是量子计算机中的最小信息单位。虽然量子比特也可以和经典比特一样使用 0 和 1 这两种状态来表示信息，但除此以外，量子比特还可以处于 0 和 1 的"叠加态"这一特殊状态。量子比特序列不但可以处于各种正交态的叠加态上，而且还可以处于纠缠态上。这些特殊的量子态，不仅提供了量子并行计算的可能，而且还将带来许多奇妙的性质，量子计算机与现阶段的经典计算机之间的巨大差异也在于此[71]。

布洛赫球面(Blochsphere)(见图 4-11)是一个可以将单比特量子的状态直观化的巧妙

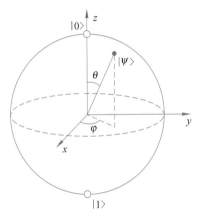

图 4-11　布洛赫球面

工具，其球面上的点表示单比特量子可能处于的量子态。布洛赫球面是一种对于二阶量子系统之纯态空间的几何表示法，是建立量子计算机的基础。量子计算机对每一个叠加分量进行变换，所有这些变换同时完成，并按一定的概率幅叠加起来，给出结果，就实现了量子并行计算。

假定量子客体①有两个确定的可能状态 0 或者 1，通常写成 $|0\rangle$、$|1\rangle$，由于量子状态(写成 $|\psi\rangle$)是不确定的，它一般不会处于 $|0\rangle$ 或 $|1\rangle$ 的确定态上，只能处于这两种确定态按某种权重叠加起来的状态上，这就是量子世界独有的量子态叠加原理，用数学表示为 $|\psi\rangle = \alpha|0\rangle + \beta|1\rangle$，以概率 $|\alpha|^2$ 处于状态 $|0\rangle$，以概率 $|\beta|^2$ 处于状态 $|1\rangle$。其中，α、β 为复数，且满足 $|\alpha|^2 + |\beta|^2 = 1$。经典比特和量子比特的布洛赫球面表示见图 4-12。

构建量子比特，首先要把粒子量子化，囚禁粒子是量子计算机的通用方案。使用原子物理学的方法囚禁原子之后，研究人员可以自由操纵单个原子。例如，超冷原子通过冷却原子的方式实现囚禁原子，一般超冷原子的温度需要接近绝对零度(约为 -273.15℃或 -459.67℉)，这时将出现"玻色-爱因斯坦凝聚态"，即原本状态不同的原子凝聚到同一状态。因为原子在常温下的速度高达到数百米每秒，只有让原子保持在极低温度状态，才可受控。

量子计算机的核心是量子比特，不同的量子比特实现方法形成了不同类型的量子计算机，表 4-2 中给出的是主流的量子比特实现方法[71]。

---

　① 量子客体指量子力学的研究对象。

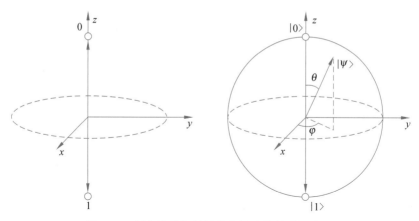

图 4-12　经典比特和量子比特的布洛赫球面表示

表 4-2　主流的量子比特实现方法

实现方法	特　　点	代表企业
超导电路	使用稀释制冷机将电子电路冷却至极低温度(约 10^{-2}K)使其进入超导状态,由此实现量子比超导电路。电子电路中使用了约瑟夫森元件。通过微波 D-Wave Systems 脉冲等手段进行量子门操作	Google、IBM、Intel、Rigetti、Alibaba、D-Wave Systems
邱金离子/超冷原子	使用离子阱(ion trap)和激光冷却技术对离子进行排列,由此实现量子比特(囚禁离子)。通过原子囚禁离子/超过激光照射进行量子门操作。此外,还可以用磁场和激光冷却技术囚禁中性原子来实现量子比特(超冷原子)	lonQ
半导体量子点	使用半导体纳米结构的量子点(quantum dot)束缚电子来实现量子比特。可以应用半导体集成技术	Intel
光学量子计算	通过非经典光实现量子计算。目前正在研究使用连续变量和单光子的光学量子计算。基于测量的量子计算的应用也在研究之列	XANADU
拓扑型超导体	通过拓扑超导体实现马约拉纳费米子(Maiorana fermion),由此实现具有较强抗噪性的量子比特。基于数学上的辩论执行量子计算	Microsoft

3）量子叠加

科学家在做量子实验时发现,微观粒子在没有被观测之前,它就没有确定的状态,从理论上来说,它拥有无数种可能性,它可能处于任何一种状态,处于任何一个位置,或者说它的存在没有任何现实意义,只有当微观粒子被人观测后,微观粒子的多种状态才会消失,它的叠加态会立即崩塌,变成可以确定位置的本征态,这里的多种状态指的就是叠加态。量子叠加,就是指一个量子系统可以处在不同量子态的叠加态上。著名的"薛定谔的猫"理论曾经形象地表述为"一只猫可以同时既是活的又是死的"。薛定谔实验表述见图 4-13,该实

图 4-13　薛定谔的猫(量子力学思维实验)

验是把微观领域的量子行为扩展到宏观世界的推演。

> 奥地利物理学家薛定谔于 1935 年提出的有关猫生死叠加的著名思想实验：在一个盒子里有一只猫，以及少量放射性物质。之后，有 50% 的概率放射性物质将会衰变并释放出毒气杀死这只猫，同时有 50% 的概率放射性物质不会衰变而猫将活下来。猫生死叠加。猫到底是死是活必须在盒子打开后，外部观测者观测时，物质以粒子形式表现后才能确定。

4）量子纠缠与相干

在量子力学中，微观物质可展现出和日常生活中的常识相悖的情况，量子相干和量子纠缠是量子物理的两大特性。

量子纠缠有点类似人们平时所说的"心电感应"，只是心电感应属于心理学现象，在现实世界并没有被证实存在过，但瞬间感应发生在量子世界中，也就是量子纠缠，是被科学家们证实过的。20 世纪下半叶至今的各类实验中，不断有人证实各种超光速现象的出现。1982 年，巴黎大学的物理学家证实，亚原子粒子在向相反方向发射后，在运动时依然可以彼此互通信息。2008 年，日内瓦大学的物理学家再次进行类似实验，这次，两个相互感应的粒子距离超过 17km。奥地利科学家蔡林格（Anton Zeilinger）甚至在两个相距 144km 的岛屿之间观测到光子的量子纠缠现象。

量子相干遵循的是物理的波动性，如果将物体的波动性一分为二，则这两个波之间将发生相干干涉，从而叠加成一个态，叠加这一概念最著名的代表就是"薛定谔的猫"。"相干"也可以理解为可以互相干涉，产生干涉效应。两个物理量，不一定完全相干，可以只在一定的空间或者时间范围内相干，超过范围则相干消失，这一过程叫作退相干。一般是环境影响、信号衰减、非线性作用等原因引起的。量子相干性是量子计算机高速运行的关键，由于量子相干系统与周围环境的相互作用，相干度会迅速衰减，并且随着量子比特数的增加，保持相干态将变得越来越困难。

> 量子纠缠现象：当一个粒子衰变成两个粒子，朝相反的两个方向飞去，同时会发生向左或向右的自旋。如果其中一个粒子发生"左旋"，则另一个必定发生"右旋"。两者保持总体守恒。也就是说，两个处于"纠缠态"的粒子，无论相隔多远，同时测量时都会"感知"对方的状态。
>
> 量子相干性：量子之间特殊的物理联系，包括干涉、衍射、纠缠等特征。利用量子相干性可从一个或多个量子状态推出其他量子状态。为了在量子计算机中实现高效的并行操作，必须使相互关联的量子比特串作为一个整体，保持量子相干性，量子相干时间越长越好。

5）量子霸权

量子霸权（Quantum Supremacy），也叫"量子优越性"，代表量子计算装置在特定测试案例上表现出超越所有经典计算机的计算能力，实现量子霸权是量子计算发展的重要里程碑。"量子霸权"这一概念最早由加州理工学院理论物理学家加州理工学院教授普雷斯基尔（John Preskill）在 2011 年的一次演讲中提出，也可翻译为"量子优越性"或"量子优势"。衡量量子计算机实现"量子霸权"的标准是：能比经典计算机更好地解决一个特定计算问题。评测称霸标准，需要高效的、运行于经典计算机的量子计算模拟器。在后量子霸权时代，这种模拟器还会成为加速量子计算科学研究的重要工具。2019 年 11 月 4 日，在国际上率先开启称霸标准研究的、国防科技大学计算机学院吴俊杰带领的 QUANTA 团队，联合信息工程大学等国内外科研机构，提出了量子计算模拟的新算法。该算法在"天河二号"超级计算机上的测试性能达到国际领先水平，谷歌的工作也引用了这项结果的预印版论文。

2019 年 9 月 20 日，科技巨头谷歌的一份内部研究报告显示，其研发的量子计算机成功在 3 分 20 秒时间内，完成传统计算机需 1 万年处理的问题，并声称是全球首次实现"量子霸权"。2020 年，中国科技大学的光量子计算"九章"实现了量子霸权，是全世界第二次达到"量子霸权"标准的量子计算实验。

3. 量子计算机的性能指标

经典计算机的性能可通过内存容量、CPU 核数和时钟频率等指标来衡量，量子计算机的性能则可通过以下指标来衡量[71]。

（1）量子比特数。一旦量子比特数达到 50 以上，就能在处理某些特定问题时展现超越超级计算机的运算能力。当量子比特位数达到 100～1000 位后，量子计算机有望能够执行一些具有实际意义和应用价值的算法。

（2）量子比特的相干时间。相干时间是指量子比特保持有效信息的持续时间，时间越长越好。2021 年年初，清华大学叉信息研究院金奇奂研组，在离子阱系统中，将单离子量子比特的最长相干时间提高到了 5500s[73]。据人民网-科普中国 2022 年 6 月 15 日报道，2021 年北京量子信息科学研究院超导量子计算研究员于海峰及其科研团队发布了长寿命超导量子比特芯片，相干时间达到 $503\mu s$，是当时国际文献报道的最高值。2022 年 5 月，Atom Computing 公司的研究人员报告了他们在其 100＋量子比特中性原子量子计算机 Phoenix 上实现了当时最长的相干时间，其中，相干时间为$(40\pm7)s$[74]。

（3）量子操作所需时间。取决于具体算法，时间越短越好，时间越短说明计算耗时越少。

（4）进行量子操作和测量操作时的错误率。目前可以成功将错误率控制在一定范围内。当错误率由 0.1% 减少到 0.01% 后，将带来"量子体积"的明显增长，预示量子计算机得以商用。

（5）量子比特的连接数。是并行计算量子数的性能指标。

最容易理解的是以物理方式实现的量子比特数，因为要有足够多的量子比特才能完成大规模的计算。但是，仅增加量子比特并不能提高性能。所以量子比特还必须有足够长的相干时间（量子比特具有量子性的时间，即量子比特的寿命），以满足量子操作所需的时间。

除此以外,操作量子比特时的错误率还要足够低才行。在比较不同量子计算机之间的优劣时,了解这些性能指标非常重要。

4. 量子计算机分类

量子计算机的核心是量子比特,量子比特的不同实现方法形成了不同类型的量子计算机,目前重点关注的有超导量子计算机、离子阱量子计算机和光量子计算机。

超导量子计算机用超导体的电荷、相位和磁通量三种方式来形成量子比特,目前普遍用电荷的方式,IBM 与 Google 的 53 比特量子计算机皆采取此种技术。而国内中国科学院、中国科学技术大学、本源量子、浙江大学等在此技术上均有布局。超导量子技术的优势在于量子比特可控性强、拓展性良好、可依托现有成熟的集成电路工艺。但劣势也很明显,为了保障退相干时间,超导量子比特必须在接近绝对零度的真空环境下运行。这不仅要求超导体系必须要有强大的低温制冷系统,还在一定程度上限制了量子比特的拓展。

离子阱量子计算机的工作原理是将离子(即带电原子或分子)通过电磁场限定在有限空间内,利用电荷与电磁场间的交互作用力来牵制带电粒子的运动,将其局限在某个小范围内。基于量子的纠缠态现象,通过激光可实现原子的纠缠。经过超冷处理的原子被囚禁在真空中,由激光束组成控制离子状态的通道网络,而这个网络结构是可以不断扩张的。一个离子阱就像一个算盘,原子在其中可以被不断拨来拨去。量子比特存储在每个离子的原子能级中,通过耦合能级与阱中离子的集体运动模式,量子信息可在离子之间进行交互。与其他物理体系相比,离子阱系统最大的优势在于有高保真度的逻辑门运算、量子比特的相干时间足够长,并且具备最高的量子态制备和读出效率:牛津大学在 2016 年实现了保真度分别为 99.9% 的两量子比特门和 99.9934% 的单量子比特门。但离子阱量子计算技术目前仍面临一些困难,如可扩展性较差、电场噪声导致的消相干问题等。2018 年 12 月,IonQ 公司推出了一个离子阱体系量子计算机原型系统;工业巨头霍尼韦尔宣布进军量子计算领域,采用离子阱技术实现量子计算;在国内,量子计算初创公司启科量子于 2020 年启动了可扩展分布式离子阱量子计算机"天算 1 号"的研发,目标是通过分布式量子计算的方法最终实现量子体积一亿以上的百比特离子阱量子计算机[75]。

光量子计算机技术是将光子当成量子比特。光子有三个性质可以构成量子状态:自旋、偏振和路径。路径是指光子经光子分离器后因为量子概率的特性可能由不同方向行进,特别是在量子通信和量子计算中的光源都是单光子。单一光子采取路径 A 就不会再走路径 B,反之亦然。然而在未测量之前无法得知光子采取哪一条路径,这就是两种状态的叠加。光量子技术具有量子比特相干时间长、操控简单、与光纤和集成光学技术相容、拓展性好等优势。劣势就在于很难小型化,量子比特之间逻辑操作困难,无法进行编程。从这一点上来看,光量子技术难以发展为通用量子计算机。

每种量子计算机的实现方法都有自己的优缺点,目前悬铃木解决的问题广一些,"九章"目前只是高斯玻色采样的一个专用计算机,如果单纯比较量子比特,九章量子比特位可达到100,大于"悬铃木"的 53 的量子比特位,在这个问题的处理上领先"富岳"几亿年其实也不严谨,因为我们现在的算法还没有开发出超算的全部算力。

5. 量子计算机的速度

量子计算机和传统计算机的运算方式不同,说它在速度上比超级计算机快多少倍是针对特定问题的计算。关于量子计算机和传统计算机的计算方式,这里做个类比:假如要算出丢 100 次硬币会有多少个正面,传统计算机是真的一次又一次地丢,然后把丢出正面的次数统计起来,而量子计算机是把 100 枚硬币丢出去,然后算里面有多少枚是正面。如果是计算 100 次"丢 1 枚硬币",量子计算机在速度上并不能胜过传统结构计算机多少。量子计算机的速度完全取决于其数据量。

"九章二号"问世时,据报道它比当时最快的超算机"富岳"的计算速度快了 10^{24} 倍,"九章二号"在 1ms 内解决的问题,"富岳"得花 30 万亿年。尽管量子计算机速度如此之快,各个公司仍在努力改进设计以便进一步提升速度,但是以色列理工学院已经研究发现量子计算机也有速度限制。

4.3.4 课后作业

(1) 何谓量子纠缠?
(2) "九章二号"和"祖冲之二号",各有什么特性?
(3) 你认为量子计算机的发展,会为人们的生活带来什么改变?

4.4 延伸阅读

4.4.1 量子计算机国内外研发现状

做个形象的类比,量子计算机的运算能力与经典电子计算机相比,大致等同于经典电子计算机的运算能力同算盘相比。由此可见,一旦量子计算得到广泛应用,人类社会各个领域都将会发生翻天覆地的变化。

根据有关机构测算,结合量子计算所需的物理学基础与算法基础,量子计算有望在 10~15 年内实现商用,预计量子计算的商用元年在 2030 年左右。以 2030 年为量子计算商用元年,预计 2030 年全球量子计算市场规模将达到 140.1 亿美元,并以 30%左右的增速平缓上涨,至 2035 年预计会达到 489.7 亿美元的量子计算市场规模。

当前量子计算机领域,谷歌、IBM、英特尔、Rigetti Computing 四家公司正在着力提高集成化,紧追其后的是中国科学技术大学、阿里巴巴、微软。从现在业界的信息来看,很多公司将"超导集成量子计算机"作为后续商业化的重心。与此相对抗的还有硅基(Intel、Silicon Quantum Computing、日立等公司)、离子阱(IonQ、Alpine Quantum Technology、Honeywell 等公司)、马约拉纳粒子(Microsoft、NOKIA 等公司)、光子(Xanadu 等公司)等平台。各个国家量子计算机发展情况如下。

(1) 中国:中国在量子计算技术方面是处于国际"第一梯队"的国家,2021 年 11 月,"祖冲之二号"超导量子计算机,相比美国的"悬铃木"超导计算机,可以比后者计算出难度高100万倍的题目。

(2)美国:美国是研发量子计算机较早的国家之一,作为行业领头羊,谷歌选择了超导回路技术,IBM也已为此投入大量资金,另一科技巨头微软则选择了一个尚未得到验证的方向:拓扑量子比特。

(3)加拿大:加拿大D-Wave系统公司在2011年推出的商用量子计算机D-Wave One具有128量子比特处理器,到2017年D-Wave又推出了2000量子比特的设计D-Wave 2000Q,具有2000个量子比特处理器。目前,D-Wave系统公司具有完整的量子计算机操作系统、软件和开发人员工具。

(4)英国:英国主攻方向是离子阱。英国量子信息技术中心的最终目标是制造一台Q20:20的量子计算机样机,其中包含20个离子阱,每个离子阱里囚禁20个原子,整体相当于一台400量子比特的量子计算机。2022年6月9日,英国国防部宣布,获得政府首台量子计算机。

(5)澳大利亚:2016年,澳大利亚计划从硅开始制造量子处理器,澳大利亚科研人员计划到2022年研制出一个10量子比特的基于硅基集成电路的芯片,这将成为建造世界上第一台基于硅基的量子计算机的重要里程碑。

(6)日本:2021年12月,日本电信电话公司与东京大学宣布,已开发出光量子计算机的核心技术,计划于2030年制造出高性能实体机。

4.4.2 量子计算机制约因素

目前,各国量子计算模型的设计都比较成熟,但也都面临其所依托物质的困境,量子比特会与外部环境发生作用而使量子衰减。量子计算机需要依托超导物质、超导环境来实现并运作。然而目前,几乎所有国家都缺乏可实用的超导材料。虽然表面上各国在研发的量子计算机的量子比特上存在一定差距,但实际上,各国量子计算技术都远未达到可以商业化的水平。目前面临以下问题。

(1)量子扩展性较差。科学家们发现,量子计算机的量子比特位数越高,由于外界环境的影响,整体运算精度就会相应大幅下降,这也是各国力争不断增加各自量子计算机的量子比特位数以增加计算成功率的原因。

(2)量子的精度不高。例如,普通计算机在计算1+1等于几时,基本不会出错,而量子计算机由于量子精度不高的原因,可能运算一千次1+1的问题时,就有一次答案会出错。阿里达摩院的量子计算采用新型量子比特Fluxonium的两比特门,操控精度达到99.72%。

(3)量子相干时间较短。由于量子之间存在相互影响,量子数据会在极短时间内"损坏",也就是说,在使用量子计算机时,必须在微秒级的时间内完成计算,并将计算数据导出。在如此短的时间内需要完成一定数量的逻辑运算,这对量子逻辑门的开关速度提出很高要求,而量子编码是迄今发现的最有效的方法。量子编码是用一些特殊的量子态来表示量子比特,以达到保持相干性的目的。主要的量子编码方案是:量子纠错码、量子避错码和量子防错码。其中，量子纠错码是经典纠错码的类比，是目前研究最多的一类编码，其优点为适用范围广，缺点是效率不高。

4.4.3 量子计算机会取代传统计算机吗

由于量子计算机的技术瓶颈，目前开发的量子计算机只能称为原型，它们只能执行单一的特定功能，而无法实现通用的量子计算。2022年9月，IBM研究院院长达里奥·吉尔（Dario Gil）在以色列特拉维夫的一个IBM会议上做开幕演讲[76]时说，"量子计算'大爆发'将在十年内到来"。他认为，量子计算机不再是一台使用所有经典计算机都采用的二进制方法的超级计算机，而是一台全新的机器，是从贝壳串、珠串、用于计算的条子，到基于齿轮的机械计算机、电子计算机，再到量子计算机的进化史上的又一发明。吉尔解释说："从本质上说，量子计算机是一种自然模拟器，通过它可以模拟自然过程，从而解决以前无法解决的问题。如果说传统计算机是数学和信息的结合，那么量子计算就是物理和信息的结合。"

吉尔的演讲阐释了量子计算机与传统计算机的关系。在普通计算机中，信息的基本单位是"位"，它可以有两个值：0或1；使用这些比特可以执行任何可以想象到的计算——尽管其中一些计算可能需要很长时间。在量子计算机中，由于量子叠加，量子位代表的不是一个绝对值，而是值的分布。吉尔解释说："你可以把它想象成一个多维度的问题：1和0只是两个端点，比如硬币的两极，但它也可以有侧向倾斜。"使用统计方法可以检查量子位的状态并获得有用的结果。这种概率方法并不适用于所有问题，但在解决某些问题时，它比传统计算机寻找绝对答案的效率要高得多。

但是，吉尔认为："量子计算机不会让传统计算机变得多余：它们将共存，用于解决不同的问题。这就像问你如何从A地到B地：你可以步行、骑自行车、开车或坐飞机。如果这两点之间的距离是50km，你不会选择坐飞机，相应地，这是一种适用于传统计算机的模式。但量子计算机可以让你快速地飞到其他地方，甚至是月球上。"

4.4.4 未来计算机的类型

量子计算机是未来新型计算系统的重点之一，吸引着众多的世界科技巨头。较小规模的量子计算机已经在实验室中执行了有用的任务，量子计算机的商用已经被提上日程。除了量子计算机，科学家们正在探索其他类型的计算机，如生物计算机、光子计算机、分子计算机等。

生物计算机主要是以生物电子元件构建的计算机。它利用蛋白质有开关特性，用蛋白质分子作元件从而制成生物芯片。其性能是由元件与元件之间电流启闭的开关速度来决定的。用蛋白质制成的计算机芯片，它的一个存储点只有一个分子大小，所以它的存储容量可以达到普通计算机的十亿倍。由蛋白质构成的集成电路，其大小只相当于硅片集成电路的十万分之一，运行速度更快，只有 10^{-11} s，大大超过人脑的思维速度。

光子计算机是一种由光信号进行数字运算、逻辑操作、信息存储和处理的新型计算机。它由激光器、光学反射镜、透镜、滤波器等光学元件和设备构成，靠激光束进入反射镜和透镜组成的阵列进行信息处理,以光子代替电子,光运算代替电运算。1990 年年初,美国贝尔实验室制成世界上第一台光子计算机。

分子计算机就是尝试利用分子计算的能力进行信息的处理。分子计算机的运行靠的是分子晶体可以吸收以电荷形式存在的信息,并以更有效的方式进行组织排列。凭借着分子纳米级的尺寸,分子计算机的体积将剧减。此外,分子计算机耗电可大大减少并能更长期地存储大量数据。美国惠普公司和加州大学于 1999 年 7 月 16 日宣布,已成功地研制出分子计算机中的逻辑门电路,其线宽只有几个原子直径之和,分子计算机的运算速度是当时计算机的 1000 亿倍。

4.4.5 荒谬可笑的"量子骗局"

近年来,除了基因、纳米、AI 这些新鲜口号,也有一些伪科学、伪创新市场也开始打着量子旗号,如"量子鞋""量子美容仪""量子眼镜"。事实上,打着"量子＋日用品"旗号的,一般都是蹭概念、讲故事,甚至可能涉嫌诈骗。

据央视报道[77],某科技养殖有限公司宣传视频内容为:国内首创高科技"量子猪",生猪喂养过程全部采用特制的"量子水",其瘦肉的蛋白质和氨基酸以及钙、磷、铁等微量元素含量均远超普通猪肉。"量子锅"更是能量不凡:同一个土豆切开,一半放在"量子锅"里,长出芽;另外一半没有放在"量子锅"里,已经烂了,说明量子可以给植物赋予能量,长得更好。据中国工商时报 2021 年统计[78],全国各地有两千多家各类"量子企业",将量子力学原理与化妆品、农业、食品、服装、汽车等传统产业"嫁接",一些所谓的量子商品还纷纷不断提升"理论"新高度。

网络上,甚至出现了"遇事不决,量子力学"的流行语,但是实际上,量子产业有非常高的技术壁垒,合肥市高新区科技局局长程羽曾表示:"真正从事量子科学研究的高层次人才其实不过千人,全国真正做核心量子、核心技术的企业,我认为不超过 200 家。"

4.5 思政总结

本案例的思政总结见表 4-3。

表 4-3 "量子计算机基础"思政总结

学习阶段	学习内容	思政元素	思政融入
案例材料	"九章二号"成功研制	不甘落后、科技自信	通过"九章二号"和"祖冲之二号"量子计算机速度的介绍,对比国外的现状,延伸至我国的科技发展史,树立科技自信,明确责任担当
	量子计算机有速度极限	学无止境、砥砺前行	案例延伸讲解:世间万事没有一劳永逸,学习、科研、生活均是如此,任何成功都需要一直坚持、不断努力
	量子计算机带来的安全问题	遵循规律、革故鼎新	新事物必然带来新问题,革故鼎新是唯一出路

续表

学习阶段	学习内容	思政元素	思政融入
教学内容	量子比特	勇于尝试、大胆探索	科技工作者在研制各种类型的量子比特，探索迥而不同的微观世界。引导同学们任何时候都要勇于尝试、大胆探索
	量子纠缠	突破陈规、实验探究	实验是真理的唯一来源，实验发现的奇特现象正在改变着人们的生活，告诫同学们"思考固然重要，行动才是根本"
	量子计算机性能指标	因势利导、循序渐进	量子计算机发展面临很多指标上的待解决问题，科学家们必会拿出"遇水架桥逢山开路"的魄力一一解决
延伸阅读	国内外发展现状	科技创新、强国之本	各个国家都设置了自己的量子计算机发展目标，国力竞争变成了科技竞争，勉励同学们发奋学习、科技报国
	发展瓶颈	道阻且长、行则将至	成事者需要耐心：道阻且长，行则将至；行而不辍，未来可期

第5章

案例二：从鸿蒙操作系统说起

案例导图如图 5-1 所示。

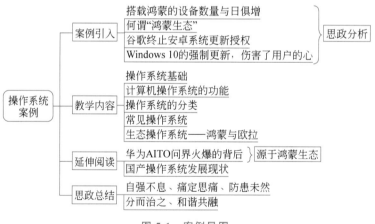

图 5-1　案例导图

5.1　案例引入

5.1.1　搭载鸿蒙的设备数量与日俱增

2021 年 10 月 22 日，在华为开发者大会 2021(Together)上，华为常务董事、消费者业务

CEO、智能汽车解决方案 BU CEO 余承东宣布，搭载鸿蒙（HarmonyOS）的设备数量已超1.5 亿。到了 2021 年 12 月 23 日，深圳举办冬季旗舰新品发布会，宣布搭载 HarmonyOS 的华为设备数突破 2.2 亿，成为史上发展最快的终端操作系统[79]。销售展厅中搭载鸿蒙的智能座舱见图 5-2。

图 5-2 搭载鸿蒙的智能座舱[80]

据媒体报道，华为已经把智能终端鸿蒙操作系统的基础能力全部捐赠给开放原子开源基金，形成 OpenHarmony 开源项目。同时，面向数字基础设施的开源操作系统欧拉也将和HarmonyOS 实现能力共享、生态互通。截至 2021 年 10 月，鸿蒙智联已有超过 1800 家硬件合作伙伴、4000 款生态设备，2022 年新增发货量超 6000 万台；超过 400 家伙伴开发的HarmonyOS 原子化服务数量突破 1.6 万个。HarmonyOS 将引领汽车行业智能化发展，HarmonyOS 智能座舱已经适配了高德地图、网易云音乐、喜马拉雅、快手等应用，基本涵盖了地图导航、影音娱乐、直播播客等车内常见的使用场景[80]。

5.1.2 何谓"鸿蒙生态"

2019 年 6 月，华为对外发布其重要的"1＋8＋N"全场景生态，"1"就是手机；"8"就是华为的 8 个主要消费者业务：电视、音响、眼镜、手表、车机、耳机、PC 和平板；"N"则是围绕智能出行、移动办公、运动健康、影音娱乐、智能家居 5 大衍生业务，这个生态的内核是鸿蒙系统[81]。华为全场景生态见图 5-3。

鸿蒙生态无法用一个具体的数字来量化，鸿蒙的价值在于建立了一个国家主导的生态体系。在鸿蒙的生态体系中，凡是华为力所能及的领域，都值得华为用鸿蒙重新定义和进行商业变现。华为能通过鸿蒙重构产品，最大的底气就是本身已有的数亿用户群体和已经超过 3 亿的鸿蒙 OS 设备。例如，作为华为"1＋8＋N"全场景生态中 8 大业务中的"车机"，华为已经实现了鸿蒙系统的全覆盖，最新发布的"问界"M7 已然代表了华为在智慧汽车领域的驾驭能力。

基于鸿蒙未来的生态体系建设，2020 年 9 月 10 日，在 2020 华为开发者大会上，华为正式宣布开源鸿蒙操作系统 2.0，捐赠给开放原子开源基金会（Open Atom Foundation）进行开源孵化（开源项目：https://www.openatom.org/openharmony，代码仓库：https://

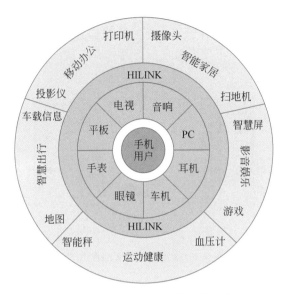

图 5-3   华为"1＋8＋N"全场景生态

openharmony.gitee.com)。任何开发者都可以自由下载、使用和修改开源代码,各个厂家都可以根据不同的应用场景开发产品,安卓用户也可无缝过渡到鸿蒙系统[82]。

5.1.3   谷歌终止安卓系统更新授权——"卡脖子"事件

2019 年 5 月 19 日,美国媒体当地时间报道:谷歌公司表示将停止向华为公司提供安卓系统的技术支持。据新华社报道,华为公司 20 日针对谷歌暂停与华为部分业务合作发布声明,称"华为有能力继续发展和使用安卓生态。华为和荣耀品牌的产品,包括智能手机和平板电脑,产品和服务在中国市场不受影响"。这是我国自 2018 年以来,经历的数次"卡脖子"事件之一。

2018 年中美贸易摩擦爆发,美国以中美贸易逆差为由,一方面向中国出口货物加征关税,一方面限制向中国进口产品,对技术知识领域进行封锁[83],"卡脖子"技术的行业与产业链分布情况见图 5-4。2018 年 4 月 16 日,美国商务部发布公告称,美国政府在未来 7 年内禁止中兴通讯向美国企业购买敏感产品,受公告影响,中国最大的通信设备上市公司中兴通讯的主要经营活动无法正常进行,暴露出我国巨大的技术缺口问题。经过美国三个月的调查,再加上中国政府及中兴通讯与美国商务部的协商谈判,美国商务部于 2018 年 7 月 2 日发布公告表示,美国已经与中兴通讯签署和解协议。禁令将在中兴通讯向美国交付 10 亿美元罚款,并在支付 4 亿美元保证金之后解除,将会重启美国供应商与中兴通讯进行商业往来,中兴通讯也将能够正式恢复运营[84]。

2019 年 5 月,美国商务部工业和安全局(BIS)把华为加入实体清单,明确美国公司将技术出售或转让给实体清单中的公司或个人需要 BIS 颁发许可证,如果出售行为会损害美国

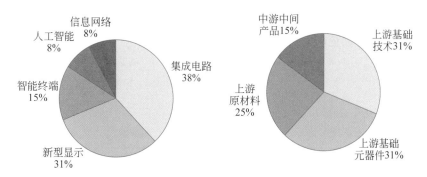

图 5-4 "卡脖子"技术的行业与产业链分布情况[83]

利益,BIS 可以拒绝给予许可证。随后,高通、博通、英特尔、英伟达、美光、ARM 等一批半导体企业相继中止对华为供货,微软、谷歌等互联网企业也中止了对华为的技术支持与软件服务,华为全球供应链生态系统面临全面崩溃的风险。中国信息产业面临的挑战主要在高通等半导体企业中断芯片供应,谷歌停止华为手机访问谷歌服务和安卓系统更新授权,WiFi 联盟中止华为成员资格的情况下,美国实际上竖起了一堵"科技柏林墙",把华为甚至中国的高技术企业隔离在欧美技术体系之外[85]。

5.1.4 Windows 10 的强制更新,伤害了用户的心

Windows 10 操作系统强制更新,使用过程中会突然弹出提示"更新你的 Windows 10 系统",而这时只能选择"更新并重启"和"更改更新时间",更改时间后还会收到提示。如果选择了"立即重启"或者"等待一小时",系统分别会立刻或者一小时后重启、安装更新,无论用户在进行多么重要的工作,系统都会毫不犹豫重启。图 5-5 中的"幸福倒计时",通常会给用户带来无尽的麻烦,当用户不小心选择"确定"或"立即重启"时,会造成文件未保存、会议被中断、电池被耗尽、升级后系统设置面目全非等意外后果。

图 5-5 Windows 10 强制更新提醒

Windows 10 的强制更新特性在全世界范围内都引起了强烈抗议,不过微软表示这是为了修复漏洞或者新增其他的功能。对于普通用户而言,自己的计算机操作不能被自己控制,是难以接受的。Windows 10 强制更新除了会给用户带来较大困扰,还给了用户不安全感的

心理暗示，不禁让人联想到"棱镜门"。

> 关闭 Windows 10 自动更新的方法：
> （1）在"搜索"框中输入"服务"，单击搜索到的"服务"桌面应用。
> （2）在打开的"服务"窗口中，找到 Windows Update，右击选择"属性"。
> （3）在"常规"选项卡"启动类型"栏选择"禁用"，若需要立即关闭 Windows 10 自动更新（否则下次重启机器后再关闭），单击下方的"停止"。
> （4）在"恢复"选项卡"第一次失败"栏选择"无操作"，单击"确定"按钮。

5.2 案例思政分析

5.2.1 战略思维，谋划全局

操作系统的研发需要确保软硬件融合的系统体验，确保系统的稳定性、安全性。此外，操作系统的成功难在"应用生态"的繁荣，如何吸引更多应用开发者进来开发应用软件才是关键问题。从更加宏观的角度看，操作系统能否成功的重点还在于能否搭建起一个能够连接软件开发者、芯片企业、终端企业、运营商等产业链上多个主体的完整生态圈。从 Windows、Android、iOS 等操作系统的历史看，这些在全世界范围内被广泛应用的操作系统，它们的成功都是建立在全球开发者共同开发和维护的基础上[86]。从某种意义上说，但凡成功的操作系统都有着战略上的全局观。

华为每年会做战略规划，它是看未来三五年，甚至五年以后，整个领域将来会是什么样。华为对于鸿蒙系统的定位完全不同于安卓系统，它不仅是一个手机或某一设备的单一系统，而是一个可将所有设备串联在一起的通用性系统，就是多个不同设备比如手机、智慧屏、平板电脑、车载计算机等，都可使用鸿蒙系统。"1＋8＋N"是 HarmonyOS 打造的全场景战略，未来，HarmonyOS 会持续围绕着端、管、云、芯构筑全场景智慧生态。鸿蒙系统于 2019 年 8 月初次面世至今，已满三年，在产业链的共同努力下，鸿蒙系统基座正愈发稳固，生态建设也越来越成熟，据财联社 2022 年 8 月 8 日报道，华为鸿蒙设备数加上鸿蒙智联设备数已突破 4.7 亿台，通过一个个小目标的达成，可以看出鸿蒙生态的发展较为顺利[87]。

鸿蒙生态的顺利发展源于华为的战略思维和布局，战略思维才能谋划全局，思维能力决定人生成就。思维能力的提升需要一定的方法指导，战略思维方法是指用全局视角和长远眼光客观辩证地观察、思考和处理问题的科学思维方法，体现的是一种战略整体观、全局观和敏锐的洞察力、预见性，是科学的世界观、方法论在实际工作中的运用。战略思维方法要求高瞻远瞩、统揽全局，把握事物发展的总体趋势和方向，体现了认识问题的高度和深度。战略思维方法的三个要素：①要有全局意识，处理好局部和全局的关系；②要有前瞻意识，处理好当前和长远的关系；③要有破局意识，处理好规划和落实的关系。

5.2.2 逆流而上，乘风破浪

梳理一下近几年来美国部分政客的一系列动作——制裁中兴、打压华为、将多家中国科技互联网公司和高校科研机构列入实体清单、禁止部分中国留学生入境，乃至国外知名 DevOps 服务商 HashiCorp 在其官网称 Terraform、Consul、Vagrant 等开源软件禁止在中国国内部署安装[88]。华为在芯片被"卡脖子"之后，安卓也停止了华为设备操作系统的更新授权。在美国接二连三动用技术大棒对中国科技发展进行无端打压的情况下，原本深藏于我们内部的"国货自强、掌握核心科技、自主可控"意识，被前所未有地唤醒，并迅速转化为产业实践。

先前美国颁布芯片禁令打压华为，在系统、芯片等许多方面对华为进行限制。然而令美国没有想到的是华为非但没有一蹶不振，反而逆流而上，走上了自主研发的道路。在芯片研发领域，华为凭借着麒麟芯片，站在了全球芯片发展的潮头，除了在芯片硬件方面，华为还推出了鸿蒙、欧拉操作系统，目的就是为了解决在"软件领域"被"卡脖子"的问题。

如果没有"卡脖子"事件发生，就没有国内的芯片、操作系统、5G 研发的快速推进，也就没有自有技术的一系列成果。正如纵目科技创始人、CEO 唐锐所说："'卡脖子'这个事很多时候给芯片行业带来了一个巨大的利好，因为自己生生创造出一个需求，原来有一个便宜可以买到的东西，现在买不到了。怎么办？从供应链上复制一份，咱们自己慢慢给做出来。总体来讲这是一个非常非常好的事情，对咱们国内的硬核科技的推动跟发展是一件非常非常好的事情。"

生活也遵循同样的道理，面对挫折，唯有逆流而上，方能乘风破浪。要珍惜并科学面对每次困难、挫折和挑战，它们正是我们突破自我的契机。正如作家海明威所说："生活总是让我们遍体鳞伤，但到后来，那些受伤的地方，一定会变成我们最强壮的地方。"

5.2.3 充分合作，拒绝依赖

2018 年之前，华为、中兴凭着全球供应链的红利，在移动终端和通信领域一度风光，但是随着"卡脖子"事件的发生，因为断芯、软件使用受限等问题，业务发展受到重创。在中兴经历了高额罚单，华为经历了芯片断供之后，各公司高管依然坚定不移地相信必须依靠供应链，但是明确提出需要构建核心竞争力。

华为任正非表示：在供应链方面，华为坚定不移拥抱全球化，如果美国公司愿意卖给华为零部件，华为会尽量想办法在系统中使用。如果我们不用，不利于世界形成一个全球化的资源体系。华为不会狭隘地走自主创新、自力更生的道路，不会退缩到中国市场做一个"门槛猴"。面对供应链难题，华为常务董事、终端业务负责人、智能汽车解决方案 BU CEO 余承东在公开活动中，谈到供应链和"卡脖子"的问题：塞翁失马，焉知非福，在全球供应链领域碰壁时，才能下定决心扶持国产供应链，才能拉开国产供应链全面崛起的序幕，未来核心技术才可以不依赖别人。任何一家企业不可能什么都做,一定要分工协作,但分工协作的前提是在核心领域要能够掌握关键技术,不能被某个国家或企业所限制。

我们在日常的工作和学习中,必须要顾大局,坚持合作共赢,具备团队利他精神。不管是在生活中遇到的琐事还是在工作中碰到棘手的问题,尽量多讨论多协商,善于听取团队的意见,这样才有助于任务圆满完成,才能顺利解决工作中复杂并难以处理的问题。但是,"合作"绝不是"依赖",过度合作容易形成惯性依赖,良性合作需要保持合作方的独立性和核心力(例如,科技领域的核心技术),过度合作对合作双方都是不利的。良好的合作,是创造竞争中的双赢,在竞争过程中双方相互激励、相互帮助、取长补短。

5.3 案例教学设计

5.3.1 案例知识点

案例知识点如图 5-6 所示。

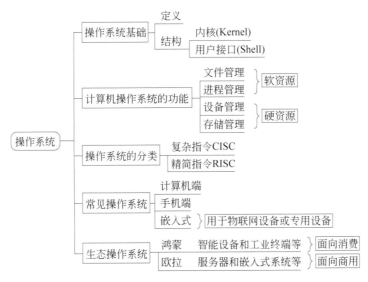

图 5-6 案例知识点

5.3.2 教学设计

1. 教学用途

本案例适用于操作系统基础的讲解,让学生理解操作系统的作用、分类和操作系统生态的重要性。

4. 教学目标

知识层面：操作系统的定义和功能。

能力层面：理解在操控设备运行时的作用，常见操作系统的特点及关联关系；理解操作系统的重要性、操作系统生态构建的意义，掌握国产操作系统研发现状。

价值层面：直面操作系统软件"卡脖子"问题，激发学生爱国情怀和使命担当；通过软件产业链的剖析，让学生理解战略思维和生态建设的重要性。

5. 教学过程

本案例的教学过程分为课前、课中和课后三个阶段，具体内容见表 5-1。

表 5-1　"操作系统基础"教学过程

学习阶段	教学方法	学习内容
课前	案例阅读	操作系统案例
课中	讲授法	操作系统的作用
	例证讲解	结合 Windows 讲解操作系统的功能
	互动讨论式教学	操作系统分类、常见操作系统
	案例讨论	鸿蒙、欧拉操作系统生态的发展前景
课后	分组调研	调研鸿蒙、欧拉、苹果、微软操作系统生态的详细数据，并以报告的形式提交

5.3.3　教学内容

1. 操作系统基础

人们在使用硬件的过程中，为了提高资源利用率和提升操作的便利性，设计了专用的软件来协调各个硬件之间相互协作，这一软件就是操作系统。计算机操作系统并不是与计算机硬件一起诞生的，它是在人们使用计算机的过程中，为了满足两大需求：提高资源利用率、增强计算机系统性能，伴随着计算机技术本身及其应用的日益发展，而逐步形成和完善起来的。广义上，操作系统（Operating System，OS）泛指能够帮助人们实现对硬件的操控的软件系统，正如手机有手机的操作系统，计算机有计算机的操作系统，航天器也有自己的操作系统。操作系统通过向硬件发出指令（硬件能够接收的命令）达到操控硬件的目的，每个操作系统都有一套指令集。操作系统被称为"第一个程序"，只有当操作系统启动起来后才能运行其他的程序。

计算机操作系统的结构见图 5-7，核心部分是内核（Kernel）和用户接口（Shell），内核层负责操纵硬件，用户接口（外壳）为用户使用计算机提供用户操作界面（User Interface，UI）。操作系统的内核就是直接与硬件相关的程序，是操作系统的核心。它负责管理系统的进程、内存、设备驱动程序、文件和网络系统，决定着系统的性能和稳定性。

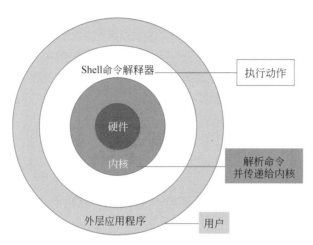

图 5-7　操作系统的结构

操作系统基本概念：

- 程序：指令的有序集合，安装包属于应用程序，程序是一个静态概念。
- 进程：在系统中正在运行的一个应用程序，程序一旦运行就产生了进程，进程是动态的概念。
- 线程：是进程的一条执行路径；比进程更小的独立运行的基本单位，线程也被称为轻量级进程，一个程序至少有一个进程，一个进程至少有一个线程。
- 虚拟内存：虚拟内存是计算机系统内存管理的一种技术。它使得应用程序认为它拥有连续可用的内存，而实际上，它通常是被分隔成多个物理内存碎片，还有部分暂时存储在外部磁盘存储器上，在需要时进行内外存数据交换。
- 死锁：是指两个或两个以上的进程在执行过程中，因争夺资源而造成的一种互相等待的现象，若无外力作用，它们都将无法推进下去。

2. 计算机操作系统的功能

操作系统是管理和控制计算机软硬件资源的系统软件，也是用户与机器的接口，操作系统的功能层次结构图见图 5-8，其中，非内核功能主要是指与用户打交道的一些基础应用；进程管理、存储管理、设备管理和文件管理属于内核部分，也是直接与用户相关联的功能，时钟管理、中断处理等属于底层内核管理。

从管理对象上来分，计算机操作系统的基本功能包括进程管理、存储管理、设备管理和文件管理等。

1）进程管理/处理机管理

为了提高 CPU 的利用率，人们设计了在一台计算机实现能将多个程序同时加载、并发执行，从而引入进程的概念。每个加载到内存中的程序都称为进程，操作系统管理着多个进

图 5-8 操作系统功能层次结构图

程并发执行,使得每个进程会认为自己独立占用 CPU 资源。根据进程执行的情况,可以分为运行、就绪、等待三种状态,状态切换见图 5-9。

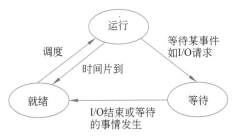

图 5-9 进程的三种状态

处理机管理也叫作进程管理,目的是协调各个进程的运行,提高 CPU 的利用率,主要负责以下任务。

(1)进程控制:进程控制就是为作业创建,终止进程和控制进程在运行过程中的状态转换。

(2)进程同步:由于一个进程的执行可能影响另一个进程的执行,同一个时间片只能有一个进程被执行,所以需要进程同步,来协调多个并发执行进程的工作先后次序。

(3)进程通信:在进程间传输数据(交换信息),进程通信分为三种方式:共享内存模式、消息传递模式、共享文件模式。

(4)进程调度:按某种策略或规则选择进程占用 CPU 进行运行的过程,包括内外存的调入调出、进程优先级设定、死锁处理等。

2)存储管理

存储管理的主要功能包括分配和回收主存空间、提高主存利用率、扩充主存、对主存信息实现有效保护。

(1)内存分配:内存分配的主要任务,是为每道程序分配内存空间,提高存储器的利用率和尽量减少不可用的内存碎片,允许正在运行的程序申请附加的内存空间。

(2)内存保护:内存保护的主要任务,是确保程序之间互不干扰,只在自己的空间运行,隔离用户程序和操作系统程序。

（3）地址映射：内存被抽象为一维或二维地址空间；逻辑空间到物理空间映射。

（4）内存共享与扩充：系统允许多个进程共享内存区，形成虚拟存储器。

3）设备管理

设备管理的任务是完成用户的 I/O（Input/Output）请求，为用户分配 I/O 设备，提高 CPU 和 I/O 设备的利用率，提高 I/O 速度。

（1）缓冲管理：解决 I/O 和 CPU 之间速度不匹配的问题，所以在 I/O 设备和 CPU 之间增加了缓存。

（2）设备分配：设备分配的思想其实和进程调度的思想是一样的，都是因为请求大于供给造成的。

（3）设备处理：设备处理程序又称为设备驱动程序，用于实现 CPU 和设备控制器之间的通信。

4）文件管理

文件管理系统管理的对象有以下三类。

（1）文件。文件管理的直接对象，包括文件的访问权限控制、文件读写、执行、删除和文件保护等。

（2）目录。为了方便用户对文件的存取和检索，在文件系统中必须配置目录，每个目录项中，必须含有文件名及该文件所在的物理地址。对目录的组织和管理是方便用户和提高对文件存取速度的关键。

（3）存储空间分配。文件和目录要占用存储空间，对这部分空间的有效管理，不仅能提高外存的利用率，而且能提高对文件的存取速度。

3. 操作系统的分类

操作系统根据工作方式分为分时操作系统、实时操作系统、分布式操作系统和嵌入式操作系统等。图 5-10 简要介绍了这四类操作系统的追求目标、应用场景和典型例子。

1）分时操作系统

操作系统将 CPU 的时间分为若干片段，称为时间片。操作系统以时间片为单位，轮流为每个终端用户服务，每次服务一个时间片。其特点是利用人的错觉，使用户感觉不到计算机在服务他人。

2）实时操作系统

实时操作系统是指使计算机能及时响应外部事件的请求，在规定的严格时间内完成对该事件的处理，并控制所用实时设备和实时任务协调一致的工作。例如，工业控制、航空、军事控制等实时过程控制或者电信、银行、飞机订票、股市行情实时通信等，这类操作系统具有高可靠性，能够对外部请求在严格时间内做出响应。

3）分布式操作系统

分布式操作系统是以计算机网络为基础，若干计算机可相互协作共同完成一项任务。操作系统可将各种系统任务在分布式系统中任意处理机上运行，自动实现全系统范围内的任务分配自动调度、均衡各处理机的工作负载。分布式操作系统处理能力强，速度更快，可靠性增强,具有透明性。

4）嵌入式操作系统

嵌入式操作系统是一种专门的操作系统,旨在为非计算机的设备执行特定任务。它们是一个大设备、装置或系统中的一部分,通常工作在反应式或对处理时间有较严格要求的环境中。嵌入式操作系统通常在嵌入式设备、装置中工作,包括手机、汽车的车机系统、交通灯、数字电视、ATM、飞机控制、销售点(POS)终端、数码相机、GPS 导航系统、电梯和智能电表。嵌入式操作系统负责嵌入式系统的全部软、硬件资源的分配、任务调度,控制、协调并发活动。它必须体现其所在系统的特征,能够通过装卸某些模块来达到系统所要求的功能。手机操作系统属于嵌入式操作系统。

图 5-10 操作系统分类

4. 常用操作系统

目前市面上的操作系统较多,图 5-11 列举了大众用户常用手机端和计算机端的一些操作系统。计算机端常用的有如下几种。

（1）Windows：提供视窗操作模式。

（2）macOS：一款运行于苹果系列计算机上的操作系统,macOS 是 UNIX 系统家族产品。

（3）UNIX：基本上都安装在服务器上,以命令行参数来使用。

（4）Linux：是免费开源的,常见的有 Ubuntu、红旗等,也常用在服务器上。

国内主流的三种手机操作系统：Android、iOS 和鸿蒙。iOS 是苹果手机专用的操作系统,鸿蒙是可用于华为手机的国产操作系统。自从 Android 手机操作系统开源后,国产手机就直接套用了 Android 操作系统。为了体现自己产品的差异性,也为打造出更符合国内消费者的习惯,各大手机厂商在 Android 系统的基础上打造了自己的 UI。小米的 MIUI、华为的 EMUI、魅族的 Flyme、OPPO 的 ColorOS、vivo 的 Funtouch OS 皆是 UI 的体现方式。

5. 生态操作系统——鸿蒙与欧拉

中国科学院院士梅宏在 2021 世界 5G 大会——未来信息通信技术国际研讨会发表演

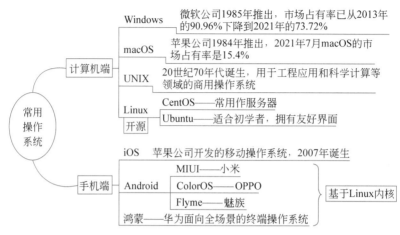

图 5-11   常用操作系统举例

讲时指出，操作系统已经进入到一个全新时代[79]。信息技术发展走入泛在计算新时代，人类社会、信息系统和物理世界正逐渐走向"人-机-物"三元融合，万物互联、软件定义，成为这个时代的基本特征。"操作系统生态开始多元化，未来的操作系统可能不是一个生态，而是多个生态并存。"

2021 年 9 月 24 日华为全连接大会上，华为轮值董事长徐直军接受采访时表示，华为未来将重点打造鸿蒙和欧拉两个操作系统，覆盖各类场景。

（1）鸿蒙系统可以通过分布式技术，把物理上相互分离的多个设备，融合成一个"超级终端"。鸿蒙可以理解成大一统的操作系统，让手机、计算机、汽车、平板、物联网设备等共用一个系统，实现无缝连接，让华为手机成为物联网的一个节点，打造一个完善的生态链。

（2）欧拉系统可广泛部署于服务器、云计算、边缘计算、嵌入式等各种形态设备，应用场景覆盖 IT（Information Technology）、CT（Communication Technology）和 OT（Operational Technology），实现统一操作系统支持多设备，应用一次开发覆盖全场景。

鸿蒙操作系统的应用场景，就是智能终端、物联网终端和工业终端；欧拉操作系统面向服务器、边缘计算、云端和嵌入式设备。欧拉和鸿蒙已经实现了内核技术共享，未来计划在欧拉构筑分布式软总线能力，让搭载欧拉操作系统的设备可以自动识别和连接鸿蒙终端。后续进一步在安全操作系统、设备驱动框架，以及新编程语言等方面实现共享。通过能力共享，实现生态互通，"欧拉＋鸿蒙"将更好地服务数字全场景。鸿蒙与欧拉生态互通见图 5-12。

5.3.4   课后作业

（1）简述操作系统的功能和结构。

（2）鸿蒙操作系统有何优势？

（3）操作系统生态是什么意思？举例说明。

（4）你是否使用过 Windows 操作系统？你遇到过什么使用困境？

图 5-12 鸿蒙与欧拉生态互通（来源于华为发布）

5.4 延伸阅读

5.4.1 华为"问界"火爆的背后

2021 年 12 月 23 日，在华为冬季旗舰新品发布会上，华为与赛力斯联合推出的全新品牌 AITO（Adding Intelligence to Auto，为你带来更智慧的出行体验）问界 M5。2022 年 7 月 4 日，问界 M7 亮相，问界系列搭载华为鸿蒙操作系统 HarmonyOS。基于 HarmonyOS，问界实现了将车机和手机账号打通，进一步完善了闭环生态建设，在软件层面配了华为应用市场，内部可提供多种第三方 App。界面各个功能的图标与华为手机保持一致，具有与手机相同的交互体验、响应速度以及软件生态等，是目前汽车市场其他车辆所不能比拟的。

（1）手机与车机对接。用户只需在手机上开启导航，上车后导航进度便可无缝流转至车机，用户在手机第三方应用上获取的位置信息，如美团、微信等应用中的位置，也可通过分享至 AITO App 的方式快速将信息分享至车机，便捷开启导航任务，实现手机、车机的无缝切换。

（2）华为视频。与芒果 TV 等多个平台合作，让用户在车内也可享受到包括好莱坞及国内院线大片、艺术人文、知识教育等特色专区内容在内的海量视频资源，配合车内的智能中控大屏，带来震撼的临场视听感受。基于一个华为账号，音乐可在手机与车机之间无缝流转，让好音乐不中断；华为视频也可同步记录观看进度，在其他设备上没看完的视频，上车后可以继续观看。

（3）语音助手小艺。小艺拥有智能四音区精准识别功能，可识别车内不同位置乘客指令。

（4）软件生态。据报道，哔哩哔哩、喜马拉雅、雷石 KTV、王牌竞速、宝宝巴士儿歌等应用已上架，覆盖影音、K 歌、游戏等场景，带来全方位沉浸式的座舱娱乐体验。

据报道，从 2022 年 3 月 M5 开启交付以来，问界 M5 销量逐月攀升，仅用 87 天就累计交付破万辆，不到 4 个月累计交付量已达 18 317 辆。2022 年 6 月 18 日当天，"问界 M5"的销售记录达到了 11 000 台。2022 年 7 月 4 日，在华为夏季旗舰新品发布会上，大型电动 SUV AITO 问界 M7 正式亮相，官方售价为 31.98～37.98 万元，M7 新车发售 4 小时订单即突破 2 万。图 5-13 展示的是 2022 年 4 月高端 SUV 销量排行，其中问界排名第三。

2022年4月

20万以上 高端新能源SUV 销量

排行	品牌	车型	4月销量
01	BYD	比亚迪唐	10107辆
02	理想	理想 ONE	4167辆
03	AITO	AITO问界M5	3245辆
04	VW	ID.4 CROZZ	2845辆
05	ZEEKR	极氪001	2137辆
06	蔚来	蔚来 ES6	1878辆

数据来源：乘联会4月国内新能源乘用车销量数据

图 5-13　2022 年 4 月"问界"销量排名（来源于网络）

问界之所以快速被大众接纳，华为品牌是一个主要的加分项，但主要原因是"Adding Intelligence to Auto"，将智能带入汽车。问界通过 HarmonyOS 智能座舱实现高端智能，实现了华为手机应用市场与车机系统的应用生态共享。鉴于华为手机较高的市场占有率，可以说问界的 HarmonyOS 智能座舱已经具有了强大的软件生态，可满足用户的智慧出行体验。

5.4.2　国产操作系统发展现状

2021 年 9 月"数码世家"[89]介绍了国产操作系统的特点，主要包括中标麒麟操作系统、银河麒麟操作系统、深度 Linux(Deepin)、普华操作系统、中科方德桌面操作系统、中兴新支点操作系统、一铭桌面操作系统、优麒麟操作系统、湖南麒麟 Kylinsec、共创 Linux 桌面操作系统、威科乐恩 Linux、思普操作系统 SPGnux、UOS 统一操作系统、红旗 Linux 等，指出现在的国产操作系统正在从"可用"阶段向"好用"阶段良性发展。2019 年，中兴新支点的桌面操作系统和服务器操作系统均已进入中央政府采购列表[90]。

国产操作系统想要逆袭，必须构建自己的软件生态，"国产操作系统生态体系建设现状分析"[91]文中指出：我国信息技术产品生态体系虽已初步成型，信息技术产品可满足部分关键领域和重要信息系统最基本的应用需求，基本具备替代 Wintel 体系的能力。但是 Windows 等主流操作系统已形成较高的生态壁垒，国产操作系统产业生态链发展难度较大，生态碎片化严重等问题亟待解决。

据央视新闻 2022 年 6 月 30 日消息，我国首个桌面操作系统开发者平台"开放麒麟"(openKylin)正式发布。"开放麒麟"生态要真正形成生命力，还需要进一步扩充上下游的生态，对开发者、用户等具备吸引力，才能形成生态效应[92]。软件生态的形成，需要业界持续不断的努力，更需要国人的支持。

5.5 思政总结

本案例的思政总结见表 5-2。

表 5-2 "操作系统"思政总结

学习阶段	学习内容	思政元素	思政融入
案例材料	搭载鸿蒙的设备与日俱增	不畏艰难、自强不息	介绍华为鸿蒙系统的搭载情况。讲授华为的自强不息历程：高通芯片断供，华为海思全面转正；安卓被禁用，华为推出鸿蒙
	"卡脖子"之痛	痛定思痛、知耻后勇	介绍"卡脖子"事件。华为、中兴在经历了"卡脖子"之后，发奋图强做出了 SoC 芯片、海思、鸿蒙等自有产品，这些才是华为赢得国人尊重的原因。暂时落后不可怕，知耻后勇更可敬
	"棱镜门"之患	知己知彼、防患未然	介绍"棱镜门"始末。对于任何事物都需要知悉其理，才能更好驾驭，要善于发现可能存在的隐患，并及时避免、修正
教学内容	操作系统结构	分清主次、高效做事	操作系统分为内核和外壳，内核负责核心资源的管理。生活中的事务管理也要分清主次，才能高效做事，一定要避免毫无层次的忙碌
	操作系统功能	分而治之、合而御之	操作系统被分割为多个简单可控的子模块，每个模块控制一个设备，最终把各个部分整合起来。分而治之是复杂问题解决过程的最佳选择，合而御之是最终方案实现
	操作系统生态	高瞻远瞩、和谐共融	"高瞻远瞩才能运筹帷幄，和谐共生才是唯一正道"，操作系统无法离开硬件厂商和软件开发者的支持，生态决定操作系统成败。和谐的个人发展、处事上的深思远虑，也是职场人具备的基本素质

第6章

案例三：数字化浪潮已至

案例导图如图 6-1 所示。

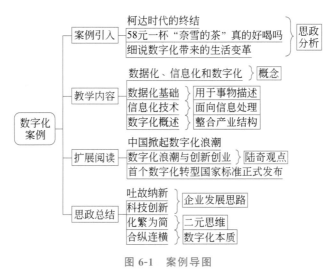

图 6-1　案例导图

6.1 案例引入

6.1.1 柯达时代的终结

诞生于 1879 年的柯达公司,其在相机领域的地位,比苹果手机在智能手机领域的地位,有过之而无不及。在整个 20 世纪,柯达公司执世界摄影器材与胶卷市场之牛耳,尽管挑战者众多,但是无一胜出。1999 年,柯达全年销售额为 141 亿美元,市值 300 亿美元,全球拥有超过 14 万名员工,拥有 1 万项专利技术。但经历了 100 多年的风光,柯达这个拥有 131 年历史的老牌摄影器材企业,于 2012 年 1 月 19 日提交了破产保护申请。柯达的股价也从 1997 年开始,一路暴跌,1990—2009 年 20 年的股价图见图 6-2。截至 2019 年 7 月,柯达的市值仅为 1 亿美元,同巅峰时期的 300 亿美元相比,跌去了 99.6%。

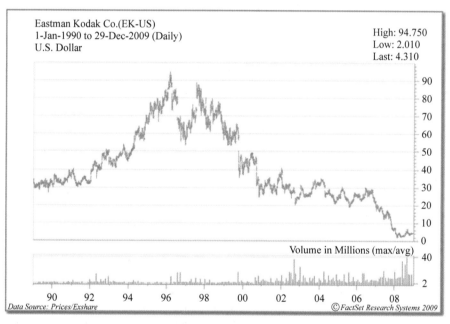

图 6-2 柯达股价[93]

柯达发展的大事记:
　　1888 年,柯达公司发明了史上第一台小型相机,从此改变了摄影的方式。
　　1929 年,推出第一盘为有声电影设计的彩色胶片。
　　1930 年,柯达占世界摄影器材市场 75% 的份额,利润占这一市场的 90%。
　　1963 年,美国前总统约翰·肯尼迪遇刺的历史瞬间被柯达相机拍下。

1969 年，阿姆斯特朗登月时用柯达立体摄像机拍下"人类一大步"。同年，柯达因开发供电视使用的快速彩色胶片冲洗而获艾美奖。

1986 年，设计制造了全球第一部 140 万像素影像感应器，该技术被美国航天局用于探索火星。

1991 年，柯达有了 130 万像素的数字相机。

1997 年，柯达股票达到峰值 92 美元，公司市值 310 亿美元。

2003 年 9 月 26 日，柯达宣布实施一项重大的战略性转变：放弃传统的胶卷业务，重心向新兴的数字产品转移。2004 年，柯达宣布裁员 20%。

2007 年 12 月，柯达实施第二次战略重组，由于 2008 年金融危机，重组效果不佳。

2009 年，柯达继续实施战略重组，裁员幅度高达 50%。

2012 年 1 月 19 日，柯达公司宣布申请破产保护。

2020 年后，柯达开始更多地专注于提供数字印刷、触摸屏和打印机业务。

2000 年之后，柯达昔日的对手索尼、佳能、尼康等相继进入数码相机领域，形成了先发之势。柯达的破产，表面原因源于其他相机制造商的竞争压力，其根本原因是，在面临转折的关头，依然固守胶卷业务，不去发展数字业务，就此错过转型的最佳时机。早在 1975 年，柯达的工程师史蒂夫·萨松就开发出了世界上第一台数码相机，它是以磁带作为存储介质。尽管这台相机体型大、拍照时间长、画质感也差，但它的出现彻底颠覆了之前摄影的物理本质。然而，当时柯达的管理层却反对继续投资此项技术，因为数字成像技术的发展必然意味着柯达将丧失胶卷业务带来的丰厚利润。短浅的目光让柯达错过了从胶卷时代向数码时代转型的最好时机，直到 2003 年年末，柯达才提出"全力进军数码领域"的战略。第二年，柯达推出了 6 款姗姗来迟的数码相机，但利润率仅 1%，质量相比佳能、尼康、索尼等其他厂商也有着不小差距。

6.1.2 58 元一杯"奈雪的茶"真的好喝吗

奈雪的茶，创立于 2015 年，总部位于广东省深圳市，创新打造"茶＋软欧包"的形式，以 20～35 岁年轻女性为主要客群。2019 年 7 月 2 日，奈雪的茶入选"中国茶饮十大品牌"。于 2021 年 6 月 30 日在港交所上市，截至 2022 年第一季度，奈雪的茶门店数量达到 854 家，所有门店都是直营店，不接受加盟[①]。

2018 年夏，奈雪推出 88 元/杯的霸气猫山王、58 元/杯的霸气两斤山竹和 48 元/杯的霸气榴莲王。2019 年，霸气山竹价格上涨 10 元，变为 68 元。虽然奈雪的茶霸气杯是限量销售，不属于大众消费，但是奈雪的茶的产品价格普遍在 20 元以上，属于高端市场，撑起奈雪的茶高端市场的正是科技化、数字化。

---

① 转自百度百科"奈雪的茶"。

奈雪的茶创始人彭心认为，对奈雪而言，数字化是与生俱来的，没有数字化才不可想象。奈雪通过推广自研数字运营系统，进行数字化门店管理，实现原材料自动订货补货、员工自动排班、优化操作动线设计、优化茶饮制作标准流程等精细化运营措施，大大降低了操作难度和运营成本。疫情期间，奈雪通过有节奏的落地数字化，打出小程序点单、第三方外卖平台、微信商城、直播等一套组合拳，加速了线上、线下消费场景的融合。值得一提的是，奈雪数字化不仅在点单、支付等运营端，更向后台逐步延伸，从客户端、供应链、品牌营销到 OA 办公、财务系统、人力资源管理等。如供应链侧，奈雪坚持上游供应链优势的打造，通过应用数字化管理调控及溯源，保证稳定优质的原料供应。2021 年 11 月 25 日，人民日报以《奈雪的茶：茶饮数字化服务，为消费者提供便捷生活体验》为题，记录报道奈雪的茶 PRO 店茶饮师鲍仲秋眼中的数字化力量，报道截图见图 6-3。

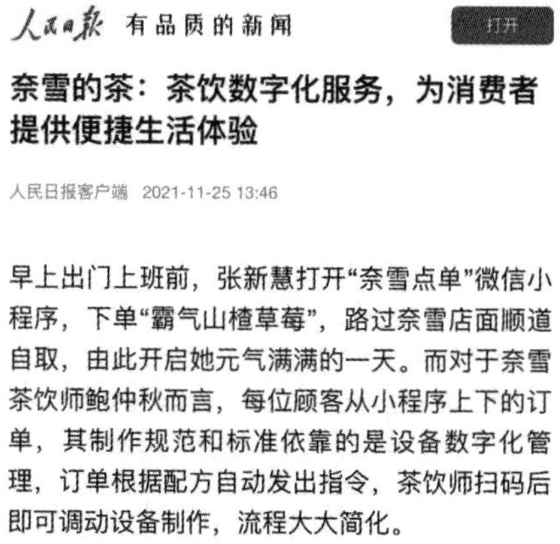
人民日报 有品质的新闻 打开

奈雪的茶：茶饮数字化服务，为消费者提供便捷生活体验

人民日报客户端 2021-11-25 13:46

早上出门上班前，张新慧打开“奈雪点单”微信小程序，下单“霸气山楂草莓”，路过奈雪店面顺道自取，由此开启她元气满满的一天。而对于奈雪茶饮师鲍仲秋而言，每位顾客从小程序上下的订单，其制作规范和标准依靠的是设备数字化管理，订单根据配方自动发出指令，茶饮师扫码后即可调动设备制作，流程大大简化。

图 6-3 人民日报报道“奈雪的茶”

6.1.3 细说数字化带来的生活变革

数字经济已成为全世界战略选择的聚焦点，日益融入经济社会发展的各个领域，变革总结见图 6-4。

（1）各行业重新洗牌。“数字化转型”带来了行业大洗牌，没有跟上节奏的企业，可能会退出历史舞台或者被边缘化。随着数字化的到来，线下门店纷纷关停，即使是继续营业的门店，销量也很惨淡。哪些企业最先快速适应数字化办公模式并实现数字化转型，未来就最有可能在行业中独占鳌头。

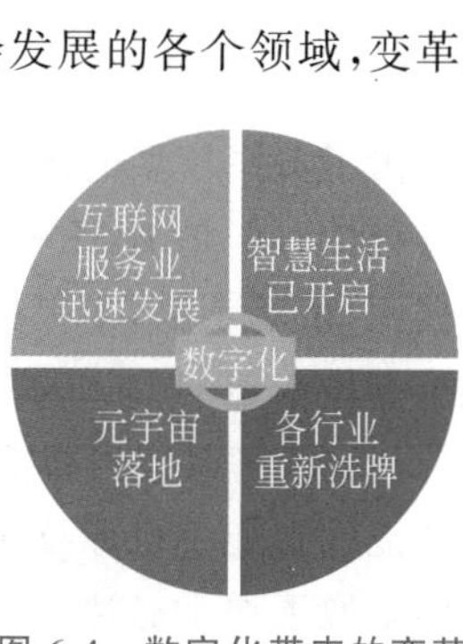

图 6-4 数字化带来的变革

（2）互联网服务业迅速发展。疫情加速了数字化生活的普及，各种互联网服务业快速发展。德勤会计师事务所的分析师表示，在新冠肺炎疫情暴发的前几个月，远程医疗咨询的比例从 0.1%飙升至 43.5%，在线教育的需求量猛增，移动支付已渗透到社会生活的方

方面面。随着 5G 时代的到来,线上服务的体验将越来越好,如 5G 生活娱乐场景、5G 远程办公场景和 5G 远程教育场景等,配合高清视频,将变得更加清晰和通畅,会赢得更多受众的喜爱。

（3）智慧生活已开启。随着数字化的快速发展,人类社会的各个领域、衣食住行、吃喝拉撒正在发生着巨大的变化,出门不需要再带门禁卡,除了居家时线上买菜、线上办公、线上教学、在线门诊、在线车保等各种线上生活的场景,回家时单元门的"智慧门禁"会自动进行人脸识别;停车时,无须取卡、取票、刷卡,可电子付费;在物业公司微信公众号上动动手指就可以顺利缴纳物业费[94]。

（4）催生元宇宙落地。企业数字化带来的最大变化在于让极致的产品服务变成现实,肖风在《元宇宙》序言中提到元宇宙是人类数字化生存的最高形态[95]。元宇宙及超宇宙是数字革命发展到特定历史阶段的必然产物,也是数字经济的重要构成内容。数字革命作为人类历史上第四次技术和产业革命,必然成为推动百年变局和国际政治经济格局演化的主导动力和典型标志。中国强化数字基础设施建设、破解"卡脖子"技术难题、夯实智能制造基础、推动数字贸易和数字金融发展是元宇宙及超宇宙产业发展基础前提[96]。

6.2 案例思政分析

6.2.1 不因幸运而故步自封

柯达是胶片时代毫无争议的霸主,但同样也可以说"成也胶片,败也胶片"。胶片带给柯达辉煌的历史、无限的荣光、巨额的利润,导致他们迟迟不愿走出这个安乐窝,对数码影像反应迟钝,以至于被市场所抛弃。柯达工程师原本在 1975 年就制造了第一台数码相机,到 2010 年的数码相机大流行,足足 35 年的时间,但柯达错过了争夺数码相机市场的最佳时机。如出一辙的还有 IBM 和诺基亚。

（1）IBM 关系数据库的落后。早在 1966 年就研究出第一套数据库系统的 IBM 公司,在关系数据库领域输给了成立于 1977 年的 Oracle 公司。IBM 研究员 E. F. Codd 在 1970 年就提出了关系模型的概念,IBM 在 1973 年启动了 System R 的项目来研究关系数据库的实际可行性。但是 IBM 一直没有推出关系数据库产品,因为当时 IBM 的 IMS(著名的层次型数据库)市场不错,如果推出关系数据库,会牵涉 IBM 内部很多人的利益。1983 年,IBM 发布了姗姗来迟的 Database2,此时的关系数据库领域 Oracle 已经占据了先机。

（2）诺基亚错失智能手机业务。诺基亚虽然在 2004 年就开发了一种带有触摸屏和上网功能的智能手机原型机,但是触摸屏手机造价昂贵,对诺基亚而言包含更多风险,因此管理层采取了惯常做法,将其扼杀。

除了柯达、IBM、诺基亚,还有摩托罗拉、宝洁等公司因为没有及时开拓业务,被其他同行甩在身后。这些企业的经历告诉我们：舍不得扔掉过去的成就,是前行路上最大的包袱。每个人的一生都可能会有一段辉煌,但是并不是每个人都可以立足于辉煌之上,长久不衰。

阶段性成绩对于过去是解脱,但对于日后的发展可能是束缚。世界在变,如果不顺应时代的变化,只满足于现在的成就,总有一天,会被这个世界淘汰。技术的发展犹如高速行驶的快车,跟不上潮流者终将会被挤下来。

6.2.2 连接大于拥有,选择大于努力

从技术概念角度理解,数字化是指把模拟数据转换为由 0 和 1 表示的二进制代码,而数字化的本质是通过计算实现连接。数字化以"连接"带来的时效、成本、价值明显超越"拥有"带来的获得感。连接其实是一种赋能思维,通过连接用户、连接信息、连接资源、连接人脉等,实现为企业或个人赋能。其实不必什么都自己拥有才能解决问题,有时候通过连接照样可以达成目标。就像学习某一领域的知识一样,没必要把相关知识的书都买过来,而是可以通过搜索、社交等各种方式连接到相关必要的知识和信息供自己使用和学习。将这一思路应用到个人与资源的关系上,一个人对其他事物、其他人的连接比拥有更重要,保持连接可以实现低成本维护。

在数码时代来临时,柯达选择了固守胶片业务,错失了转型的机会,最后不得不于 2003 年向法院提交破产申请,输给了快速数字化转型的小对手们。柯达的破产源于断开了与相机产业发展的连接。在茶饮品牌众多的广东,奈雪的茶能乘借数字化的东风,成立仅 5 年时间,全国排名第三,已在全国 50 多个城市拥有 349 家直营门店,估值达到 60 亿元。这些企业的成败源于选择的好坏。

现如今的世界发展变化之快,稍不注意,就被大时代抛在身后,人生和企业亦如是。在世界快速发展的今天,选择的重要性不言而喻:一旦选错了方向,可能再多的努力也是徒劳。但是,如果只做对了选择,却不愿意努力,再好的选择也是白费。确切地说,人生不是某一个选择所造就的,真正决定一个人生活如何的,是自己所有选择的整合结果。

6.2.3 了解国家数字化建设发展方向

2021 年 12 月 12 日,国务院印发了《"十四五"数字经济发展规划》[97],提出要以数据为关键要素,以数字技术与实体经济深度融合为主线,加强数字基础设施建设,完善数字经济治理体系,协同推进数字产业化和产业数字化,赋能传统产业转型升级,培育新产业新业态新模式,不断做强做优做大我国数字经济,为构建数字中国提供有力支撑。《规划》提出:到 2025 年,数字经济核心产业增加值占国内生产总值比重达到 10%,展望 2035 年,力争形成统一公平、竞争有序、成熟完备的数字经济现代市场体系。《规划》部署了八方面重点任务:优化升级数字基础设施、充分发挥数据要素作用、大力推进产业数字化转型、加快推动数字产业化、持续提升公共服务数字化水平、健全完善数字经济治理体系、着力强化数字经济安全体系、有效拓展数字经济国际合作。

为帮助企业实现数字化转型,国家发展改革委员会同有关方面启动"数字化转型伙伴行动"[98],推出数字化转型评估服务,在线为企业数字化转型"问诊把脉",为企业数字化转型

和纾困发展保驾护航。构建数字化产业链，培育数字化生态，形成"数字引领、抗击疫情、携手创新、普惠共赢"的数字化生态共同体，支撑经济高质量发展。

6.3 案例教学设计

6.3.1 案例知识点

案例知识点如图 6-5 所示。

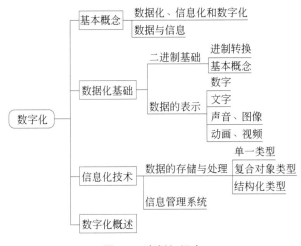

图 6-5 案例知识点

6.3.2 教学设计

1. 教学用途

本案例适用于数字化基础知识的讲解，让学生理解数据的表示方法、信息处理流程和数字化的本质。

2. 教学目标

知识层面：二进制、数据的表示，信息化、数字化的概念。

能力层面：掌握不同类型数据的二进制表示方法，理解信息化管理的基本思路；理解数字化的本质，厘清企业数字化的具体举措。

价值层面：了解时代发展需要，培养以改革创新为核心的时代精神，明确责任担当。

3. 教学过程

本案例的教学过程分为课前、课中和课后三个阶段，具体内容见表 6-1。

表 6-1 "数字化基础"教学过程

学习阶段	教学方法	学习内容
课前	案例阅读	数字化案例材料阅读
课中	概念讲解	数据化、信息化和数字化的基本概念
	过程演示	二进制计算、进制转换
	个案展示	不同类型数据的表示方法
	例证讲解	数据的存储与信息管理
	概念讲解	数字化概念
课后	分组报告	列举一个企业数字化转型成功的案例,剖析具体举措
	个人报告	搜集专家对于数字化的正反论点

6.3.3 教学内容

1. 数据化、信息化和数字化

数据是使用约定俗成的关键字,对客观事物的数量、属性、位置及其相互关系进行抽象表示,以适合在这个领域中用人工或自然的方式进行保存、传递和处理。信息是具有时效性的、有一定含义的、有逻辑的、经过加工处理的、对决策有价值的数据流,数据、信息、知识、智慧之间的关系以及数字化的概念见图 6-6。

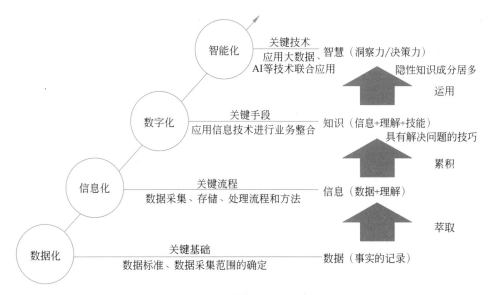

图 6-6 数字化相关概念

数据化是将业务领域中的一切活动进行计量,实现收集数据、整理数据、记录数据。

信息化是将企业的生产过程、物料移动、事务处理、现金流动、客户交易等业务过程,通过各种信息系统、网络加工生成新的信息资源。它可以使企业内各个层次的人员清楚地了解"业务现在是什么情况""流程进展到哪里"等一切动态业务信息,从而做出有利于生产要素组合优化的决策,合理配置资源,增强企业应变能力,获得最大的经济效益。数字化是信息化的进阶。

数字化是基于大量的运营数据(信息化系统记录的数据),对企业的运作逻辑(管理经验)进行数学建模、优化,反过来再指导企业日常运行。这实际上就是一个"机器学习"的过程,系统反复学习企业的数据和运营模式,然后变得更专业和更了解企业,并反过来指导企业运营。

智能化是指由现代通信与信息技术、计算机网络技术、行业技术、智能控制技术汇集而成的针对某方面的应用。智能化是建立在数据化的基础上的媒体功能的全面升华。它意味着新媒体能通过智能技术的应用,逐步具备类似人类的感知能力、记忆和思维能力、学习能力、自适应能力和行为决策能力,在各种场景中,以人类的需求为中心,能动地感知外界事物,按照与人类思维模式相近的方式和给定的知识与规则,通过数据的处理和反馈,对随机性的外部环境做出决策并付诸行动。

2. 数据化基础

计算机世界中的数据化是指把现实世界的数据转换为二进制数据进行存储和处理。

1）二进制基础

二进制是逢二进位的数制,只用 0 和 1 两个符号,逻辑门的实现直接应用了二进制,因此现代的计算机和依赖计算机的设备都用到二进制。

（1）二进制的电路实现。电压的高低通过模数转换即转换成了二进制：高电平用 1 表示,低电平用 0 表示。当计算机工作的时候,电路通电工作,于是每个输出端就有了电压。在数字存储时,光盘上面其实就是很多细小的坑,这些坑就代表 1,而坑和坑之间就是 0。

（2）二进制运算。二进制的减法运算可以转换成为加负数；二进制的乘法运算可以转换成为多次相加；二进制的除法运算可以转换成为多次相减。所以所有的数学运算归根结底都是"加法运算"。

（3）十进制转二进制。整数部分除 2 取余、倒序读数,小数部分乘 2 取整、正序读数。

整数部分 （除 2 取余,倒序读数）	小数部分 （乘 2 取整、正序读数）	
能够精确转换	能够精确转换	不能精确转换
27＝? B	0.6875×2	0.2×2
$27 \div 2 = 13$　　　1	$= \boxed{1}.3750 \times 2$	$= \boxed{0}.4 \times 2$ —————①
$13 \div 2 = 6$　　　1	$= \boxed{0}.7500 \times 2$	$= \boxed{0}.8 \times 2$
$6 \div 2 = 3$　　　0	$= \boxed{1}.5000 \times 2$	$= \boxed{1}.6 \times 2$
$3 \div 2 = 1$　　　1	$= \boxed{1}.0000 \times 2$	$= \boxed{1}.2 \times 2$
$1 \div 2 = 0$　　　1	$= \boxed{0}.0000$	$= \boxed{0}.4 \times 2$ ——重新回到①
27＝11011B	（停止）	（无限循环）
	$0.6875 = 0.1011B$	$0.2 \approx 0.00110011$

（4）二进制转十进制。二进制数转为十进制数的规则是，将二进制写成进位记数制的形式，然后用十进制加法运算加起来即可。

$$(101.01)_2 = 1 \times 2^2 + 0 \times 2^1 + 1 \times 2^0 + 0 \times 2^{-1} + 1 \times 2^{-2}$$
$$= 4 + 0 + 1 + 0 + 0.25 = 5.25$$

（5）十进制数的计算。十进制数的所有运算都可以通过逻辑电路实现，具体思路见图 6-7：十进制可以转换为二进制→十进制数的运算转换为二进制数的运算→二进制的所有运算可以转换为加法运算→二进制加法运算可以用逻辑电路实现。

图 6-7 十进制运算的实现

2）数据在计算机中的表示

设计计算机的最初目的是进行数值计算，计算机中首先表示的数据就是各种数字信息。随着应用的发展，现在计算机数据以不同的形式出现，如数值、西文字符、汉字、图像、声音、动画和视频等。但在计算机内部，这些数据形式是以数字的形式存储和处理的，不同类型的数字在计算机中的存储转换关系见图 6-8。

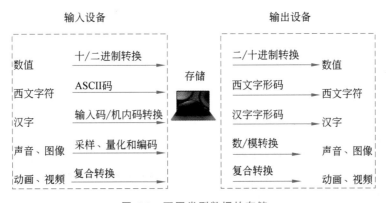

图 6-8 不同类型数据的存储

编码是指用少量最简单的基本符号，对大量复杂多样的信息进行一定规律的组合。通过使用数字对各式各样的信息按照一定的规则进行编辑，最终变换为计算机易于识别的信息，这个过程称为数字化编码。如图 6-8 所示，数值型数据直接进行十/二进制转换；字符型数据需要进行字符编码，每个字符对应一个数字码；声音和图像需要进行采样、量化和编码转换为二进制数；视频和动画属于复合类型，需要单独对不同类型的数据进行编码，再统一整合存储。

3. 信息化技术

1）数据的存储与处理

数据要想长期存储，通常以文件的形式存储在外存中。文件存储时，为了读取和处理的方便，需要对数据进行合理编排，通常会对数据进行不同层次的组织，不同的组织形式表现为不同的文件类型，同一种类型的数据可以不同格式的文件存储，例如，声音文件可以存储为 WAV、MP3、VOC 等格式，图像可以存储为 JPG、PNG、GIF、BMP、TIF 等格式。表 6-2 对文件按照存储内容进行了分类。

表 6-2　文件的分类

类别	类型	特　　点
单一类型	数字	几乎没有纯数字文件，因为单纯的数字很难被读懂
	字符	只存储字符，如 TXT 等
	声音	存储的是声波文件，如 WAV、MP3 等
	图像	用数字任意描述像素点、强度和颜色。如 JPG、PNG、BMP 等
复合对象类型	图形	由外部轮廓线条构成的矢量图。即由计算机绘制的直线、圆、矩形、曲线、图表等。如 SVG、CDR 等
	标记文件	由标记和数据构成，如 HTML、XML 等
	视频	存储的内容包括声音、大量的图、文字等，如 MP4、AVI 等
	动画	存储的内容包括声音、图形、图像、文字等，如 SWF、FLC 等
	其他	包含不同的数据对象类型，如 Word、XLS 等
结构化类型	数据库	存储一条条记录，如 accdb、myd 等

结构化数据是高度组织和整齐格式化的数据，通常由二维表结构来存储，表中的数据严格遵循数据格式与长度规范，主要通过关系数据库进行存储和管理，通常用于大量的、格式化的、可批量处理的数据。

通常，数据的处理需要借助于软件来实现，对于单一类型和复合对象类型数据需要专门的处理软件，对于结构化类型的数据需要借助于数据库管理系统实现数据管理。结构化数据是实现数据自动化处理的第一步。

2）信息管理系统

信息管理系统一般指管理信息系统（Management Information System，MIS）。管理信息系统是一个以人为主导，利用计算机硬件、软件、网络通信设备以及其他办公设备，进行信息的收集传输、加工、存储、更新和维护，以企业战略竞优、提高效益和效率为目的，支持企业高层决策、中层控制、基层运作的集成化的人机系统，信息管理系统的作用见图 6-9。

信息系统的更迭是数字化的基础，初期的信息管理系统通常缺少合理的层次规划和集

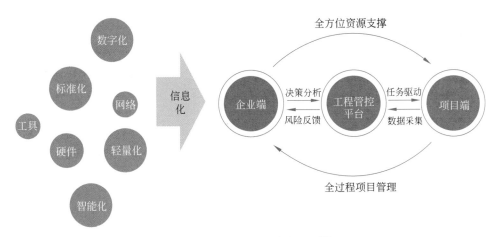

图 6-9 信息管理系统的作用[99]

成,信息系统呈烟囱式分布,信息孤岛问题严重。真正的数字化转型需要实现业务主数据的统一以及跨系统数据的同步,业务整合创新如下。

（1）业务主数据统一：为破解信息孤岛难题,将散落在各个信息系统、文档中的数据集聚起来,对业务主数据进行识别、治理与抽取、分发与使用,保证内部数据流转的高度一致。

（2）跨系统数据同步：建设统一身份认证,让用户一次登录即可授信访问各个系统,支持就源输入,数据由当事人输入并在企业各个部门共享。

（3）业务整合与创新：可以进行改变产品本源价值、改变用户本源需求等方面的业务创新。

4. 数字化技术

数字化的概念分为狭义数字化和广义数字化。狭义的数字化主要是利用数字技术,对具体业务、场景的数字化改造,更关注数字技术本身对业务的降本增效作用。广义的数字化,则是利用数字技术,对企业、政府等各类组织的业务模式、运营方式,进行系统化、整体性的变革,更关注数字技术对组织的整个体系的赋能和重塑。

狭义的数字化：利用信息系统、各类传感器、机器视觉等信息通信技术,将物理世界中复杂多变的数据、信息、知识,转变为一系列二进制代码,引入计算机内部,形成可识别、可存储、可计算的数字、数据,再以这些数字、数据建立起相关的数据模型,进行统一处理、分析、应用,这就是数字化的基本过程。

广义的数字化：通过利用互联网、大数据、人工智能、区块链、人工智能等新一代信息技术,来对企业、政府等各类主体的战略、架构、运营、管理、生产、营销等各个层面,进行系统性的、全面的变革,强调的是数字技术对整个组织的重塑,数字技术能力不再只是单纯地解决降本增效问题,而成为赋能模式创新和业务突破的核心力量。数字时代的新一代信息技术视角见图 6-10。

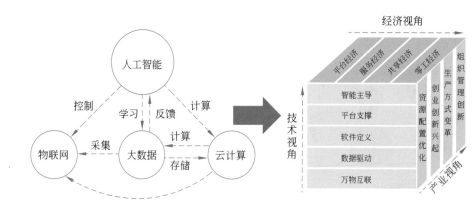

图 6-10　新一代信息技术与数字时代[100]

5. 数字化的本质

数字化的本质是：将现实世界里的事物，通过一定的方法，映射到数字世界，针对现实世界的各种问题，在数字世界找到最优的解决方案，然后再映射回现实世界，从而实现高效、低成本地解决现实问题。数字化的步骤：①把现实世界的流程、产品、数据变成计算机世界的"0"或"1"的二进制代码形式来呈现和管理；②利用"大数据、人工智能、移动应用、云计算、物联网、区块链"等新一代信息技术，改变整个商业运行环境和社会生态。

《一本书读懂数字化转型》[101]一书中，提出要成功实现数字化转型，首先要制定一个全面的数字化战略，然后开始各个环节的数字化，包括产品、营销、渠道、组织、运营、管理等，只有既看到整体，又看到细节，才可能真正实现企业的数字化转型，其数字化转型的全局思维见图 6-11。

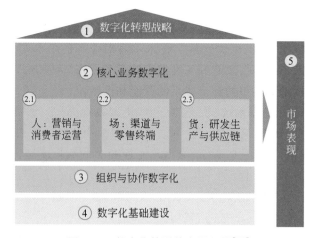

图 6-11　数字化转型的全局思维[102]

6.3.4　课后作业

（1）简述不同类型的数据是如何转换为二进制数据存储的。
（2）简述信息化和数字化的定义与区别。
（3）列举一个身边数字化转型成功的案例。

6.4　延伸阅读

6.4.1　中国掀起数字化浪潮

新闻联播"解码十年"栏目 2022 年 8 月 20 日报道的主题是"中国掀起数字化浪潮"[103]，用 4 分多钟的时间讲解了近十年我国数字化的发展情况。在中国广袤的国土上，超过 190 万座的 5G 基站星罗棋布。在这个全球最大的通信网络上连接的，除了有数以亿计的手机，还有一个庞大的用户群，就是工厂。这十年，数字化浪潮还重塑了社会分工。十年间，出现了数字职业标识的数量高达九十多个，如"商务数据分析师""农业数字化技术员"等。如今，数字职业从业者已分布在社会生产、流通、分配和消费的各个环节，覆盖了一二三产业。十年间，我国数字经济规模从 11 万亿元增长到 45.5 万亿元，占国内生产总值比重由 21.6％提升至 39.8％，具体数据见图 6-12。

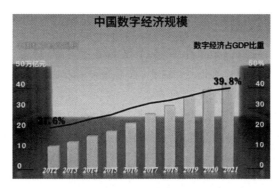

图 6-12　近十年中国数字经济规模和数字经济占 GDP 比重[①]

2021 年 4 月 25 日开幕的第四届数字中国建设峰会[104]，峰会主题是"掀起中国新一轮数字化浪潮"。分论坛主题包括数字政府、大数据、数字丝路、数字城市、人工智能等，涵盖了数字中国建设的方方面面，又紧贴当下热点。此次峰会首次将项目对接活动列为峰会主要环节，在对接招商中，吸引了五百余家央企、龙头企业、独角兽企业、科研院所等单位，洽谈形成了数字经济对接项目 523 个、总投资 3188 亿元。2023 年 4 月 27—28 日第六届数字中国

---

① 内容来自 2022-08-20 的央视新闻。

建设峰会在福州举办，会上发布的《数字中国发展报告（2022 年）》指出，2022 年我国数字经济规模达 50.2 万亿元，总量稳居世界第二，占 GDP 比重提升至 41.5%。

6.4.2 数字化浪潮与创业创新机会

2020 年 1 月 11 日，曾担任雅虎资深副总裁、微软副总裁、百度总裁兼 COO 的陆奇在上海交通大学以"数字化浪潮与创业创新机会"为题，进行了一场长达 2 小时的主题演讲[105]。陆奇在演讲中指出，创业没有什么光环，创业可能会因为顺应数字化潮流的发展所以价值会更高一些。数字化的范围、本质上是物理世界和数字世界融为一体，人类有价值的场景会被彻底地数字化。数字化把人类想要解决问题的信息抽取出来，用计算的方法快速地发明新的技术能力，快速地重组资源，形成全新的产业生态。数字化驱动了由 PC 时代到人工智能时代的平台、生态、商业模式的变迁，未来数字化还将驱动人工智能时代的变革。

在人工智能时代，每一个传统行业，娱乐、金融、医疗等都可以被提升，因为有数字化的能力，每一个人类的职业，律师、医生、教师、分析师等都可以得到本质上的能力提升。数字化驱动的人工智能将处在创业的风口，AI 领域未来的创业机会有两个方向，一是智能移动，也就是无人驾驶和机器人技术。另一个是智能空间，如智能化医院、智能化老年公寓、智能座椅等。陆奇认为这大概需要 40 年左右的时间逐步建立起来，这其中蕴藏了很多的创业机会。2023 年陆奇在北京作了题为"新范式 新时代 新机会"的演讲，他指出，大模型技术变革给数字化产业带来了根本性的变化，OpenAI 是新时代的代表，并提出"三位一体结构演化模式"：人、组织、社会，数字化。

> 陆奇谈中国创业机会：
>
> 陆奇认为，全球只有两个大市场，一个是以美国为主，辐射到北美和欧洲；另一个是以中国为主，未来能够辐射到东南亚、拉美，长期还可以辐射到中东等地。
>
> 陆奇介绍，中国经济的宏观驱动因素，比全世界任何其他经济都更丰富。第一是消费升级，第二是城市化的进程，第三是人口老龄化和人口增加的进程，第四是中国实体工业的总体完整度和丰富度。他表示，中国的经济是阶梯形的，而美国的经济是结构化的，美国长不出美团、拼多多。
>
> 陆奇认为中国的创业者学习和成长的机会要比其他地域更优越。"我们每天看的信息，刷的信息流很多，美国一个好的文章、企业、成功案例，基本上不到 24 小时就有中文的版本，美国好的我们都看到了，中国好的我们也看得到。而一个美国的创新者，只能看到美国的创新，中国的创新他们看不到。我们有最完整的视野，学习成长的机会也是最多的。所以千万千万要抓住属于我们的一个特别好的创新时机，现在是非常非常特殊的一个时间点。"

6.4.3 首个数字化转型国家标准正式发布

数字化转型是数字时代企业生存和发展的必答题，其根本任务是价值体系优化、创新和重构。数字生产力的飞速发展不仅引发了生产方式的转变,也深刻改变了企业的业务体系和价值模式。2022 年 10 月 14 日,国家市场监督管理总局(国家标准化管理委员会)发布2022 年第 13 号国家标准公告,批准 GB/T 23011—2022《信息化和工业化融合 数字化转型 价值效益参考模型》国家标准正式发布[106]。该标准在工业和信息化部信息技术发展司和科技司的支持与指导下,由北京国信数字化转型技术研究院牵头研制,全国两化融合标委会数字化转型标准工作组(TC573/WG16)归口管理,是我国发布的首个数字化转型国家标准,对数字化转型领域标准化建设具有里程碑式的重大意义。

此次发布的信息化转型国家标准,通过对数万家企业实践进行总结提炼,聚焦价值体系重构这一数字化转型根本任务,针对价值效益"有哪些""怎么创造和传递"及"怎么获取"等问题,给出了价值效益的分类体系、基于能力单元的价值创造和传递体系,以及基于新型能力的价值获取体系等参考模型,为广大企业提供了一套以价值为导向、能力为主线、数据为驱动,将价值效益要求贯穿数字化转型全过程的方法机制。该标准是数字经济时代加速企业在更广范围、更深层次、更高水平实现转型升级的科学指引。

6.5 思政总结

本案例的思政总结见表 6-3。

表 6-3 "数字化基础"思政总结

学习阶段	学习内容	思政元素	思政融入
案例材料	柯达的终结	吐故纳新、不破不立	柯达为了保全其胶卷业务,错失了数码领域,是造成其破产的主要原因。"不破不立,破而后立"是事务发展的必然规律。勇敢地跳出"舒适圈",才能变得更为强大,才能遇见更好的自己
	起底"奈雪的茶"	另辟蹊径、勇往直前	在茶饮品牌扎堆的广东,"奈雪的茶"能够破局突围,源于其快速的数字化转型。于个人而言,要给自己成长和奋斗的空间,不断增强切换赛道的勇气和能力
	数字化生活变革	科技创新、日新月异	科技创造美好生活,每个人都是科技发展的受益者。勉励同学们用心探索、科研报国,助力实现美好生活
教学内容	二进制	二元思维、化繁为简	大道至简,是宇宙万物发展之规律,用二元思维精简日常琐事,可以消除杂念,集中精力专注于某项事情,进而快速取得一定效果
	数字化本质	合纵连横、同创共治	基于信息化技术,借助合纵连横的思路,打通不同产业、不同群体的价值连接,发挥各自价值,用数字力量共建信息社会。每个人都是社会人,除了提升自身业务能力之外,还应建立连接思维,掌握做事的主动权,提升个人学习力、沟通力和创造力
延伸阅读	数字化创新创业	科技创新、前途光明	硅谷传奇华人陆奇认为基于数字化的创新创业,涉及领域众多,大概要 40 年左右的时间才能逐步建立起来

第7章

案例四: 行程码的是非功过

案例导图如图 7-1 所示。

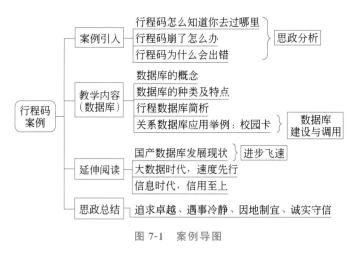

图 7-1　案例导图

7.1　案例引入

7.1.1　行程码怎么知道你去过哪里

手机在使用过程中,无论是通话、发短信,还是上网,都需要连接到基站,而每个基站都有具体的位置、编号等信息。换句话说，手机能通话，能传输数据，这一切要归功于通信基站。手机处于某个位置，第一件事就是要连接上当地的信号基站。而且手机一旦移动，就要重新连接基站，由于基站位置是固定的，与基站的连接也就暴露了手机的移动轨迹以及当前所处的地理位置，这就是定位。通信大数据再通过实时采集基站的位置信息，以此来获取用户的行程轨迹，便生成了行程信息。

行程码是由工业和信息化部牵头，再联合中国信息通信研究院、中国联通、中国电信、中国移动面向公众推出的查询服务，通过获取用户手机所处的基站位置，查询手机用户前 14 天到过的所有地市信息。行程码，最开始的时候是通过短信查询，后来升级到扫码查询，再后来行程码就升级到了覆盖全国范围的一个系统，可通过网页、小程序或者 App 进行查询。行程码数据可以全国通用，从而为疫情防控、复工复产、道路通行、出入境等方面提供了科学精准的技术支撑。图 7-2 是通信大数据行程卡和微信小程序行程码入口。

图 7-2　通信大数据行程卡与微信小程序行程码入口

行程码展示了个人近几天到访地市的摘要信息，主要包含个人的手机信息、经过的地市和上报时间，如果到过中高风险区域地区，行程码可能显示黄色或者红色。图 7-2 中展示的是一个通信大数据行程卡和一个微信小程序行程码入口，用图片或者小程序码展示的信息更方便查看和识别。行程码的发展历程如下。

- 2020 年 2 月 13 日起，三大运营商提供的短信查询行程的服务已覆盖两亿多用户。
- 2020 年 2 月 29 日，短信查询升级为扫码查询，并提供了统一的网页查询入口。
- 2020 年 3 月 6 日开始，在通信大数据行程卡上集成了境外到访地的查询功能，可以对手机用户前 14 天到访的境外国家或者地区的信息进行查验，可及时发现瞒报、漏报、不实申报行程信息的问题。
- 截至 2020 年 3 月 25 日，行程码累计查询量已超过 4.5 亿次。
- 2021 年 9 月 15 日，行程卡、行程码合一。
- 截至 2022 年 4 月月初，行程码累计查询量突破 458 亿次。
- 截至 2022 年 5 月 26 日，行程码累计查询量已达到 556 亿次以上。
- 2022 年 6 月 29 日，工信部网站发布消息，即日起取消通信大数据行程卡"星号"标记。

- 2022 年 7 月 8 日，通信大数据行程卡官方微信公众号再次发文称，即日起通信大数据行程卡查询结果的覆盖时间范围由"14 天"调整为"7 天"。
- 2022 年 12 月 13 日，通信大数据行程卡正式下线成为历史，用户行程相关数据被同步删除。

手机和电信公司基站之间的通信过程见图 7-3，目前行程码数据使用的是基站定位的数据。手机的定位除了使用基站，还可以使用 GPS 和无线网络定位，未来不排除使用 GPS 和无线网络定位的可能。

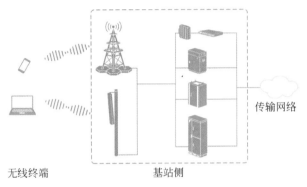

传输网络

无线终端　　　　　　　　　　基站侧

图 7-3　手机-基站通信过程

- GPS 定位。绝大多数智能手机都带有 GPS 定位功能，有这个功能才能使用导航软件。GPS 与卫星连接，不断传输自身的位置信息，藏无可藏，精度很高，偏差不会超过 15m，对于未打开 GPS 的手机，就无法使用 GPS 定位。
- 无线网络定位。无线网的网络连接设备有固定的 MAC 地址，只要手机连接了某个无线网，MAC 地址信息马上就会被获取。该定位需要 MAC 地址和用户手机号绑定才可以确定用户的位置信息。

7.1.2　行程码崩了怎么办

随着信息系统的用户高频访问、系统规模扩大，系统的复杂性和不稳定性直线上升，信息系统的宕机事件时有发生。2021 年，全球发生多起严重的信息系统宕机事件，其中不乏互联网基础设施及金融核心业务系统。现在较为成熟的行程码也是经历了多次蜕变才日益稳定的：健康码曾在短短 40 天内，经过 29 轮次技术调整、14 个版本的规则完善、63 项功能应用的迭代，最终将准确率提高到 99.99%[107]。

行程码从 2020 年年初启用到 2022 年 4 月初约两年的时间，累计查询突破 458 亿次，2022 年上半年的单日查询量维持在 3 亿次左右，其使用量随着全国疫情变化波动，成为疫情防控的重要工具。行程码在 2022 年年初也出现过一些异常事件：行程码信息出错、微信小程序端无法服务等。主要原因是行程码的访问量突然暴增，部分节点的服务严重超载。

当微信小程序出错时，可以通过发送短信、App 访问等措施予以解决。同时，为了保障大数据行程卡系统长期稳定平稳运行,2022年相关团队实施了很多保障稳定性的措施。

（1）通过优化技术架构,对不同访问渠道的服务资源进行隔离,将三大运营商的服务通道解耦,实现各渠道及各运营商之间服务互不影响。

（2）对服务器负载均衡、带宽、数据资源等进行多次扩容,以满足不断增长的网络请求,目前系统峰值容量较2021年已经提升10倍以上,并通过周期性压测随时确认系统的容量情况。

（3）行程码建立的备份容灾系统开展了多次应急演练,可以随时进行主备切换。团队开发了全链路监控系统,能够监控各环节流量变化。为应对流量高峰,团队建立了突发情况的限流机制,保障系统不中断服务。

（4）行程卡还建立健全了运营维护的管理制度,形成了日常运维、重点保障、应急处置三位一体的运维保障体系。

7.1.3 行程码为什么会出错

在行程码使用过程中会出现一些情况,明明没有去过某地,但是行程码显示去过,有以下两个原因。

1. 信号交叉覆盖

运营商为了提高自己的信号质量会在两个相邻的城市执行信号交叉,人们在使用手机的时候就会出现自己的手机连接相邻城市的基站,或者是本地的基站,这样行程码的显示就会有所差别。如果在本地但是连接了相邻城市的基站,行程码就会显示到过相邻城市的足迹。

2. 虚拟号码时间错位

有时候行程码定位出错并不是两个相邻的城市,还有可能是两个比较远的城市。明明没有去过的地方,但是行程码会显示到过那个地方。主要原因是虚拟号码错位,当手机接入某一基站时,为了安全保障会给每个手机号一个虚拟号码,该号码是重复使用的,也就是统一虚拟号码 V 可能会被用户 A 和 B 在不同时间内使用,但是如果时间错位或者某个用户的行程信息缺失,在号码回填时,A 和 B 的行程信息就容易交叠,出现用户 A 显示用户 B 的行程信息。

7.2 案例思政分析

7.2.1 "岁月静好"源于"负重前行"

行程码 7×24 小时为人们提供不间断服务,是因为背后有无数工程师在彻夜值班。由于部分地区新冠肺炎疫情突然暴发,微信小程序的行程码出现崩溃,经过无数工程师彻夜讨论解决方案,最终才实现了行程码的平稳运行。而健康码在短短四十多天内实现了63项功能应用的迭代,也是工程师们连续高强度加班熬夜换来的。

2019年国庆档期,电影《我和我的祖国》红极一时。在电影中"相遇篇"中,"两弹一星"工程的科研人员需要在绝密的环境下进行工作,许多科研人员都是背井离乡,隐姓埋名。高远就是这样的人,为了科研工作他离开了自己深爱的女友方敏,没有留下任何讯息。在一次实验中,因为原料泄漏,高远冒着风险关闭阀门而遭遇严重辐射,最终献出了自己宝贵的生命。在被辐射后治疗期间,有一天他离开医院搭乘公交车,偶遇了阔别三年的女友,但却不能相认。十几年后,方敏才从新闻中看到高远。许多人像高远一样默默无闻地为祖国的国防事业做贡献,这些"高远们"为了祖国的事业甘心付出,多年之后他们的真实身份才得以公开,所有人都会为他们感到骄傲和自豪。

在2019年10月1日的国之大典中,中国首次亮相的诸多武器惊艳世界,中国国防事业的每一次进步背后,也有无数个"高远"在默默付出。我们的岁月静好,国家的长治久安,是因为有他们在负重前行。行进的中国,需要国与民并行共进,一同努力,一起分担,才能让"碧浪清波"成为永恒[108]。我们每个人都要珍惜当下,懂得感恩和付出。

7.2.2 "遇事冷静"才是"最佳路径"

"早上上班死活打不开行程码,门卫不让我进去""行程码崩了、全勤奖没了",诸如此类的消息在网络上满天飞,朋友圈的段子层出不穷,甚至出现了因为行程码问题与保安打架的事件。

当我们遇到行程码异常的时候(部分异常见图7-4),该怎么做呢? ①按照提示发送短信进行行程查询。由于微信小程序行程卡是基于小程序服务的,小程序服务拥堵,可能会出现查询异常,而短信服务相对就比较稳定。②重启手机或者微信,如果微信卡顿也会查询异常。③稍后查询或者求助于电信部门。如果同一时间短信查询人数相对较多,也会出现时延,稍后查询基本不会出问题。相反,与保安争吵、大哭大闹都无法解决问题。

图 7-4　微信小程序行程卡部分异常提示

【冷静小窍门】　6s法则。任何事情发生之后,大脑边缘系统会第一时间反映情绪,所以就会让人感到恐惧、愤怒或者喜悦,过了 6s 之后,才会进入大脑深层的皮层意识,大脑才会做出正确的认知。也就是说,冲动是原始人的行为,而深思熟虑,才是文明人应该做的。

7.2.3 "特殊之举"让位"必要之举"

行程码是疫情防控特殊背景下的特殊之举,也是公民对于个人隐私与流动自由的特殊让渡,随着疫情和防控措施的变化,行程码也应退出历史舞台。2022 年 12 月 13 日 0 时起,通信大数据行程卡服务正式下线。通信大数据行程卡短信、网页、微信小程序、支付宝小程序、App 等查询渠道将同步下线。2022 年 12 月 12 日,中国电信、中国联通、中国移动三大运营商先后表示,将按照相关法律规定,自 2022 年 12 月 13 日 0 时"通信大数据行程卡"服务下线后,同步删除用户行程的相关数据,依法保障个人信息安全。

随着科技的发展,我们的信息越来越多以"数据"的形式而存在,个人数据安全也就成为个人信息安全的重要部分。在此,强烈建议大家手动检查自己支付宝和微信等软件的授权情况,看看是否有以前授权过不再使用或者根本不知道的服务,取消不必要的授权,进一步保护自己的个人信息安全。

7.2.4 "知难而进"照亮"前进道路"

健康码曾在短短 40 天内,经过 29 轮次技术调整,才将准确率提高到 99.99%。行程码微信小程序从最初的拥堵崩溃,到后来的平稳运行,也是经历了一代代的演进。任何技术的发展路径必然是螺旋式的,都不可能一帆风顺。科技的发展亦是如此,科技强国的路上也难免会遇到各种困难和阻力,甚至还有强权的打压。我国的科技发展也一样遵守螺旋式发展的规律,尤其是在"卡脖子"事件发生时,科技经历了前所未有的寒冬,也就是所谓的身处低谷,这个时候一定不能气馁,这是科技发展的必经之路。

人生之路亦是如此,任何一件事情的成功,都离不开一轮又一轮的优化,必定会经历一次又一次的低谷,这是符合事物发展的基本规律的。生活中,或遇到困难、挫折,或遇到变故,或遇到不顺心的人和事,或遇到开心和惊喜,这些都是人生前进中的正常现象。开心的事往往被我们理解为理所当然,而不顺心的事会被认为是节外生枝,其实开心与不开心的事发生的概率是均等的。当遇到困难时,只要坚信"方法总比困难多""世上无难事,只要肯登攀"的道理,就一定能够克服困难。当遇到不顺时,只要我们头脑保持理性,反思自己的做事方法、做人原则,有则改之、无则加勉,终会更上一层楼。

中国的复兴之路也是一路坎坷,国家领导人的决策隐含着中华民族的大智慧,值得每个人深入学习。2020 年 10 月 23 日上午,习近平总书记出席纪念中国人民志愿军抗美援朝出国作战 70 周年大会并发表重要讲话[109]:"面对来自各方面的风险挑战,面对各种阻力压力,中国人民总能逢山开路、遇水架桥,总能展现大智大勇、锐意开拓进取,'杀出一条血路'",告诫我们每个人"前进的道路不会一帆风顺"、要"知难而进、坚韧向前"。

7.3 案例教学设计

7.3.1 案例技术要点

1. 行程码技术剖析

由于基站的位置是确定的，当用户的手机连接通信公司的基站时，用户的位置信息就可以被记录下来存入数据库，再与疫情高风险地区进行比对，以短信或者小程序的形式进行展示。整个过程用到了网络技术、数据库技术和应用展示技术，如图 7-5 所示，本案例重点讲解数据库技术基础及应用。

图 7-5　行程码技术

2. 本节知识点

案例技术要点如图 7-6 所示。

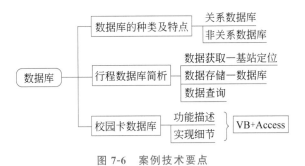

图 7-6　案例技术要点

7.3.2 教学设计

1. 教学用途

本案例适用于数据库应用基础的讲解，让学生理解数据库的基本概念、分类和应用场景。

2. 教学目标

知识层面：数据库的概念、分类、构建和使用。

能力层面：理解关系和非关系数据库的区别，理解数据库与应用程序之间的关联；理解数据库在整个信息系统中的地位，熟知关系和非关系数据库的具体应用场景。

价值层面：明确科技工作者的责任与担当，培养知难而进、坚韧向前的优秀品质，明确"以人民为中心"是我们一切工作的出发点和落脚点。

3. 教学过程

本案例的教学过程分为课前、课中和课后三个阶段，具体内容见表7-1。

表 7-1 "数据库应用"教学过程

学习阶段	教学方法	学习内容
课前	案例阅读	行程码案例材料阅读
课中	案例剖析	行程码的工作原理，行程码数据的存储与展示
	概念讲解	数据库的概念和分类
	实例讲解	关系和非关系数据库的特点和应用
	实例演示	校园卡数据库调用——关系数据库和应用程序的关系讲解
课后	实例分析	自找/自编一个应用程序调用关系数据库的例子，编程语言和具体数据库不限，分组完成
	分组报告	分析国产数据库现状，以分组报告形式提交

7.3.3 教学内容

1. 数据库概念

数据库是"按照数据结构来组织、存储和管理数据的仓库"，是一个长期存储在计算机内的、有组织的、可共享的、统一管理的大量数据的集合。数据库的目的是实现集成和共享，使同一数据被多个应用程序共享，数据的存储独立于使用它的程序。数据库技术是程序能够自动化执行的关键技术。

2. 数据库的种类及特点

数据库是存储数据的仓库，以特定格式存储数据，本质上是一个文件或者文件系统。用户可以添加、删除、修改和检查存储的数据。数据库可以分为两类，即关系数据库和非关系数据库。

1）关系数据库

关系数据库是建立在关系模型（二维表格模型）基础上的数据库，借助于集合代数等数学概念和方法来处理数据库中的数据。简单地说，关系数据库是由多张能互相连接的表组成的数据库。表以行和列的形式存储数据，以便于用户理解。这一系列的行和列被称为表，一组表组成了数据库。关系数据库通常支持通用的 SQL(Structured Query Language,结构化查询语言,是一种基于关系数据库的语言),SQL 用于执行对关系数据库中数据的检索和操作。关系数据库必须具备 ACID 特性：原子性(Atomicity,又称不可分割性)、一致性(Consistency)、隔离性(Isolation,又称独立性)、持久性(Durability)。主流的关系数据库包括 Oracle、MySQL、SQL Server、DB2、Microsoft Access 等。

2) 非关系数据库

非关系数据库又被称为 NoSQL(Not Only SQL),意为不仅是 SQL。通常指数据以对象的形式存储在数据库中,而对象之间的关系通过每个对象自身的属性来决定。它以列为单位进行数据的存储,一列作为一个记录,每个对象的记录会存储多行,各行相对独立。除了主流的关系数据库外的数据库,都认为是非关系数据库。严格来说,非关系数据库不是一种数据库,应该是一种数据结构化存储方法的集合。主流的 NoSQL 数据库有以下类别。

(1) 键值存储数据库：Redis、Memcached 等。

(2) 列存储数据库：HBase、Cassandra 等。

(3) 文档型数据库：MongoDB、CouchDB 等。

(4) 图形数据库：InfiniteGraph 等。

关系和非关系数据库的优缺点对比见表 7-2。

表 7-2 数据库优缺点对比

	优　　点	缺　　点
关系	(1) 使用表结构,格式一致,易于维护。以标准化为前提,数据更新的开销很小。 (2) 支持 SQL,可用于一个表以及多个表之间非常复杂的查询。 (3) 数据存储在磁盘中,比较安全	(1) 读写速度比较慢,不能对海量数据高效率读写。 (2) 固定的表结构,灵活度较低。 (3) 建立在关系模型上,必须遵循某些规则,例如数据中某字段值即使为空仍要分配空间
非关系	(1) 格式灵活,数据格式可以是 key/value、文档、图片等形式。 (2) 速度快：NoSQL 可以使用硬盘或者随机存储器作为载体。 (3) 成本低：NoSQL 数据库部署简单,基本都是开源软件	(1) 不支持 SQL,学习和使用成本较高。 (2) 无事务处理,不能保证数据的完整性和安全性。适合处理海量数据,但是不一定安全。 (3) 数据结构相对复杂,复杂查询方面稍欠

总体来说,关系数据库的最大特点就是事务的一致性,但在网页应用中,尤其是社交应用中,一致性不太重要,用户 A 看到的内容和用户 B 看到同一用户 C 内容更新不一致是可以容忍的,或者说,两个人看到同一好友的数据更新的时间差那么几秒是可以容忍的,但是需要的是海量数据的处理能力。像微博、微信这类社交应用,对并发读写能力要求极高并且数据结构经常变动,关系数据库已经无法应付或者代价太高,非关系数据库应运而生。但是,不可能用一种数据结构化存储应付所有新的需求,在实际应用中,通常是关系和非关系

数据库同时使用，尤其是数据的持久存储，还是需要借助关系数据库。

3. 行程数据库简析

1）数据获取

行程码使用的数据基本上是基站定位的数据，凡是有手机信号的地方，都有基站的存在。当手机开机时，做的第一件事就是"搜索基站"，当搜索到信号强度合适的基站时，手机会和基站建立联系，并开始向网络注册。运营商网络会检查 SIM 卡的入网合法性，如果 SIM 合法，手机接入网络成功，运营商会根据位置区编码来更新手机的位置信息。当我们带着手机在同一个区域移动时，位置区编码不会更新。

手机通过三个基站就可以定位出精确的位置，这就是三角定位法。基站通过手机与其通信的时间差就可以计算出距离，如果只是一个基站，只能算出来手机和基站距离大小，但是手机具体在哪并不清楚。一个基站算出来的点有无数个，这些点就是以这个距离为半径的球面的任何一点。由于我们处于三个维度的空间，只有通过三个基站才可以最终确定手机的位置。三角定位法如图 7-7 所示，三个基站可以精确确定手机的位置。

手机用户的实时位置数据由号码归属地运营商（中国移动、中国电信和中国联通）统一管理，4G 用户的数据存在 HSS[①]（Home Subscriber Server，归属用户服务器）上的数据库中，通常是比较大型的稳定数据库，如 Oracle 等。当用户位置更新之后，基站需要向号码归属地 HSS 实时报送位置数据，用户位置相关数据会实时上传到公安系统。行程数据获取的流程中精确存储的部分通常使用关系数据库，由于用户数据量过大，运营商数据中有部分数据是使用非关系数据库存储的。

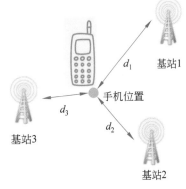

图 7-7 手机基站定位

2）数据存储

行程数据是保密的，具体存储方式我们不得而知，但考虑到用户使用体验，行程码数据大概率采用关系数据库存储。据报道[110]，国产数据库 GreatDB[②] 为行程码提供了技术支持。与行程码相关的数据大概包括以下两方面。

（1）用户轨迹。用户的位置信息通过基站进行收集，上报至 HSS，再由 HSS 上报至公安系统，存入用户轨迹数据库，具体存储天数依据有关部门的要求。用户的行程数据量比较庞大，由公安系统指定的专门部门来进行保密管理。

（2）行程码数据。对用户近几天的轨迹数据按照城区进行简化（通常需要实时对轨迹数据进行计算、存储），就得到了行程码的数据。依据中高风险地区列表进行标星（2022 年 6

---

① 5G 移动网络中叫作 UDM（Unified Data Management，统一数据管理），2G/3G 中叫 UDR（Unified Data Repository，统一数据仓库）。

② GreatDB 是万里开源自主开发的国产关系数据库软件，支持单机和分布式方式部署。

月 29 日工业和信息化部取消行程卡星号标记），标记风险等级。相对于用户轨迹数据，行程数据要小很多，为了便于快速实时查询，适合存储在关系数据库中。行程码只存储行程的概要信息。

当有关部门获取到行程数据之后，需要对数据进行过滤回填，只留下到访过的城市或者区域。理论上这一过程是实时进行的，但实际上这一计算过程是需要耗时的，所以有的时候会存在行程数据延时的情况。尤其是"携号转网"的用户（比如同一个号码，之前是中国移动用户，现在变成了中国联通用户），用户信息同步及行程计算通常有一定时间差，有时候可长达 24h。

3）数据查询

查询原理：根据关键字段（手机号）查询行程数据库。行程数据可以使用文字或者行程码图标的形式进行展示，根据显示终端的规则进行显示。

4. 关系数据库应用举例：校园卡

本节示例演示应用程序如何调用数据库。使用 Access 设计一个简单的校园卡数据库，用于校园卡消费信息的存储，使用 VB 程序对其进行调用。这里选用 Access 的主要原因是其友好的界面，选用 VB 主要是基于其简洁的可视化界面设计功能。

1）校园卡数据库

用 Access 设计一个校园卡数据库 CampusCard.accdb，包含 6 个基本字段：交易号、学号、时间、使用类别、使用金额和余额。其中，"交易号"和"学号"作为主键，数据库的设计视图和数据视图见图 7-8。

Field Name	Data Type		交易号	学号	时间	使用类别	使用金额	余额
交易号	Number		20210036	2021050001	2021/12/30 21:28:30	消费	￥22.00	￥897.00
学号	Short Text		20220001	2021050001	2022/2/13 10:42:29	消费	￥6.00	￥891.00
时间	Date/Time		20220002	2021050001	2022/2/13 10:42:32	消费	￥1.00	￥890.00
使用类别	Short Text		20220003	2021050001	2022/6/7 15:42:46	充值	￥100.00	￥990.00
使用金额	Currency		20220004	2021050001	2022/6/7 15:42:55	消费	￥12.00	￥978.00
余额	Currency		20220005	2021050001	2022/7/3 20:52:05	消费	￥15.00	￥963.00

图 7-8　校园卡数据库

2）程序调用

使用 VB 设计校园卡处理的程序，对校园卡数据库表进行操作，包含基本的充值、消费和查询，程序界面见图 7-9。

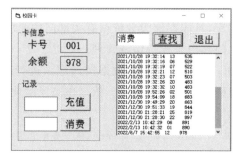

图 7-9　"校园卡"程序界面

使用 VB 程序对数据库进行操作的步骤如下。

（1）创建数据库对象 Reco 和 Conn。

（2）建立数据库连接 Conn，建立数据集 Reco，读取 Card001 表中所有的数据。

（3）显示余额信息，读取数据表最后一行的余额数据，在窗体上显示即可。

（4）对数据表进行操作，添加记录，可以用于消费或者充值。

（5）查找某个类别的交易记录。

（6）关闭数据库连接。

对应的程序代码如下：

（1）创建数据库对象。

```
Private Reco As New ADODB.Recordset
Private Conn As New ADODB.Connection
```

（2）连接数据库。

```
Set Reco = CreateObject("ADODB.Recordset")
Set Conn = CreateObject("ADODB.Connection")
Conn.Open "Provider=Microsoft.Jet.OLEDB.4.0;Data Source=" & App.Path & "\
CampusCard.accdb"
Reco.Open "Select * From Card001", Conn,adLockOptimistic
```

（3）显示余额。

```
Reco.MoveLast
Text1.Text = "001"
Text5 = Reco("余额").Value
```

（4）数据表添加记录。

```
Reco.AddNew '添加新记录
Reco("使用类别").Value = Command2.Caption
Reco("使用金额").Value = Val(Text3)
Reco("交易号").Value = id + 1
Reco("余额").Value = total -Val(Text3)
Reco.Update
Text3 = ""
Text5 = Reco("余额").Value
```

（5）查找某个类别的记录。

```
Reco.MoveFirst
```

```
Do While Not Reco.EOF
If Reco("使用类别").Value = Text4 Then List1.AddItem Reco("时间").Value & "   " &
Format(Reco("使用金额").Value, "00") & "      " & Reco("余额").Value
```

（6）关闭数据库。

```
Reco.Close
Conn.Close
```

7.3.4 课后作业

（1）简述关系数据库和非关系数据库的区别。

（2）描述应用程序调用关系数据库的过程。

（3）总结国产的关系和非关系数据库现状，并举例说明其应用领域和特点。

7.4 延伸阅读

7.4.1 国产数据库发展现状

据潘老师分析[111]，数据库行业的三座大山是 Oracle、IBM 和 Microsoft。如今，尽管国内数据库市场依然是欧美企业占有绝对优势，但相比于操作系统和芯片，数据库已经取得了不错的进展。而每一项"卡脖子"的关键技术的突破，都有一批人和一批企业在不懈努力。国产数据库的发展，按照时间线大体可分为以下四个阶段。

（1）1978—2000 年海外垄断：美国三巨头在全球攻城略地，20 世纪 90 年代席卷中国。

（2）2000—2009 年国产萌芽：第一批国产数据库成立并艰难生长。

（3）2009—2014 年星星之火：国内互联网和 IT 巨头涌入，"去 IOE"浪潮兴起，国产替代开启。

（4）2014 年至今百花齐放：国产数据库进入更大的政策和市场红利期，百花齐放，集中效应初显。

国产数据库发展这 20 年中，很多都做到了自主研发，自主知识产权，源代码完全自己掌握，在技术上也取得了很大的突破，比如比较具有代表性的达梦数据库，不仅在功能上基本能够完全覆盖 Oracle，甚至有些地方比 Oracle 做得更好，也有很多优秀的国产数据库进行了开源，无疑在众多开源爱好者的共同努力下，发展得也将越来越好。2023 年 3 月，国产数据库排名见图 7-10。

国产金融数据库最好的是中兴通信的 GoldenDB，GoldenDB 能够称为中国金融级分布

排行	上月	半年前	名称	模型	属性	三方评测	生态	专利	论文	得分
🏆	1	↑ 2	OceanBase +	关系型				151	18	669.26
🏆	2	↓ 1	TiDB +	关系型				26	44	666.39
🏆	3	3	openGauss +	关系型				562	65	509.89
4	4	4	达梦 +	关系型				381	0	507.45
5	5	↑↑ 7	人大金仓 +	关系型				232	0	440.18
6	6	6	PolarDB +	关系型				512	26	406.94
7	7	↓↓ 5	GaussDB +	关系型				562	65	395.05
8	8	↑ 9	TDSQL +	关系型				39	65	252.22
9	↑ 10	↑ 8	GBase +	关系型				152	0	227.93
10	↓ 9	10	AnalyticDB +	关系型				480	28	186.00

图 7-10　2023 年 3 月国产数据库前十排名①

式数据库第一品牌[112]。"2019 年,我们的国产数据库在某银行的核心交易系统商用上线,目前已成功运行两年时间,其间没有打过一个补丁。"中兴通信高级副总裁俞义方在 2021 年10 月"金融云网生态峰会"上对包括第一财经在内的记者表示,未来 3～5 年是国内金融科技创新的高速发展期,包括数据库、服务器、操作系统在内的产品需求快速增长。据了解,2021 年上半年,中兴通信政企金融行业营收同比增长 200%,而在未来两年金融业务的营收目标将翻番。"数据库是整个金融创新的发动机。"俞义方对记者表示,原来所有的金融企业主处理器都是大型计算机和小型计算机,换不到 X86,因为数据库是集中式,所以只能装在大型计算机上面。"当中兴把分布式交易数据库做出来的时候,对产品服务器的选择从大型计算机、小型计算机变成了通用的 X86 的服务器,加上现在云平台的成熟,换台机器对银行来说一点不会受影响,这才是把整个金融科技创新的底座彻底建立起来了。"

尽管国产数据库取得了一定的成绩,但未来仍有巨大的发展空间。"2020 年,我国数据库市场规模在全球占比约 5.2%,而同期我国 IT 支出在全球占比约 12%;2020 年,我国数据库市场规模在国内 IT 支出占比约 0.9%,而全球这一比例则达 1.9%。两组数据都表明,我国数据库市场空间还很大。"中国信息通信研究院云计算与大数据研究所副所长魏凯表示[113]。

7.4.2　大数据时代,速度先行

关于行程信息的查询,可以通过微信行程卡小程序、发送短信、下载 App 或者在网页上查询,不同的查询区别仅仅是数据呈现方式不同,小程序行程卡之所以流行,最重要的是其可视化的展示方式,便于核验。无论哪种查询方式,超过 10s 的等待,普通人都很难接受了,这就对数据的存取和处理速度有了较高的要求。

---

①　数据来自"墨天轮"官网。

在企业运作方面，数据库在巨大的访问量和数据传输下，承载着巨大的压力，在网络出现集中并发的时候就会"死机"。例如，因为热搜造成微博的死机，对企业造成负面影响。对企业发展来说，在大数据时代，决策的复杂程度在增加，决策的时间在减少，决策相关的数据在指数级增加，数据暴增已经是一个不争的事实，数据的存储和处理技术是提升决策速度的关键因素。作为数据时代人，掌握基本的数据处理技能是必备的素质。

7.4.3 信息时代，信用至上

据报道，有些途经中高风险地区的人员，为逃避疫情防控检查，向工作人员出具虚假行程码，故意隐瞒行程轨迹，之后被公安机关查获，此类人员不执行人民政府在紧急状态下依法发布的决定、命令，妨害疫情防控期间的社会管理秩序，根据《中华人民共和国治安管理处罚法》第五十条规定，都会给予一定的行政处罚，部分情节严重者将会纳入征信。

2018 年 5 月 1 日起，国家发展改革委、中央文明办、最高人民法院、财政部、人力资源社会保障部、税务总局、证监会、中国铁路总公司等八部门联合发布，对特定严重失信人限制乘坐火车、飞机、出入境等，做出规定。2018 年 6 月 1 日，由国家发展改革委和中国人民银行指导，国家信息中心主办的"信用中国"网站公示了首批严重失信人名单。2018 年 7 月 10 日，据最高人民法院新闻发布会，全国已有 280 万失信被执行人迫于信用惩戒压力自动履行了义务。2018 年 10 月 16 日，国家发展改革委称，中国将对严重危害正常医疗秩序的失信行为责任人实施联合惩戒。以人民银行征信系统为例，相关数据显示，截至 2020 年 12 月月底，征信系统已收录 11 亿自然人、数千万户企业和其他组织的信息。

信用可以看作人本性的外在表现，一个人的行为和自己的本性息息相关，相比自然界的物质，信用可能更加稳定。互联网信息时代，每个人都处在数据之中，信用记录与个人生活息息相关。一次不经意的"失信"就有可能给自己带来麻烦。人无信不立，业无信不兴。征信体系在防范化解重大金融风险、服务实体经济、优化营商环境、增强社会诚信意识等方面，日益发挥着重要作用。所以，信息时代的每个人都要诚实守信、遵纪守法，时刻规范自己的言行、守护好自己的信用。

7.5 思政总结

本案例的思政总结见表 7-3。

表 7-3 "数据库应用"思政总结

学习阶段	学习内容	思政元素	思政融入
案例材料	行程码应用	技术更迭、风云变幻	相信科技的力量，曾经人们幻想的神奇场景正在通过科技一步步被实现，技术改进了人们的生活。行程码为科学防疫做出的贡献不容否认，一切源于技术的进步

续表

学习阶段	学习内容	思政元素	思政融入
案例材料	行程码系统更新历程	追求卓越、一丝不苟	工匠精神是指"执着专注、精益求精、一丝不苟、追求卓越"，工匠精神是创新创业的重要精神源泉。技能人才要主动践行"工匠精神"，及时改进产品满足用户需求
	行程码出错了怎么办	遇事冷静、不乱方寸	遇事要淡定，烦躁焦虑只会让自己陷入被动。可以通过数数、自问等方法提升个人钝感力，尝试用发散思维法解决问题，保护好自己的掌控感和主动性。有意外才有挑战，才能提升个人智慧
教学内容	关系数据库	提前规划、智珠在握	关系数据库设计需要满足一定的规则，如三大范式，但是关系数据库易于维护，数据更新的开销很小。所以，"磨刀不误砍柴工"，做任何事都要提前规划，才能有条不紊、游刃有余
	行程码数据库	活学活用、因地制宜	行程码数据库采用的是关系和非关系数据库的混合，对于技术的使用应该因地制宜。在适合的应用场景，非关系数据库效率高很多。对于个人来说也需要有成长性思维，来解决生活中的各种问题
延伸阅读	数据与速度	争分夺秒、适者生存	数据库技术的演进，提高了数据存取速度；网络的快速发展，加快了数据传播速度；云计算的普及，提升了数据处理速度。对于企业来说，慢速意味着淘汰
	信息时代，信用至上	诚实守信、知行合一	人而无信，不知其可也。在信息时代，信用就是资本，不良信用在信息时代会被无限放大，网络上因缺信、失信导致"恶果"的例子数不胜数。每个人都要积极维护个人良好信用

第8章

案例五：教你算算校园贷的暴利

案例导图如图 8-1 所示。

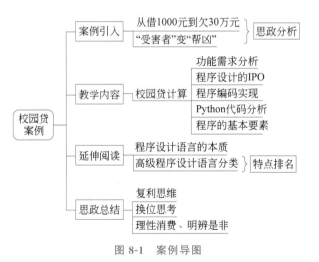

图 8-1　案例导图

8.1　案例引入

8.1.1　从借 1000 元到欠 30 万元

校园贷[114]是指在校学生向各类借贷平台借钱的行为,具有极强的便利性和迷惑性,校园贷的招数层出不穷,从最初的提供资金,到后来演变为各类高利率骗局,违法校园贷严重影响受害学生的身心健康[115]。人民网报道了一则案例[116],大一时,赵某想减肥,打算找朋友借钱办一张 1000 元健身卡。比她大一届的朋友是某网贷平台的代理,推荐她下载某网贷平台 App,分期还款。1000 元的借款,赵某分期 12 个月,一个月还款 200 多元。后来赵某开销越来越大,便开始了拆东墙补西墙的借贷接力,这家额度没了,就换另一家平台注册、借钱,还上一家借款。但是私人借条利息涨得特别快,一个月下来,几千元借款累积滚到三四万元。

通常借款时,放贷人用手机助手同步了她的通讯录,如果违约不还钱,就威胁"爆"通讯录,即给通讯录上所有人打电话、发短信,逼借贷人还钱。还款压力最大时,赵某同时找了20 个放贷人借钱周转。"我借一万元,到手只有 7000 元,放贷人说那 3000 元是利息,一个月后要还一万。而合同上借款金额写的却是两万。"放贷人告诉赵某,如果不违约,实收一万;如果违约,借条则变成两万。"我想我应该不会违约,最后,太高估了自己。"逾期的赵某被软禁在放贷人公司一宿,在答应求父母出面还钱后才被放行。

8.1.2　"受害者"变"帮凶"

一位金融风控行业从业者观察,一些大学生为拿提成,拼命帮贷款机构拉人头,甚至为了完成任务骗同学资料来申请贷款[117]。正如 8.1.1 节人民网报道的案例,欠下 30 多万元贷款的赵某,借的第一笔钱是为办一张 1000 元健身卡。当时她向同学借钱办健身卡,同学称自己是某网贷平台的校园代理,推荐她贷款。赵某填了同学的推荐码注册某网贷平台账号,此后一边还款一边又借新款,直到这家平台不再给她放款。

大学生小高欠下几十万元高利贷,父母卖掉家里的房子为其还债。2018 年 9 月,小高还清贷款不久,又一次接到放贷人的电话。放贷人这次没有向他推销产品,而是请他"帮个忙",给 10% 提成。小高对放贷、催收这一套流程烂熟于心,从此专门给身边同学放贷,帮人拉生意。2019 年 5 月,该非法校园贷团伙被贵州警方打掉,小高再回到校园,是以犯罪嫌疑人身份指认现场。

诈骗罪(《中华人民共和国刑法》第 266 条):
根据诈骗金额不等,刑罚如下。

- 诈骗公私财物,数额较大的,处三年以下有期徒刑、拘役或者管制(并处或单处罚金)。
- 数额巨大或者有其他严重情节的,处三年以上十年以下有期徒刑(并处罚金)。

- 数额特别巨大或者有其他特别严重情节的，处十年以上有期徒刑或者无期徒刑（并处罚金或没收财产）。

8.2 案例思政分析

8.2.1 复利的威力

校园贷属于民间借贷，只要借贷人是具有完全民事行为能力的成年人，有偿还贷款的能力，出借贷款的平台是合法的，就是合法的。通常借贷公司出具的借贷条款都符合国家的利息标准，目前国家法律允许的最高利息是年化利率 24%，加上平台费、介绍费等费用，实际年化收益通常超过 30%，如果按照年化利率 30%，4 年的本息总和约为贷款金额的 2.86 倍（$1.3^4 \approx 2.86$）。借贷 1000 元，分 12 个月还清，每个月还款 200 多元，实际上年化利率已经大于 100%，如果年化利率为 100%，贷款 4 年的本息倍数为 16（$2^4 = 16$），其中，利息已是本金的 15 倍之多，这就是复利的威力。

复利思维，通俗的理解为利滚利思维，是努力使一件事物按指数增长的一种思维方式。复利思维的本质是"找准方向，持续积累"。虽说，方向不对，努力白费，但如果没有持续的积累，三天打鱼两天晒网，也很难出成果。曾经风靡于互联网的"每天叫醒你的人生公式"可以很好地解释这个问题，见图 8-2。

$$1.01^{365} = 37.8$$
$$0.99^{365} = 0.03$$

图 8-2　复利的效果

- 将维持原状视为 1，若你每天进步 1%，一年后你将进步 37.78，即 $1.01^{365} = 37.78$，你的努力让你更加优秀。
- 若你每天退步 1%，一年后，将退到 0.025（$0.99^{365} = 0.025$），你的才华终会被你的懒散消耗殆尽。

8.2.2 "馅饼"的背后往往是"陷阱"

想办健身卡、想买新手机……只要动动手指，很快就可以拥有，殊不知这香喷喷的馅饼，背后是精心伪装的陷阱。网络贷的案件层出不穷，被催债逼上死路的案例屡见不鲜。在初始接触校园贷时，往往抱着侥幸心理，希望占一点小便宜就走，但往往是越陷越深，到后期校园贷无力偿还，想以贷养贷，又正中校园贷下怀。"免费是世界上最昂贵的东西"，贪小便宜吃大亏，天上能掉下来的绝对不会是馅饼，大多不过是伪装后的陷阱。

远离校园贷陷阱，需要增强防范意识，妥善使用和保管自己的身份信息，不能随意泄露个人信息，也不要把自己的身份证、银行卡、校园卡等转借他人使用。树立正确的消费观和金融观，合理安排自己的消费和支出，可通过校园的勤工俭学或助学贷款等获取报酬。

关于借贷，应当掌握一定的金融常识，量力而行，不要过分放大欲望；涉世未深的学生很容易被利益所诱惑，但是道路千万条，安全第一条，等着"天上掉馅饼"太缥缈，投资自己，通过自己的双手获得的东西才是最可靠的。在进行借贷时，要多了解金融知识，理性分析贷款实际利率标准，不贪图小便宜。如图8-3所示，凡事皆有代价、免费的才是最贵的。

图 8-3 凡事皆有代价

8.2.3 用知识武装头脑，为人生把控方向

在校园贷的案例中，在发展"新客户"方面，利用大学生对身边"熟人"的信任发展下线，拉学生入伙，层层发展，级级分配，是犯罪分子的惯用伎俩。"同学发展同学"是近年来此类平台发展下线的重要手段，很多没有能力还款的学生在对方的威逼利诱下，往往将自己的同学"拉下水"。这些发展下线的同学其实就是校园贷的帮凶，可定性为诈骗的一种，但是不少同学对于自己的犯罪事实一无所知，源于缺乏基本法律知识及对事情的本质认识不清，有的同学甚至由于校园贷诈骗而被捕入狱，搭上了自己的青春年华。

我们常常听说"做对的事，并把事情做对"。"做对的事情"是指做事的原则，原则性错误的事不要做。"把事情做对"是指在正确的原则下，找到正确的做事方法。正确的做事方法是做事的方法论，是一个不断学习不断进步的过程，因为任何人都会在做事中犯错，所以要不断学习，才能把事情做好。无论是"做对的事"，还是"把事情做对"，都需要足够的知识和智慧才能帮助我们做出好的选择。选择的能力是所有能力中最难的，好的选择才是成功的开始。

真实世界不是固定赛道的考试，而是充满了各种不确定性的竞赛，每个人随机降落到随机位置，遇到随机机遇，规划随机路线，战胜随机对手。所以我们需要持续不断地学习，用知识充实大脑，每个人都要秉承"做对的事，再把事情做对"的原则来面对生活中的各种选择和挑战。

8.3 案例教学设计

8.3.1 案例知识点

教学内容导图如图8-4所示。

8.3.2 教学设计

1. 教学用途

本案例适用于程序设计入门讲解，让学生理解程序的编写过程。

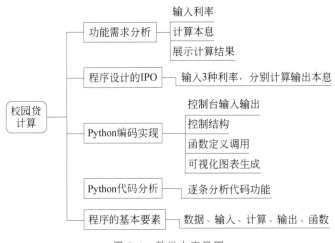

图 8-4 教学内容导图

2. 教学目标

知识层面：掌握程序的基本要素，了解 Python 语言的特性。

能力层面：熟悉程序编写流程，能够读懂、动手编写一个简单的实用程序并调试运行；理解程序设计的本质、程序设计语言与自然语言的内在关联。

价值层面：帮助学生树立正确的消费观；引导学生理解生活中的复利思维，做好时间管理、目标管理。

3. 教学过程

本案例的教学过程分为课前、课中和课后三个阶段，具体内容见表 8-1。

表 8-1 "程序设计入门案例"教学过程

学习阶段	教学方法	学 习 内 容
课前	案例阅读	贷款计算的方法
课中	案例演示	程序设计的 IPO、编程的基本流程
	案例总结	程序的基本要素
课后	分组作业	自编/自找一个完整的 Python 语言程序，对每一条语句进行注释，理解 Python 的语法

8.3.3 教学内容

程序设计可分为以下三个步骤。

（1）分析问题的需求，确定解题的方法和步骤，包括设计算法。

（2）编写程序。

（3）运行程序，分析并展示结果。

1. 程序设计的 IPO

计算机程序都有统一的构架模式，见图 8-5，即数据输入、数据处理、数据输出这三个部分，简称为程序设计之 IPO（Input，Process，Output）。

（1）输入：贷款金额和不同年化利率、年限。

（2）处理：计算不同利率下所还的本息，为了方便代码的阅读，自定义函数对于给定贷款金额、利率和年限，计算所还本息。

（3）输出：输出本息数据，并生成图表进行可视化对比。

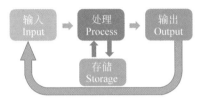

图 8-5　程序设计的 IPO

2. 功能需求分析

设计校园贷利率对比程序，对不同的利率计算所还款的本息情况，处理过程见图 8-6，功能如下。

（1）定义本息计算函数，给定贷款金额、利率和年限，计算还款本息。

（2）针对不同利率，假设贷款 1000 元，分别计算连续 4 年，每年所还的本息数额。需要手工输入不同的利率。

（3）输出不同利率对应的本息。

（4）可视化输出不同利率本息的对应关系。

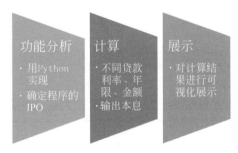

图 8-6　校园贷计算实现过程

3. 编码实现

使用 Python 实现，计算效果的图形化展示见图 8-7，实现以下功能。

（1）输入：固定贷款金额 1000 元，手工输入 3 个年化利率 p_1、p_2 和 p_3。

（2）处理：自定义函数 calc_py(m,i,y)计算本息,3 个参数分别是贷款金额、利息和年限;计算 3 个利率 4 年所还本息的数据。

（3）输出：输出 4 年的本息数据,并使用 matplotlib.pyplot 函数生成折线图进行可视化对比。

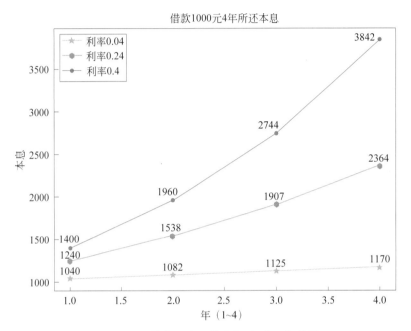

图 8-7　不同借贷利率下的本息（程序运行结果）

4. Python 代码分析

用 Python 实现校园贷利率计算,代码及具体功能解析如下。

```
1    #encoding:utf-8
2    import matplotlib.pyplot as plt
3    def calc_py(m,i,y):
4        return m * (1+i)**y
5    plt.rcParams['font.sans-serif']=['STSong']   #运行配置参数中的字体 font 为
                                                   #黑体 SimHei
7    rate1,rate2,rate3=eval(input("input 3 rates:")) #0.04,0.24,0.4
8    year,pit1,pit2,pit3 =[],[],[],[]
9    for j in range(1,5): #计算 4 年的不同利率的本息值
10       year.append(j)
11       pit1.append(calc_py(1000,rate1, j))
12       pit2.append(calc_py(1000,rate2, j))
13       pit3.append(calc_py(1000,rate3, j))
```

```
14  print(year,pit1,pit2,pit3)
15  plt.xlabel("年(1~4)")
16  plt.ylabel("本息")
17  plt.title('借款1000元4年所还本息')
18  plt.plot(year, pit1,marker='*',label='利率'+str(rate1))
19  plt.plot(year, pit2,marker='h',label='利率'+str(rate2))
20  plt.plot(year, pit3,marker='o',label='利率'+str(rate3))
21  for i in range(0,4):
22     plt.text(year[i],pit1[i]+30,'%.0f'%pit1[i],ha='center',va='bottom',
        fontsize=9)
23     plt.text(year[i],pit2[i]+30,'%.0f'%pit2[i],ha='center',va='bottom',
        fontsize=9)
24     plt.text(year[i],pit3[i]+30,'%.0f'%pit3[i],ha='center',va='bottom',
        fontsize=9)
25  plt.legend()
26  plt.savefig(fname="借款1000元所还本息.png",figsize=[10,10])
27  plt.show()
```

第1行：默认编码格式为UTF-8。

第2行：导入画图库matplotlib,供后续画折线图使用。

第3~4行：自定义函数calc_py(m,i,y),用于计算贷款本金为m,利率为i,年限为y时,所需要还的贷款本息。

第5行：将默认字体设置为黑体SimHei,以防有中文时出现乱码。

第7行：获取3个利率,手工输入时,利率之间用逗号隔开。

第8行：设置列表变量year,pit1,pit2,pit3,分别用于存储4个年份,3种利率下的本息。

第9~13行：计算4年的不同利率的本息值,放入列表变量。

第14~17行：输出本息数据和提示信息。

第18~20行：画出3条折线,显示3种利率的本息对比。

第21~24行：显示标签值。

第25行：显示图例。

第26~27行：保存图片,显示图片。

5. 程序的基本要素

程序设计的基本要素如下。

(1) 数据：程序处理的对象是"数据"。在计算机的世界里,数据代表了对数字模型的抽象化的概念,同时也代表了信息;而编写程序的目的就是要处理这些数据,程序设计就是用于对数据进行处理的。结合日常生活,可以想象我们周围充满了各种各样的数据——文字、数字、声音、图片、动画以及更加复杂的多媒体数据。编写程序的目的就是要处理这些数据。虽然数据的种类多种多样，但最常用的两种数据类型是数字与字符。

（2）输入：程序是数据处理机，需要对输入的数据进行处理（计算），程序可以通过键盘鼠标获取输入数据，也可以通过读取文件获取数据。输入的数据通常是需要被调入内存才能被程序处理。

（3）计算：程序处理数据的过程是通过计算来实现的，针对不同类型的数据有不同的计算方法。任何类型的数据最终都要转换为数值型数据存储，所以程序处理数据的过程本质上是计算的过程。Python 处理的最基本数据类型是数值型和字符型，计算的处理借助于运算符、函数等构成的表达式来实现。计算的实现需要借助控制结构来实现，具体包括：顺序、选择和循环。

（4）输出：输出主要是指把计算的结果进行展示或者长期存储，可以将计算的中间结果或者最终结果输出到控制台，或者将结果存入文件进行长期存储。

（5）函数：函数就是把完成特定功能的一段代码"抽象出来"，使之成为程序中的一个"独立实体"（用函数名命名），函数可以在同一个程序或其他程序中多次重复使用，能够降低代码的冗余度、提升代码的可读性。几乎所有的程序设计语言都提供了很多函数供用户调用，也支持用户自定义函数。

8.3.4　课后作业

（1）简述 Python 程序的基本要素。
（2）程序设计的 IPO 流程是怎样的？
（3）近几年，Python 语言异常火热，总结其具有哪些特性。

8.4　延伸阅读

8.4.1　程序设计语言的本质

交流主要靠语言，语言的本质是约定好用一种统一的表达方式去方便信息传递，根据不同的应用需求，不同的语言使用了不同的约定结构对不同的场景做了不同的变通。不同国家的人们使用不同的语言进行交流，如汉语、英语等，而电子计算机能识别的是由 0 和 1 构成的机器语言。

计算机能够帮助人们实现精确高效的计算，但传统计算机使用的是机器语言，人类的自然语言无法被直接识别，因此需要中间语言进行翻译，这时就诞生了高级程序设计语言，高级程序设计语言以人们能读懂的方式描述计算机的指令，然后借助编译器等自动化工具最终被转换为机器语言。高级程序设计语言和机器语言都统称为程序设计语言，也可以说编程语言是跨越"人类世界与计算机世界"的语言。自然语言是人与人之间交流的语言，程序设计语言是人类与计算机交流的工具、是人们指挥计算机处理数据的指令集，是现实世界在计算机中的形式化表示。

语言的基本要素包括词汇、语法、语义和语音。程序设计语言和自然语言在基础概念上有共性，只是程序设计语言没有语音，是直接被转换为电信号、执行并输出。程序设计语言的学习可以借鉴自然语言学习。

8.4.2　高级程序设计语言分类与排行

高级程序设计语言大致可以分为以下几类：①面向过程。函数作为基本组成结构，如C/C++、Rust等。②面向对象。以对象作为基本程序结构单位，如VB、Java、Python等。③面向数据。数据由不可变的通用数据结构表示，如SQL、APL、Prolog。

图8-8给出的是2023年3月TIOBE公布的程序设计语言排名。

Mar 2023	Mar 2022	Change	Programming Language	Ratings	Change
1	1		Python	14.83%	+0.57%
2	2		C	14.73%	+1.67%
3	3		Java	13.56%	+2.37%
4	4		C++	13.29%	+4.64%
5	5		C#	7.17%	+1.25%
6	6		Visual Basic	4.75%	-1.01%
7	7		JavaScript	2.17%	+0.09%
8	10	^	SQL	1.95%	+0.11%

图 8-8　2023 年 3 月编程语言排行榜前十 [118]

（1）Python是一门免费、开源的面向对象的动态类型语言，目前越来越多地被用于独立的、大型项目的开发。Python语言简单、易学，应用领域非常广，如数据分析、人工智能和机械学习等领域。Python拥有大量的库、框架和工具，尤其有众多第三方库。

（2）C语言是一门面向过程的、抽象化的通用程序设计语言，广泛应用于底层开发。

（3）Java是一门面向对象的编程语言，不仅吸收了C++语言的各种优点，还摒弃了C++里难以理解的多继承、指针等概念，Java语言的特点是跨平台性，通过Java语言编写的应用程序在不同的系统平台上都可以运行。

（4）C++语言是C语言的超集，它扩充和完善了C语言；C++语言是一种静态类型的、编译式的、跨平台的、不规则的中级编程语言，综合了高级语言和低级语言的特点。

（5）C♯是在C语言的基础上发展并开发的一种编程语言。C♯可以用于制作Windows的应用软件，或者用于Unity游戏开发环境。

（6）Visual Basic是微软开发的一种通用的基于对象的程序设计语言，是可视化编程语言，根据窗体中安放的控件编辑其控件实现的功能，适合初学者。

（7）JavaScript（简称JS）是一种具有函数优先的轻量级、解释型或即时编译型的编程语言。

（8）SQL是一种操作关系数据库的语言，包括创建数据库、删除数据库、查询记录、修改记录、添加字段等语句。

（9）Assembly language 汇编语言是一种直接在硬件上面工作的编程语言。

（10）Swift 是一种新的编程语言，用于编写 iOS 和 MacOS 应用。

8.5 思政总结

本案例的思政总结见表 8-2。

表 8-2 "程序设计入门"思政总结

学习阶段	学习内容	思政元素	思政融入
案例材料	借贷无力偿还	理性消费	• 如何理性地看待提前消费？ • 在大学生需要资金时有哪些途径解决
	"受害者"变"帮凶"	明辨是非	学生通过案例阅读了解"校园贷"的危害和非法性
教学内容	程序设计的流程	按部就班、百折不挠	• 代码编写演示，暗藏多个错误，逐一调试。 • 引导学生直面困难解决学习生活问题
	利率计算	复利思维	• 编程演示实际分期贷款的计算过程。 • 引导学生理解生活中的复利思维，做好时间管理、目标管理
	Python 库的应用	登高望远	使用 matplotlib.pyplot 库函数，可以非常方便地画出图表，并对图表进行个性化设置、保存等，省去了个人编写函数的烦琐，也达到了很好的展示效果。 善于利用工具和他人分享的成果，可以事半功倍，就连牛顿也曾说自己站在"巨人"的肩膀上
	可视化展示	换位思考	通过结果的可视化对比扎实，让学生理解：程序员对于数字比较敏感，而非计算机专业人士则更容易理解可视化图表

第9章

案例六: 互联网让生活变得更美好了吗

案例导图如图 9-1 所示。

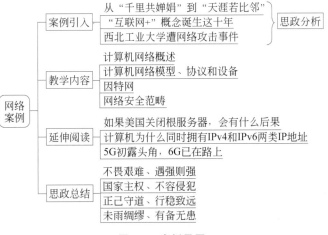

图 9-1　案例导图

9.1　案例引入

9.1.1　从"千里共婵娟"到"天涯若比邻"

互联网让远在千里之外的亲人、朋友进行实时联络,获得和分享世界另一端正在发生的事情,使地球变成了一个小村庄,而 TCP/IP(传输控制协议)协议族便是实现互联网通信的纽带。TCP/IP 是一组开放式协议,它对异构的系统是完全开放的,不同的设备终端、不同的操作系统甚至不同的网络硬件,TCP/IP 都允许它们互相进行通信。协议约定了传输规则,实际的数据传输需要依赖于传输介质,如果电缆、光纤等。

计算机网络中常用的传输介质中传输速率最快的是"光纤",家用普通光纤的极限速度就可达到 10Gb/s 以上,随着技术的不断发展,光纤的极限速度还会继续提高。当前,实验室中单条光纤最大速度已超 100Gb/s。电子科技大学胡少华博士的毕业论文中[119],描述其在光纤方面研究的工作成果:通过 C 波段 112 Gb/s 100 km 的 PAM-4 高速传输实验进行了算法验证,该传输容量为 11.2Tb/s·km,为截至 2022 年 3 月的最高纪录。

据 2022 年 9 月 10 日央视财经《智造中国》栏目报道[120],我国已建成全球规模最大的光纤宽带网络,千兆光网可以覆盖超四亿户家庭。亚洲最大的光纤预制棒生产基地位于江苏苏州,这里每年可以生产出 2500t 光纤预制棒,如果这些光棒全部拉成光纤,可以绕地球超两千圈。光纤通信已成为现代通信的基础,人们打的每一通电话、发的每一个信息,都离不开光纤网络,光纤光缆被喻为信息的"高速公路"。TCP/IP 开放网络体系结构与光纤技术组合,使得网络连接世界从"千里共婵娟"到"天涯若比邻"。

9.1.2　"互联网＋"概念诞生这十年

"互联网＋"①就是利用信息通信技术以及互联网平台,让互联网与传统行业进行深度融合,创造新的发展生态。它代表一种新的社会形态,即充分发挥互联网在社会资源配置中的优化和集成作用,将互联网的创新成果深度融合于经济、社会各领域之中,提升全社会的创新力和生产力,形成更广泛的以互联网为基础设施和实现工具的经济发展新形态。"互联网＋"概念国内最早在 2012 年提出,其概念变迁历程见表 9-1。

表 9-1　"互联网＋"概念/论点的变迁

时间	论　　　点
2012.11	"互联网＋"公式应该是产品和服务,在与未来的多屏全网跨平台用户场景结合之后产生的这样一种化学公式
2014.11	互联网是大众创业、万众创新的新工具

---

① 摘自"百度百科"。

续表

时间	论点
2015.03	"互联网＋"是指利用互联网的平台、信息通信技术把互联网和包括传统行业在内的各行各业结合起来,从而在新领域创造一种新生态
2015.03	首次提出"互联网＋"行动计划,推动移动互联网、云计算、大数据、物联网等与现代制造业结合,促进电子商务、工业互联网和互联网金融健康发展
2015.07	推动互联网由消费领域向生产领域拓展,加速提升产业发展水平,增强各行业创新能力,构筑经济社会发展新优势和新动能
2015.12	成立"中国互联网＋联盟",倡导将互联网的创新成果深度融合于经济、社会各域之中,形成更广泛的以互联网为基础设施和实现工具的经济发展新形态
2020.05	全面推进"互联网＋",打造数字经济新优势
2021 起	共享各部门数据,优化政务服务,以"互联网＋"为载体,打通了服务群众的"最后一千米"

通俗地说,"互联网＋"通过其自身的优势,对传统行业进行优化升级转型,使得传统行业能够适应当下的新发展,从而最终推动社会不断向前发展。"互联网＋"是互联网思维的进一步实践成果,推动经济形态不断发生演变,从而带动社会经济实体的生命力,为改革、创新、发展提供广阔的网络平台。"互联网＋"的六大特征如下。

(1)跨界融合。"互联网＋"就是跨界,就是用互联网连接两个或两个以上不同的领域,实现跨界融合。

(2)创新驱动。创新是一个民族进步的灵魂,是一个国家兴旺发达的不竭动力。用互联网思维来求变、自我革命,也更能发挥创新的力量。

(3)重塑结构。信息革命、全球化、互联网业已打破了原有的社会结构、经济结构、地域结构、文化结构,管理手段、议事规则等在不断发生变化。

(4)尊重人性。互联网的力量之强大最根本地也来源于对人性的尊重、对人体验的敬畏、对人的创造性发挥的重视。例如,UGC(用户生成内容)、卷入式营销、分享经济等。

(5)开放生态。把孤岛式创新连接起来,让研发由人性决定的市场驱动,让创业并努力者有机会实现价值。

(6)连接一切。连接是有层次的,可连接性是有差异的,连接的价值是相差很大的,但是连接一切是"互联网＋"的目标。

每一个传统行业都孕育着"互联网＋"的机会,基于"互联网＋"的创新创业始终在路上,就目前的互联网发展态势来看,未来需要进一步增强各传统产业和互联网技术的深入融合,弥补原有缺点,让人们的生活和科技的进步朝着更好的方向发展。"互联网＋"大学生创新创业大赛就是"互联网＋"创新的摇篮。

"互联网＋"大学生创新创业大赛:

中国"互联网＋"大学生创新创业大赛,是由教育部与政府、各高校共同主办的一项技能大赛。大赛旨在深化高等教育综合改革,激发大学生的创造力,培养造就"大众创业、万众创新"的主力军;推动赛事成果转化,促进"互联网+"新业态形成,服务经济提质增效升级;以创新引领创业、创业带动就业,推动高校毕业生更高质量地创业就业。

(1) 赛道主题。

高教主赛道:中国大陆参赛项目设金奖50个、银奖100个、铜奖450个,中国港澳台地区参赛项目设金奖5个、银奖15个、铜奖另定,国际参赛项目设金奖40个,银奖60个,铜奖300个。另设最佳带动就业奖、最佳创意奖、最具商业价值奖、最具人气奖各1个;设高校集体奖20个、省市优秀组织奖10个(与职教赛道合并计算)和优秀创新创业导师若干名。

青年红色筑梦之旅赛道:设金奖15个、银奖45个、铜奖140个。设"乡村振兴奖""社区治理奖""逐梦小康奖"等单项奖若干。设"青年红色筑梦之旅"高校集体奖20个、省市优秀组织奖8个和优秀创新创业导师若干名。

职教赛道:设金奖15个、银奖45个、铜奖140个。设院校集体奖20个、省市优秀组织奖10个(与高教主赛道合并计算),优秀创新创业导师若干名。

萌芽赛道:设创新潜力奖20个和单项奖若干个。

产业命题赛道:设金奖30个、银奖60个和铜奖210个。"企业出题,高校揭榜答题",企业方结合实际遇到的现实问题出题,希望凭借高校的科研优势、技术优势进行解决。

(2) 时间安排。

校级初赛(4—5月份):校级初赛由各院校负责组织。

省级复赛(6—8月份):省级复赛由各地负责组织。

总决赛(9—10月份):总决赛由各地按照大赛组委会确定的配额择优遴选推荐项目。

(3) 含金量。

近几年,"互联网+"大学生创新创业大赛稳居全国高校大学生竞赛排行榜榜单内竞赛项目榜首。各地方教育厅和高校都出台了比赛的奖励机制,国赛奖金有几千元、几十万元、甚至上百万元不等,绝大多数高校都规定该比赛可以为保研加分。

9.1.3　西北工业大学遭网络攻击事件

2022年9月5日,国家计算机病毒应急处理中心和360公司分别发布了关于西北工业大学遭受境外网络攻击的调查报告。调查中,国家计算机病毒应急处理中心和360公司联合组成技术团队,全程参与了此案的技术分析工作。技术团队先后从西北工业大学的多个信息系统和上网终端中提取到了多款木马样本,综合使用国内现有数据资源和分析手段,并得到了欧洲、南亚部分国家合作伙伴的通力支持,全面还原了相关攻击事件的总体概貌、技术特征、攻击武器、攻击路径和攻击源头,初步判明相关攻击活动源自美国国家安全局(NSA)"特定入侵行动办公室"(Office of Tailored Access Operation,TAO)[121]。

据媒体报道,本次调查还发现,在近年里,美国国家安全局下属的"特定入侵行动办公室"对中国国内的网络目标实施了上万次的恶意网络攻击,控制了数以万计的网络设备,包括网络服务器、上网终端、网络交换机、电话交换机、路由器、防火墙等,窃取了超过140GB的高价值数据,涉及对中国直接发起网络攻击的美国国内人员13名,以及NSA通过掩护公司为构建网络攻击环境而与美国电信运营商签订的合同60余份、电子文件170余份。

9.2　案例思政分析

9.2.1　越开放,越强大

因特网之所以能够快速普及,深入影响全世界千千万万的人们,源于其高度的开放的网络结构,即TCP/IP网络体系结构。在TCP/IP框架下,任何网络类型、技术选择和活动范围均可以通过"TCP/IP网络互联结构"相互连接,且不受操作系统的限制。由于其便利的特性,因特网几乎包围了全世界,人们在使用因特网的同时,也创建了大量的网络资源和业务。因特网由美国机构制定,美国拥有因特网建造的先发优势,已然成为网络世界的霸主。

中国的改革开放也是一个例子,改革开放四十多年来,中国经济总量跃居世界第二,综合国力和国际影响力实现历史性跨越。1978年,我国国内生产总值只有3679亿元,2017年已站上80万亿元的历史新台阶,达到827 122亿元,经济总量稳居世界第二。提倡合作共赢、打造"利益共同体",是新时期对外开放战略之魂,我国提出的打造"人类命运共同体"的倡议,得到国际社会积极响应,中国对全球经济增长贡献率达到30%左右[122],"一带一路"从根本上也是一个开放、包容的国际区域经济合作网络,在极大程度上提升了国际影响力。开放使中国越来越有活力;开放使中国越来越强大,开放将使我们更快抵达中华民族伟大复兴的中国梦这个根本目标。

对于个人也是一样,要做到"愿意理解和接受任何和自己已有的观念冲突的新想法",就拥有了开放的心态。所谓开放式的心态,就是承认自己的局限与无知,勇于接受他人的观念和看法。如图9-2所示,开放意味着不对人、物、事件做出预设,保持好奇心,勇于探索。开放是心态,更是一种能力,开放型心态,对于思考力、学习力、行动力和领导力会有很大帮助。

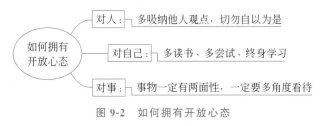

图 9-2　如何拥有开放心态

9.2.2 互联网时代的"跨界思维"助推爆发式成长

"互联网＋"下，行业与行业、项目与项目之间的交叉、融合也越来越频繁，跨界成为当下的一种新常态，跨界思维已成为"互联网＋"时代的一种流行的、不可或缺的商业思维模式。所谓跨界思维①，就是大世界大眼光，用多角度，多视野地看待问题和提出解决方案的一种思维方式，可理解为交叉、跨越。它不仅代表着一种时尚的生活态度，更代表着一种新锐的世界大眼光、思维特质。巴菲特的合伙人查理芒格，一直推崇跨界思维，盛赞其为"普世智慧"。他将跨界思维誉为"锤子"，而将创新研究比作"钉子"，认为"对于一个拿着锤子的人来说，所有的问题看起来像一个钉子"，形象地诠释了"大"与"小"的辩证。

2021年11月，俞敏洪宣布新东方在线将向农业转型——通过改变中国农业，实现对农村孩子的帮助。为了让平台活跃起来，俞敏洪也多次在平台上直播，2022年5月30日到6月1日，他进行了三场直播，销售了超过百万的新东方产品。6月2日晚，他在"东方甄选"直播间，和员工一起售卖农产品，当天的GMV（商品交易总额）也达到了接近二百万元。第三方平台灰豚数据显示，就在6月1日，"东方甄选"的排名还远在229名，而就在6月6日至12日这一周，东方甄选进入了抖音带货主播榜前十。2022年6月13日，港股新东方在线一度暴涨100%，带火A股教育板块。俞敏洪表示，自己做事情一直有一个习惯，叫作"急事慢做"，看准了方向，慢慢把事情做起来，做得又稳又牢靠。所谓流水不争先，争的是滔滔不绝。经过半年摸索，俞敏洪终于找到了一套适合新东方的直播打法[123]。新东方的转型把跨界思维体现得淋漓尽致，也把新东方精神融入实际行动之中。

> "新东方"名师语录
>
> 俞敏洪：艰难困苦是幸福的源泉，安逸享受是苦难的开始。
>
> 董宇辉：抱利他之心，行利他之事。
>
> 罗永浩：失败只有一种，那就是半途而废。
>
> 沙云龙：只要你选择了一条路，别人肯定会为你让路。
>
> 张晓楠：善于利用零散时间的人，才是最成功的人。往往差异就产生于这些零散的时间中。
>
> 段枫：学好外国语言，做好中国人。

跨界的主要目的是"借智"，跨界最难跨越的不是技能之界，而是观念之界。跨界思维帮助我们结合自身优势，从而开辟出一个全新领域，变成不能被轻易取代的人。跨界切忌盲从，要遵循以下原则。

（1）核心能力要稳。跨界是为了赋能，必须要有自己的核心竞争力，跨界只是为自己的能力插上翅膀。

---

① 转自百度百科"跨界思维"。

（2）关键问题要准。对自己的业务困境进行客观分析，用高效率整合低效率，用跨界去解决目前的痛点。

（3）定力毅力要足。跨界是一个高瞻远瞩、持续投入、稳步扩张、长线收益的过程。实施过程中，要坚守跨界之初心，克服必然存在的各种困难，切忌半途而废。

9.2.3 网络主权必须"操之在我而不受制于人"

西北工业大学遭网络攻击事件，充分暴露了目前因特网中的安全隐患。现有因特网技术是几十年前形成的，它自身有着许多先天的不足和缺陷，例如它中心放射性的结构，再如信息流通渠道的分配方式，这些缺陷带来的核心问题，就是它本身就是不安全的。只有打造中国自己的网络，才有可能真正掌握自己的网络主权。如果世界各国都以这样的形式研发自己的网络，再共同接入到一个国际网络中，这样的网络才可以称得上是真正的国际互联网，网络主权才能够得以真正实现[124]。

因为美国机构创建了因特网，所以美国拥有控制全球域名的最终解析权、IP 地址的分配权和因特网的许多知识产权。因特网的 13 个根服务器有 10 个在美国，通过这些根服务器，美国能够轻易进行全球性情报窃取、网络监控和攻击，西北工业大学被攻击就是一个典型例子。美国凭借其拥有的因特网资源优势，也可以控制相关国家的经济民生，其中，"美国对俄罗斯发起断网行动"就是一个典型的例子。假如有一天美国切断了因特网不让某国接入，就会出现全世界其他国家都无法访问某国的网络，某国也无法访问其他国家的网络和网络服务。如果出现这样的情况，某国的各类网络服务都会受到影响，其中受伤害最大的就是科研机构和教育机构以及外贸服务。

如果一个国家总是依赖着其他国家发展，那么后续它将会变得非常被动，只要我们愿意去突破创新，研发出属于自己的技术设备，就可以实现主动的发展，不会再受制于人。事实上，时至今日，依然有个别国家还没有拥有个人的互联网根服务器，以至于他们目前的发展依然承受着美方的掌控。互联网主权已经处于与国家主权同等重要的位置，只有将互联网主权牢牢抓在自己手中，才能避免受制于人，即使遭遇制裁也不会毫无还手之力。拥有自己的根服务器，和我国大力发展北斗导航系统及天宫空间站，都是一样的道理，自己拥有才能提供最好的保障。

9.3 案例教学设计

9.3.1 案例知识点

计算机网络知识点如图 9-3 所示。

9.3.2 教学设计

1. 教学用途

本案例适用于计算机基础知识的讲解，让学生理解计算机的概念、模型，因特网基础。

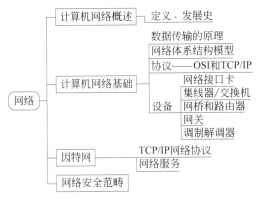

图 9-3　计算机网络知识点

2. 教学目标

知识层面：计算机网络的概述和应用。

能力层面：理解计算机网络体系结构模型，了解网络安全范畴；理解计算机网络体系结构的本质，掌握各层的硬件和协议的作用，拥有网络优化的基本概念。

价值层面：培养开放、共享思维；引导学生迎难而上，发奋创新，掌握核心技术。

3. 教学过程

本案例的教学过程分为课前、课中和课后三个阶段，具体内容见表 9-2。

表 9-2　"计算机网络"教学过程

学习阶段	教学方法	学习内容
课前	案例阅读	计算机网络案例材料阅读
课中	概念讲解	计算机网络的定义
	类比讲解	计算机网络的发展史，计算机网络体系结构模型、协议、网络设备
	实例讲解	因特网及网络服务
	头脑风暴	网络安全典型案例
课后	分组实践	组建一个局域网并进行通信
	分组报告	美国清洁网络计划始末

9.3.3　教学内容

1. 计算机网络概述

计算机网络是指将地理位置不同的具有独立功能的多台计算机及其外部设备，通过通信线路连接起来，在网络操作系统、网络管理软件及网络通信协议的管理和协调下，实现资源共享、信息传递、协同工作和在线处理的计算机系统。计算机网络的组成见图 9-4。

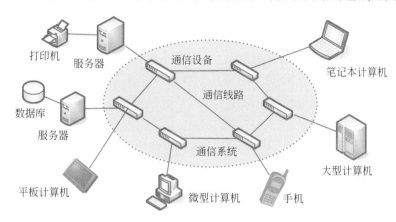

图 9-4　计算机网络的组成

计算机网络的发展主要经历三个阶段，见图 9-5，详细介绍如下。

（1）单主机阶段：最初的计算机网络，是由一台计算机和若干远程终端经过通信线路直接相连而组成的联机系统。当终端台数增多，通信线路加长时，线路所占的成本比重就相当高。

（2）多主机阶段：1969 年，美国建立了国防部高级研究计划局的网络（ARPANET）。这个网络将分布在不同地区的多台计算主机用通信线路连接起来，互相进行信息传递和数据交换，而各个计算机又自成系统，能独立完成自己的业务工作，从而标志着计算机网络的诞生。

（3）网络互联阶段：将多种网络互联起来，形成规模更大的网络，就是网络互联。1984 年，国际标准化组织公布了开放系统互连参考模型（OSI），模型中规定了网络的各个阶段需要遵循不同的网络协议，使得网络的建设标准化，通过网络互联设备将各种网络互联起来，就形成了全球范围的互联网。

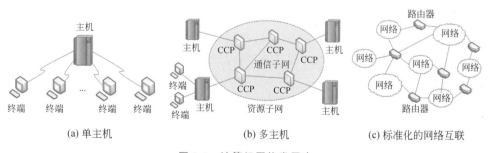

图 9-5　计算机网络发展史

2. 计算机网络模型、协议和设备

1) 网络原理

在计算机网络中数据包的传输过程类似于邮政系统中的信件邮寄。信件的传输过程见

图 9-6,信写好之后,寄信人必须写明收信人地址、姓名,寄信人的地址、姓名等信息并加贴邮票,然后将信封装并交由邮局寄发,再交付有关运输部门进行传输,如航空、铁路或公路运输部门等。在整个邮寄过程中,不同的单位、个人各自承担自身的角色,遵循不同的规定。计算机网络的原理与现实中信件的传输类似,需要不同的硬件、角色软件的支撑,通常按层或级的方式来组织,类似图 9-6,每一层都建立在它的下层之上,对于不同的网络,层的名字、数量、内容和功能都不尽相同,但是每一层的目的都是向它的上一层提供服务。

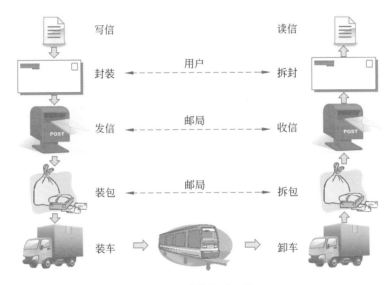

图 9-6　信件传输分层管理

2) 网络体系结构模型

计算机网络是一个涉及通信系统和计算机系统的复杂系统。为了能使分布在不同地理位置且功能相对独立的计算机之间组成网络实现资源共享,计算机网络系统需要涉及和解决许多复杂的问题,包括信号传输、差错控制、寻址、数据交换和提供用户接口等。计算机网络体系结构是为简化这些问题的研究、设计与实现而抽象出来的一种结构模型。目前的计算机网络采用分层结构管理,所以计算机网络体系结构一般是指计算机网络层次结构模型。

简单来说,计算机网络体系结构是各层要遵守的规则以及层次之间的端口的集合。目前广泛采用的是国际标准化组织(ISO)在 1979 年提出的开放系统互连(Open System Interconnection,OSI)的参考模型。目前,因特网中采用的是 TCP/IP 体系结构,相当于 OSI 模型的简化版本,其各层的对应关系见图 9-7。1980 年研制成功的 TCP/IP 已经成为计算机网络特别是因特网的基础,也是计算机网络的事实工业标准。

3) 网络协议

网络协议是为在计算机网络中进行数据交换而建立的规则、标准或者说是约定的集合。因为不同用户的数据终端可能采取的字符集是不同的,两者需要进行通信,必须要在一定的

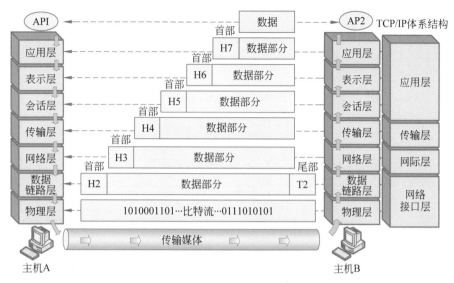

图 9-7　OSI 和 TCP/IP 网络体系结构

标准上进行。计算机网络中数据的传输原理与现实世界的邮件传递，有着相同的原理。写信时必须采用双方都能读懂的语言文字和文体。这样，对方收到信后，才可以看懂信中的内容，知道是谁写的、什么时候写的等。人们平常写信时，都有个约定，就是信件的格式和内容。同样，在信件传输时，邮局和运输部门也有约定，如到站地点、时间、包裹形式等。信件运送到目的地后进行相反的过程，最终将信件送到收信人手中，收信人依照约定的格式才能读懂信件。

网络协议由以下三个要素组成。

（1）语义。语义是解释控制信息每个部分的意义。它规定了需要发出何种控制信息，以及完成的动作与做出什么样的响应。

（2）语法。语法是用户数据与控制信息的结构与格式，以及数据出现的顺序。

（3）时序。时序是对事件发生顺序的详细说明（也可称为"同步"）。

人们形象地把这三个要素描述为：语义表示控制信息的含义，语法表示信息的呈现方式，时序规定了先后顺序。

由于网络节点之间联系的复杂性，在制定协议时，通常把复杂成分分解成一些简单成分，然后再将它们复合起来。最常用的复合技术就是层次方式，网络协议的层次结构如下。

（1）结构中的每一层都规定有明确的服务及接口标准。

（2）把用户的应用程序作为最高层。

（3）除了最高层外，中间的每一层都向上一层提供服务，同时又是下一层的用户。

（4）把物理通信线路作为最底层，它使用从最高层传送来的参数，是提供服务的基础。

4) 网络连接设备

网络设备及部件是连接到网络中的物理实体。网络设备的种类繁多,且与日俱增。基本的网络设备有:网络接口卡(NIC)、集线器、交换机、网桥、路由器、网关等,常见网络连接设备详见表 9-3。

(1) 物理层:代表设备有网卡、网线、光纤、ATM 线缆等。

(2) 数据链路层:代表设备有交换机和集线器等。

(3) 网络层:代表设备有路由器、三层交换机、防火墙。

表 9-3　常见网络连接设备

名称	作　用	图　片
网络接口卡	实现联网通信所需要的并行数据与串行数据的转换、数据打包和拆装、存取控制、产生网络信号等。 有唯一的标识码,称为 MAC (Media Access Control,介质访问控制)地址	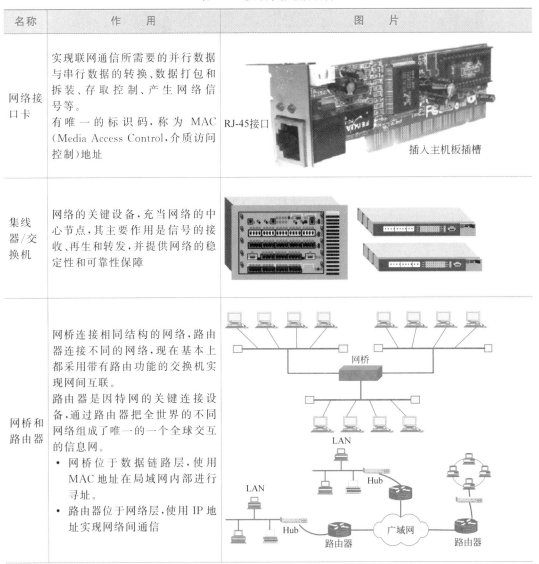
集线器/交换机	网络的关键设备,充当网络的中心节点,其主要作用是信号的接收、再生和转发,并提供网络的稳定性和可靠性保障	
网桥和路由器	网桥连接相同结构的网络,路由器连接不同的网络,现在基本上都采用带有路由功能的交换机实现网间互联。 路由器是因特网的关键连接设备,通过路由器把全世界的不同网络组成了唯一的一个全球交互的信息网。 • 网桥位于数据链路层,使用 MAC 地址在局域网内部进行寻址 • 路由器位于网络层,使用 IP 地址实现网络间通信	

续表

名称	作　　用	图　　片
网关	网关（Gateway）在网络层以上实现网络互联，通常用于两个高层协议不同的网络互联。它的作用就是对两个网络段中使用不同传输协议的数据进行互相的翻译转换。网关可以是硬件，如路由器、服务器等，也可以是软件	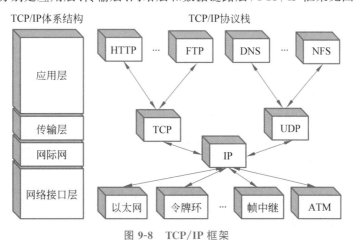
调制解调器	调制解调（Modem）技术将数字信号调制为可以在电话线上传播的模拟信号，在接收端解调出数字信号。调制解调器是一种慢速网络连接设备	

3. TCP/IP 网络协议

TCP/IP 是由 IETF（国际互联网工程任务组）建议、致力推进标准化的一种协议，其中，大学等研究机构和计算机行业是推动标准化的核心力量，现已成为业界标准协议，也推动了计算机网络的普及。因特网采用的协议是 TCP/IP，接入因特网后，要顺利访问网络资源，必须正确配置 TCP/IP 参数。TCP/IP 协议族是一组协议的集合，TCP 和 IP 是 TCP/IP 协议族中两个最重要的协议，所以用 TCP/IP 来命名这个互联网协议族。实际上，TCP/IP 协议族还包括其他协议，如 HTTP、UDP、ICMP、IGMP、ARP/RARP 等。严格来说，TCP/IP 是一个四层的体系结构，自上而下分别是应用层、传输层、网络层和数据链路层，TCP/IP 框架见图 9-8。

图 9-8　TCP/IP 框架

1) TCP

TCP(Transmission Control Protocol,传输控制协议)是为了在不可靠的互联网络上提供可靠的端到端字节流而专门设计的一个传输协议。TCP 是一种面向连接的、可靠的、基于字节流的传输层通信协议。TCP 建立的是一种点到点的、一对一的可靠连接,与 UDP 相比以牺牲效率为代价换取高可靠性的服务。TCP 连接的建立是通过三次握手过程完成的,三次握手的目的是检测网络是否通畅。

TCP 是以数据包为单位进行数据发送的,为了保证不发生丢包,就给每个包一个序号,同时序号也保证了传送到接收端实体的包的按序接收。接收端实体对已成功收到的包发回一个相应的确认(ACK);如果发送端实体在合理的往返时延(RTT)内未收到确认,那么对应的数据包就被假设为已丢失将会被进行重传,每发送一个包就需要一次对应的确认应答处理。包序号可以防止接收重复的数据,接收端查询接收数据 TCP 首部的序列号和数据的长度,来确认自己下一步应该接收的序号作为确认应答返送回去。TCP 用一个校验和函数来检验数据是否有错误;在发送和接收时都要计算校验和。如果数据传输出现错误,也需要重传。

2) IP 协议

在因特网中,为了识别网络中的计算机,使网络通信顺利进行,必须使每台计算机有一个独一无二的识别标记,在数据链路层,采用 MAC 地址,而在网络层,采用 IP 地址,IP 地址需要遵循 IP 协议。数据的收发根据 IP 地址进行传输,其原理和邮政系统发送邮件一样,每封邮件都有易于阅读且唯一的地址,地址的书写格式有一定的限制,如果违反此规定,将无法通过邮政系统发送。IP 协议是一套由软件程序组成的协议软件,它把数据的基本单元统一转换成"IP 数据报"格式,使各种计算机都能在因特网上实现互通,即具有"开放性"的特点。正是因为有了 IP,因特网才得以迅速发展成为世界上最大的、开放的计算机通信网络。目前 IP 协议具备 IPv4 和 IPv6 两个版本。IPv4 使用 32 位(4B)地址,是目前主要在使用的 IP 方案,大约可以存储 43 亿个地址,比如 202.116.6.211 是一个 IPv4 的地址,IPv4 地址已于 2019 年 11 月全数耗尽。IPv6 的地址长度为 128 位,可支持 340 多万亿个地址。如图 9-9 所示,fe80::5938:d5fc:51d9:5d2b 是一个 IPv6 地址,IPv6 地址通常分为 8 组,4 个十六进制数为一组,每组之间用冒号分隔。

3) DNS

如果要使用计算机连接到网站,则需要 IP 地址,如 119.75.217.109。虽然这样可以让我们访问到具体的网站,但是一长串数字很难让人记住,而记住 baidu.com 显然要容易得多。因此,互联网上有一项特殊服务,可以将域名映射到地址,就像电话簿一样,可以通过人名去取得他的号码。这个系统称为域名系统(Domain Name System,DNS)。Internet 上几乎在每一子域都设有域名服务器,服务器中包含该子域的全体域名和地址信息。例如,在浏览器地址栏中输入"baidu.com",将转到接入的 ISP 提供的 DNS 服务器,并查询具体地址,如果存在,则返回具体的 IP 地址。在超过 3 亿个注册域名数据下,为了让 DNS 更易于查找和管理,其以树状数据结构存储。

图 9-9　IP 地址示例

4. 因特网

因特网是网络与网络之间所串联成的庞大网络，以一组标准的网络 TCP/IP 协议族相连，是目前全球最大的计算机互联网。因特网是由许多小的网络互联而成的一个逻辑网，每个子网中连接着若干台计算机。因特网以相互交流信息资源为目的，基于一些共同的协议，并通过许多路由器和公共互联网组成，它是一个信息资源和资源共享的集合。因特网于1969 年诞生于美国。它的前身"阿帕网"（ARPANET）是一个军用研究系统，后来才逐渐发展成为连接大学及高等院校计算机的学术系统，现在则已发展成为一个覆盖五大洲 150 多个国家的开放型全球计算机网络系统，拥有许多服务商。因特网并不是唯一的互联网络，比如我国军事系统的网络也是互联网络，但是并不能直接从因特网对其进行访问。

因特网给人们带来了太多的便捷，网络购物、支付、交流等都不是问题，而且无时无刻不可以进行，网络已经渗透到各家各户、各行各业。

（1）通信服务：可以利用电子邮件、网络电话、视频会议、电子公告牌和聊天功能交流信息，相互通信。

（2）发布与获取信息：通过因特网新闻系统、搜索引擎和各种检索信息库可以随时获取各个方面的信息。

（3）企业管理：企业通过建立信息网络并与因特网互联，可以实现企业内部、本地与分支机构、企业与客户的全面信息化管理。

（4）云服务：计算资源、数据存储和通信设施。计算资源：给云用户提供虚拟机。数据存储：允许用户在远程硬盘上存储和访问数据，它有效地扩大了云用户群。数据存储系统一般要满足维护用户数据的诸多要求，包括可用性、安全性、备份与数据一致等。通信设施：云服务对于网络的质量有着较高的要求，使得网络通信成为云系统中一个至关重要的基础设施组件。

5. 网络安全范畴

网络安全，通常指计算机网络的安全，实际上也可以指计算机通信网络的安全。传统的网络安全主要包括：系统安全、信息内容安全、信息传播安全、网络上系统信息的安全等。

网络攻击日渐猖獗，云安全成为未来的"新主宰"[125]。在数字化转型浪潮的席卷下，越来越多的企业开始应用云计算技术。资源集中使云平台更容易成为黑客攻击的目标，云安全问题也更加突出。在云计算发展面临的挑战中，安全和隐私排在了首位。云原生技术逐渐成为云计算市场新趋势，所带来的安全问题更为复杂。随着云原生越来越多地落地应用，其相关的安全风险与威胁也不断显现。对 IaaS 服务来说，用户需要保障操作系统、应用程序和数据的安全；对 PaaS 服务来说，用户只需要负责应用程序和数据安全；对 SaaS 服务来说，用户要负责的就是数据安全。

网络安全理念正在向各行各业不断延伸，整体安全观的建立将对整个安全行业产生最为深远的影响。放眼未来，网络安全问题绝不仅局限于安全本身的范畴，更需要结合不同领域、不同专业的理念与技术，以形成融合并进的安全合力。网络安全已经从一个纯粹的 IT 技术领域延展为全知识领域的范畴。未来网络安全防御体系将更加需要对未知威胁具备检测、预警、快速响应和处置等主动防护的能力。

9.3.4 课后作业

（1）网络体系结构标准化的意义是什么？

（2）网络协议的作用是什么？简述因特网的网络协议族。

（3）IPv4 和 IPv6 各自有什么特点？

（4）如果被关闭了 IPv4 的根服务器，对我们网民访问因特网会有什么影响？

9.4 延伸阅读

9.4.1 如果美国关闭根服务器，会有什么后果

根域名服务器是因特网所必需的基础设施。如果需要使用 DNS 解析域名，必须经过全球"层级式"域名解析体系的工作才能完成，域名解析体系第一层就是根服务器，负责管理世界各国的域名信息，在根服务器下面是顶级域名服务器。全世界只有 13 台根服务器，均由

ICANN 统一管理。

DNS 服务器解析的过程也是逐级向上访问的,它首先从浏览器自身的缓存中查找 IP 地址,如果没有的话就会访问计算机内置的缓存数据,如果都查询不到就会一层层地往上寻找服务器来解析网址,直至访问到根服务器,通过根服务器来完成解析并返回 IP 地址,计算机就可以成功登录了。使用互联网并不一定会用到根服务器,但根服务器却是必不可少的,否则你想访问一些新网站很可能就无法登录了。作为全球互联网的中枢系统,根服务器的重要性不言而喻,因为互联网最早诞生在美国,根服务器也主要分布在美国,13 个根服务器中,其中 1 个为放置在美国的"主根域名服务器";其余 12 个是"辅根域名服务器",分别放置在美国(9 台)和英国、日本、瑞典(各 1 台)[126]。

2003 年,美英等国对伊拉克发动战争,在地面战争进行过程中,美国在根服务器中停止对伊拉克国家顶级域名"IQ"的解析,致使用户无法再访问以"IQ"为后缀的网站,间接导致伊拉克在互联网世界中被"灭国"。2004 年,类似的遭遇也发生在利比亚身上,其顶级域名"LY"突然瘫痪,利比亚在互联网世界中消失 4 天[126]。

如果美国把我国的顶级域名 CN 给屏蔽掉,那我们岂不是也就"消失"了? 这一点倒不必过分担心,毕竟现在的中国已经不是弱小的国家,就算是 CN 域名遭停用,我国也有应对办法。

(1) 镜像服务器:中国从 2003 年开始建设根服务器的镜像服务器,相当于美国根服务器的克隆体,实时同步主根服务器的数据,在关键时刻完全可以替代主根服务器进行 IP 地址解析,目前我国已建设了 28 个镜像服务器,一旦主根服务器把我国的 CN 域名屏蔽掉,这些镜像服务器将发挥替补作用。

(2) 雪人计划:由于我国对根域名几乎没有掌控权,如果根域名出现问题,将影响我国所有域名解析和网站访问,因此,需建立一套完整的监控及灾备系统,构建完善网络安全保障系统保护网络安全[127]。我国从 2015 年开始联合多个国家的机构共同发起"雪人计划"[128],这是 IPv6 的根服务器,打破了之前 IPv4 时代只能设立 13 个根服务器的限制。截至 2017 年 11 月 28 日,该计划已在全球部署 25 个 IPv6 根服务器,中国部署了其中的 4 台(1 台主根服务器和 3 台辅根服务器)。

9.4.2 计算机为什么同时拥有 IPv4 和 IPv6 两类 IP 地址

IPv6 用于替代现行版本 IPv4 的下一代 IP 协议,其地址空间增大了 2^{98} 倍,几乎可以说是用之不竭的。所以随着 IPv4 的枯竭,支持 IPv6 的网络势必会增长。目前的操作系统基本都支持 IPv6 和 IPv4 协议,正处在 IPv4 到 IPv6 的过渡阶段,当设备同时获取到 IPv4 和 IPv6 地址及 DNS 地址后,优先通过 IPv6 的 DNS 进行地址解析,获取对应域名的 IPv6 及 IPv4 地址,如果这个网站域名有 IPv6 的地址,则通过本机的 IPv6 地址去访问这个 IPv6 地址,如果获取到的只有 IPv4 的地址,则用本机的 IPv4 地址去访问该 IPv4 地址。如果开启了 IPv6,会优先使用 IPv6 的 DNS,可以指定 IPv4 的 DNS,IPv6 的 DNS 留空。

图 9-9 中的 IPv6 地址是 fe80::5938：d5fc：51d9：5d2b%14,%后面的 14 指的是无线网卡,IPv4 的地址是 192.168.1.106,这是一个内网 IP 地址,也是一个临时租用的 IP 地址,显示大约两小时之后可能会释放给其他用户使用,其主要原因是 IPv4 不够用。

9.4.3　5G 初试锋芒,6G 已在路上

2022 年 6 月 21 日,中国移动发布了《中国移动 6G 网络架构技术白皮书》,提出"三体四层五面"6G 总体架构设计,从空间视图、分层视图与功能视图三个视角呈现跨域、跨层、多维立体的 6G 网络架构全视图。据央视第一财经报道,中国移动副总经理高同庆说过,6G 技术将构建出一个空天地一体、智慧内生、安全内生、绿色低碳的网络,具有亚毫秒级的空口传输时延的极致性能,以及连接、计算、AI(人工智能)等综合能力的一体化服务。专家介绍,借助卫星互联网通信等技术,6G 有望弥补当前 5G 在偏远地区、海洋等区域网络信号覆盖不足的问题。目前,5G 在我国已正式商用 3 年时间,5G 移动电话用户数量超过 4 亿户。按照移动通信技术每 10 年左右更新一代的规律来看,6G 有望在 2030 年左右迎来商用。

光明日报[129]梳理了 5G 和 6G 的特点,在 5G 向 6G 演进之路上,无线网络和 AI 的融合是关键研究方向之一。中国联通科技创新部总经理马红兵表示,无线网络智能化目前向 6G 内生 AI 方向演进,随着数字接触、多技能 AI、推荐算法等重大技术突破,产业将开启无线网络全域智能时代。徐晧也表示,目前 5G 和 AI 之间的交互与融合已成为技术发展的大势所趋,5G 具有高速率、高可靠性和低时延的特点,正在推动万物互联走进行业与生活,而这一趋势带来的海量数据、终端侧算力增强等,助力 AI 实现了突飞猛进的发展。

9.5　思政总结

本案例的思政总结见表 9-4。

表 9-4　"网络基础"思政总结

学习阶段	学习内容	思政元素	思政融入
案例材料	美国"清洁网络"计划	不畏艰难、遇强则强	美国"清洁网络"计划的目的是利用国家力量采取单边行动对中国企业进行围堵,以维护美国的网络霸权地位。但是中华民族向来不畏艰险、不惧强敌,持续科技强国之路,并愿意为构建和平、安全、开放、合作、有序的网络和数字空间贡献自己的一份力
	网络主权的意义	国家主权、不容侵犯	国家强大、人有尊严;国家弱小、人民遭难。在网络年代,国家公信力变成了外国势力、宗教、意识形态以及资本势力均可以参与的游戏,民众成为各种势力争取的对象,网络主权已成为各国网络空间乃至国家安全与发展的重要保障,人人都有义务和责任维护自己国家的网络主权

续表

学习阶段	学习内容	思政元素	思政融入
教学内容	计算机网络原理	举一反三、触类旁通	复杂的计算机网络与现实世界中快递网络的基本原理是相似的，计算机网络中遇到的问题可以采用现实网络中的解决办法。生活中，遇事能够举一反三，触类旁通，让思维具有变通性，就能提出与众不同的新观念
	网络体系结构	开放共享、互惠共赢	TCP/IP 网络体系结构是开放系统互连参考模型的优化版本，开放共享的特性才使得 TCP/IP 结构在全世界范围流行、通用，TCP/IP 的设计者美国，也因此建立了网络霸权，人们都因网络的快速发展而受益
	网络协议	正己守道、行稳致远	网络中数据的快速传输，都需遵循既定的网络协议，未遵守协议的数据是无法被传输的。一个人要想走得远，也必须尊重并践行自己认可的、极富价值的人生准则
延伸阅读	根服务器的影响	未雨绸缪、有备无患	为了防止被关闭根服务器，我国建立了根服务器的镜像服务器，并且部署了 IPv6 的 1 台主根服务器和 3 台辅根服务器。无论做什么事情都建议提前准备好，有备无患才能从容自得
	从 IPv4 到 IPv6	推陈出新、循序渐进	任何事物都有"有效期限"，IPv4 完成历史使命必将退出历史舞台，但"循序渐进"是自然规律。不积小流，无以成江海。人的成长过程中，没有过程历练也不可能一步登天，这就是循序渐进的力量

第10章

案例七：带你读懂共享单车

案例导图如图 10-1 所示。

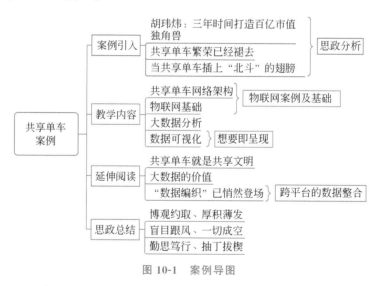

图 10-1　案例导图

10.1　案例引入

10.1.1　胡玮炜：三年时间打造百亿市值独角兽

摩拜单车创始人胡玮炜 2004 年毕业于浙江大学城市学院的新闻传播专业,之后成为一名专业的汽车记者,胡玮炜专注汽车行业十年,月薪也从 3000 元涨到了 10 000 元。2014 年 7 月,胡玮炜从《商业价值》辞职,带着自己工作十年积累下的积蓄 13 万元钱,成立"极客汽车新媒体"。2015 年 1 月,胡玮炜关闭了经营半年的汽车资讯公司极客汽车,带着天使轮投资 146 万元,在北京海淀区注册成立了"北京摩拜科技有限公司",后续又经历了十余轮的融资,融资情况如表 10-1 所示。2018 年的 4 月 4 日,胡玮炜以 27 亿美元(折合人民币约 185 亿元)的价格把摩拜卖给了美团,同时美团还接手了摩拜留下的 5 亿～10 亿美元的债务,一夜之间这个仅用三年时间就成长起来的独角兽易主了,胡玮炜成了创业成功的典范。

表 10-1　摩拜融资历史

序号	时　　间	轮　　次	融资金额
1	2018/4/4	并购	27 亿美元
2	2018/1/24	F 轮	超 10 亿美元(估值 50 亿美元)
3	2017/11/15	战略融资	未披露
4	2017/2/20	E 轮	6 亿美元
5	2017/2/20	D＋轮	未披露
6	2017/1/23	战略融资	未披露
7	2017/1/4	D 轮	2.15 亿美元
8	2016/10/13	C 轮	超 1 亿美元
9	2016/9/2	B＋轮	千万美元
10	2016/8/19	B 轮	千万美元
11	2015/10/30	A 轮	300 万美元
12	2015/3/1	天使轮	146 万元人民币

胡玮炜在最辉煌的时候选择功成身退,从一个简单的新闻工作者变成了创业成功人士。胡玮炜认为自己能够成功,无疑是抓住了时机,运用了自己当记者这些年所积攒的人脉,才能有如此大的成功。人们评价说,"摩拜最厉害的地方就是把不可能的事情变成可能"[130]。

10.1.2　共享单车繁荣已经褪去

共享单车企业从 2014 年 ofo 最先成立到 2016 年上半年蓬勃发展,摩拜、小鸣单车相继开始大量融资，再到 2016 年下半年的爆发期，不论企业大小，都加入到共享单车的行业中，企图分一杯羹。但是正所谓物极必反，2018 年年初随着小鸣单车的倒闭，众多共享单车企业纷纷倒闭，灾难就此来临。

目睹了 ofo、摩拜等企业成功的初试水，2016 年开始，诸多共享单车企业纷纷入场。据不完全统计，2016 年有二十多家共享单车企业共存，图 10-2 是"南方 plus"梳理的共享单车品牌。同时，各公司纷纷融资，一年间，共享单车行业融资额超过了 30 亿元，除了 ofo、摩拜以外，小鸣单车、小蓝单车等中小规模企业迅速崛起[131]。

图 10-2 繁荣时期的共享单车（图片来自"南方 plus"）

2016 年融资额排名第三的小鸣单车，在 2018 年 3 月宣告破产，成为首个破产的共享单车品牌。图 10-3 是腾讯科技整理的首家共享单车破产时间和截至 2017 年 11 月停运的共享单车品牌。

继小鸣单车之后，酷奇单车、悟空单车等企业也因类似的原因相继停运、倒闭。2018 年 2 月时，交通运输部副部长刘小明透露，全国 77 家共享单车企业中有 20 余家倒闭或者停止运营。据不完全统计，截至 2019 年 2 月，倒闭、停运或是转让的共享单车平台已有 60 余家，

图 10-3　停运的共享单车[131]

再加上尚未披露的平台,甚至可能达到上百家之多。"前瞻产业研究院"总结的共享单车发展的四个阶段,见图 10-4。2015—2017 年,三年时间 ofo[132]估值从 0 猛增到 280 亿元,2018年 12 月,ofo 深陷退押金泥潭,在一片狼藉里,ofo 黯然离场。明明是在共享经济领域最早拿到巨额融资的龙头,却在短短四年时间里败光百亿元。ofo 的商业大厦就这样在资本的加持下迅速建立,之后又轰然倒塌。2018 年,滴滴兼并小蓝单车,摩拜单车被美团以 37 亿美元收购。曾经第一批入场的共享单车企业陆续破产或被收购。

图 10-4　中国共享单车发展历程①

结合业务层面的不利、共享单车被堆积等来看,有一个严峻问题在考验着这些企业——共享单车造成的严重浪费问题,应该由谁负责?那些曾经遍地都是且上演"单车围城"的共享单车,很多已经堆积起来并成为"废品",实在是让人唏嘘不已。当初有多少共享单车企业

---

① 数据来自"前瞻产业研究院"。

上马,就会造成多大的问题。数据显示,仅 2017 年共享单车投放总量就有将近 2000 万辆,报废之后会产生近 30 万吨废金属,相当于 5 艘航空母舰结构钢的重量。鉴于共享单车企业为了维护自己的利益,这些单车往往采用不通用的配件,除了变成废铁外几乎一无是处。造成严重浪费的原因,就是盲目跟风。

10.1.3　当共享单车插上"北斗"的翅膀

2020 年 6 月 23 日,哈啰出行宣布旗下共享单车全面接入北斗定位,图 10-5 是哈啰的宣传海报。2022 年 5 月 18 日新闻联播中,中国卫星导航定位协会已发布《2022 中国卫星导航与位置服务产业发展白皮书》,产业生态范围进一步扩大,结构持续优化。其中,北斗高精度芯片在共享单车领域的应用突破 500 万辆,成为北斗在大众消费领域规模化应用的里程碑。

北斗高精度定位全天不间断解决共享单车行业痛点。通过北斗高精度定位可帮助用户更便捷地找车,用户骑行行为、停放管理干预也将更加精准,超区、禁停区停车的误判率将会降低。企业通过车辆定位信息引导用户规范停放,用技术手段优化车辆在市政道路上的停放秩序。共享单车是用互联网思维解决出行难题的成果,但一哄而上,乱停乱放现象也随之而来。哈啰单车通过北斗厘米级定位,成功解决了乱停车、难找车等问题。哈啰出行的车辆接入北斗定位以来,每个月因车辆定位漂移引发的客户投诉,相比总骑行订单量,保持在万分之一的低水平,与以前相比显著下降。

图 10-5　"哈啰"接入"北斗"的新闻宣传海报[133]

10.2　案例思政分析

10.2.1　博观而约取，厚积而薄发

"博观而约取，厚积而薄发"出自苏轼《稼说送张琥》一文，苏轼希望张琥"博观而约取，厚积而薄发"：博观就是一个通过学习广泛积累的过程，约取则是在博观中取其精华弃其糟粕的过程。胡玮炜把苏轼的这句话阐释得淋漓尽致。从 2014 年到 2017 年，短短 3 年时间，胡玮炜的身价从 13 万飙升到 15 亿，有人说，是她运气太好了，尤其是后来随着 ofo 单车的破产，人们更是觉得她运气好，能够及时地把摩拜单车"脱手"。不可否认，胡玮炜"一夜暴富"，确实有很大的运气成分。但正如闽南歌曲《爱拼才会赢》中唱的"三分天注定，七分靠打拼"，除了运气，更重要的是她自身善于利用资源以及懂得审时度势。纵观胡玮炜的发家史，虽然也就短短 3 年，但她之所以能够选择这一赛道，并最终取得成功，离不开其在汽车科技领域十年的深耕。胡玮炜未来的发展，我们不得而知，但是她在共享单车领域的经验，值得我们学习和思考。

春笋从破土而出到长成 6m 高的竹子只要短短两个月，而它之所以能够长得如此之快，得益于竹鞭长时间默默地在土里生长，积蓄着能量。同样的道理，对于我们而言，与其为了涨薪而频繁跳槽，不如静下心来，在某一领域沉淀，积累社会资源，厚积薄发，再找准时机做一番事业。

10.2.2　科学技术是第一生产力

共享单车能够取得快速发展的背后是电子信息技术的升级，为人们的出行提供了较为人性化的体验，成为科技改变生活的典型案例，这对于经济社会的转型发展、绿色发展具有重要参考意义[134]。信息技术视角下的共享单车技术创新，推动了定位技术、信息管理以及信息安全等方面的优化，不但有利于企业对共享单车的管理，也在一定程度上规范了人们的行为。随着信息技术的不断创新和深入应用，人们对于共享单车的使用需求也会更加旺盛，相信在未来，共享单车行业的发展必然会结束当前的烧钱模式，开启新的盈利模式。

中山大学中国公共管理研究中心/政治与公共事务管理学院教授叶林等人认为，共享单车的兴起基于移动支付、GPS 卫星定位等互联网技术，同时推动了城市治理方式的转变，在某种意义上反映出，传统的政府主导提供公共服务的方式已经不适应时代的发展。共享单车完全是由市场提供的公共服务，是公共服务回应公民需求的体现。以共享单车为例的需求驱动型的公共服务提供，在互联网和大数据技术的冲击下，给政府提出了全新的议题。公共服务供给主体的多元化和协同治理绝不意味着政府权限和责任的减少，而是对政府的"多

元治理"理念和"全景式"治理能力提出了更高的要求[135]。

共享单车通过带动更多人骑行，缓解着城市交通拥堵，改善着空气质量，拉近了人和人之间的距离，并推动着城市向更健康、更人性化以及可持续发展的方向改变，改进了人们的生活方式，改变了城市的格局和结构。共享单车很好地把移动支付技术、工业生产和迭代的技术整合在一起，生产出智能共享单车，满足人们的出行需求。通过技术的力量去放大和折射人与人之间的信任，去放大正能量。

10.2.3　盲目跟风者必将随风而散

硬件成本烧钱、运营成本过高、价格战下微薄的收入等原因渐渐让单车企业捉襟见肘；对于"互联网单车企业""共享经济"等概念过了新鲜劲的用户，也渐渐失去了骑行的动力；执着于造车占领市场、忽视打造硬件的企业没能给用户提供更舒适的乘车体验，在这种恶性循环下，共享单车逐渐成为用户和投资方眼中的"鸡肋"。2016 年融资额排名第三的小鸣单车，在 2018 年 3 月宣告破产，成为首个破产的共享单车品牌，破产速度之快，令人瞠目。共享单车创业者的遭遇是相似的[136]，由于跟风造成人财两空的局面。共享单车的初衷是美好的，开创了一个既节省资源又方便使用者的模式，但由于过度的炒作造成了巨大的泡沫。

在校园里、职场上、生活中都不乏跟风者的身影，有的跟风者为了使自己不被社会所淘汰，就开始盲目跟风来武装自己，而有的跟风者则盲目认为自己一定会冲向风口、成就一番事业，无论是哪一种跟风者都容易有一种"我很成功"的错觉，慢慢失去了独立思考的能力，最后成为思想上慵懒的失败者。

10.2.4　坚持问题导向，思路决定出路

共享单车在解决最后一千米出行痛点的同时，也带来了无序停放的城市治理难题。共享单车，扫码即走，骑完即还，在方便市民出行的同时也存在诸多不文明行为，单车频频堵塞人行道、挤占机动车道、霸占小区公共空间，引发了影响市容市貌、阻碍正常通行等一系列问题。为了解决此类问题，哈啰单车、美团单车等纷纷用上了北斗导航。北斗高精度定位可帮助用户更准确、便捷地找车用车，解决"找不到车""还不了车"等常见问题，并降低超区、禁停区停车的误判率，大幅提升用户体验，同时可更精准干预用户骑行行为和停放管理。

共享单车的信息安全问题也备受关注，用户信息主要涉及三方面：用户的手机号、地理位置信息（家庭、公司地址）和个人账户信息，部分需要实名认证的共享单车还涉及身份证信息。用户的历史骑车路径、GPS 定位、实名认证等信息遭泄露，相当于用户的真实姓名、手机号、住址、工作单位都被黑客所掌控。这些信息可能会被拿到黑市上贩卖，不法分子就会根据用户地理位置展开精准的卖房、卖车推销，给用户发送垃圾短信、垃圾邮件，严重的还会发生诈骗及账户被盗。2021 年 8 月 22 日，民法典人格权编草案提请第十三届全国人大常委会第十二次会议第三次审议，明确电子邮箱、行踪信息也属个人信息，应受到保护，共享单

车必将使用新的信息安全技术来解决用户的信息安全问题。

新技术的应用带来便利的同时也带来一定的社会问题，广大科技工作者和管理平台也定会通过更加先进的技术等解决这些问题，凭着"路漫漫其修远兮，吾将上下而求索"的信念，一步步实现"人民对美好生活的向往"。生活中、工作上，各种困难始终伴随，我们需要拥有问题意识、成长性思维和发展眼光，捋清思路：坚持努力，必将遇见幸运。

10.3　案例教学设计

10.3.1　案例知识点

案例知识点如图 10-6 所示。

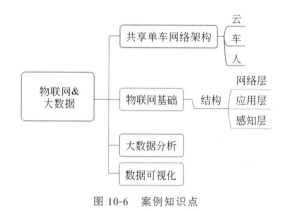

图 10-6　案例知识点

10.3.2　教学设计

1. 教学用途

本案例适用于物联网和大数据基础知识的讲解，让学生理解物联网的形态、大数据的作用。

2. 教学目标

知识层面：物联网的结构，大数据分析及可视化基础。

能力层面：理解物联网的基本原理和应用场景；洞悉物联网的前瞻性应用。

价值层面：创新意识、问题意识的培养，博观约取、厚积薄发性格的塑造。

3. 教学过程

本案例的教学过程分为课前、课中和课后三个阶段，具体内容见表 10-2。

表 10-2　"共享单车技术分析"教学过程

学习阶段	教学方法	学习内容
课前	案例阅读	共享单车案例材料阅读
课中	案例讨论	共享单车背后的技术
	概念讲解	共享单车网络架构、物联网基础
课中	案例剖析	数字货币的分类
	案例展示	大数据与可视化
课后	分组报告、头脑风暴	共享单车可视化能展示什么内容
	专题调研	你能为共享文明做点什么

10.3.3　教学内容

1. 共享单车网络架构

共享单车的系统结构正是典型的物联网系统架构，其网络数据传输流程见图 10-7。共享单车智能锁集成了与云端保持通信能力（GPRS 数据传输功能）的带有独立号码的 SIM 卡，能够及时将车辆所在位置（GPS 定位信息）和车辆电子锁状态（锁定状态或使用状态）报送云端。用户通过手机 App 查找到附近单车然后扫描车身二维码，获取单车编号上传云端，同时发出解锁请求，手机和单车（智能锁）共同构成感知层；云端对应物联网的应用层，是整个共享单车系统的控制和计算平台，与所有单车进行数据通信，收集信息与下达命令，为管理人员与手机 App 提供服务，响应用户与管理员的操作，向单车终端发送解锁命令；而在三者之间建立的通信链路和信息传输网络对应物联网的网络层[137]。

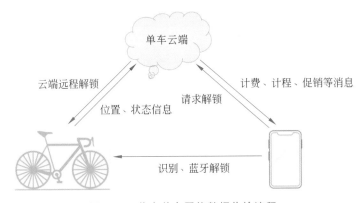

图 10-7　共享单车网络数据传输流程

2. 物联网基础

物联网（Internet of Things，IoT）是在计算机互联网的基础上，利用 RFID 技术、传感网络、GPS卫星地位技术、M2M物物数据通信技术等现代信息技术手段,构造一个覆盖世界上万事万物的网络。在这个网络中,物品(商品)能够彼此进行"交流",而无须人的干预。其实质是利用射频自动识别(RFID)技术,通过计算机互联网实现物品(商品)的自动识别和信息的互联与共享。

物联网是新一代信息技术的重要组成部分,并正走进人们的生活。物联网也就是物物相连的互联网,包含两层含义:其一,物联网的核心和基础仍然是互联网,是在互联网基础上延伸和扩展的网络;其二,其用户端延伸和扩展到了任何物品与物品之间,进行信息交换和通信。物联网将各种信息传感设备,如射频识别(RFID)、红外感应器、全球定位系统、激光扫描器等装置与互联网络结合起来而形成一个巨大网络。物体通过智能感应装置,再经过传输网络到达指定的信息承载体,实现全面感知、可靠传送和智能处理,最终实现物与物、人与物之间的自动化信息交互与智能处理。物联网被称为继计算机、互联网之后世界信息产业发展的第三次革命,对21世纪世界经济的振兴和社会生产、生活的各个方面具有决定性的意义和作用。

物联网从技术架构上来看,可分为三层:感知层、网络层和应用层,见图10-8。感知层由传感器以及传感器网关构成,包括各种传感器、二维码标签、RFID标签和读写器、摄像头、GPS等感知终端。感知层的作用相当于人的眼耳鼻喉和皮肤等神经末梢,它是物联网获得识别物体、采集信息的来源,其主要功能是识别物体、采集信息。网络层由各种私有网络、互联网、有线和无线通信网、网络管理系统和云计算平台等组成,相当于人的神经中枢和大脑,负责传递和处理感知层获取的信息。应用层是物联网和用户(包括人、组织和其他系统)的接口,它与行业需求结合,实现物联网的智能应用。物联网的行业特性主要体现在应用领域,目前绿色农业、工业监控、公共安全、城市管理、远程医疗、智能家居、智能交通和环境监测等各个行业均有物联网应用的尝试。

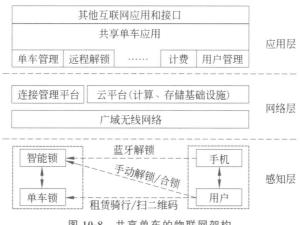

图 10-8　共享单车的物联网架构

物联网技术已渗透到人们生活的各个领域,特别是在公共事业基础设施、机械制造、零售连锁行业、质量监管行业进行数据采集；以及现代工业、农业、制造业等生产领域中机械电气一体的自动化控制技术，不仅把人从繁重的体力劳动、部分脑力劳动以及恶劣危险的工作环境中解放出来，甚至能扩展人的器官功能，极大地提高劳动生产率，增强人类认识世界和改造世界的能力。全球卫星定位系统（GPS）更是利用导航卫星进行测时和测距，从而实现物体的精确定位，GPS 用于对物联网中的物体提供位置信息，是物联网中的关键技术。

总之，物联网的目的就是实现物体与物体间的信息交换与通信，最终改善人类的生活方式，提高人们的生活质量。物联网应用在生活上还体现在智能家居、客运物流、旅游、保险、资源再生与循环利用等方面。目前已经普及的有交通卡、智能家居、工业和楼宇自动化等。

3. 大数据分析

利用大数据技术进行分析，可以选择更多样化的租车计费方式，对长期使用同一辆共享单车的用户进行租费减免，对在停车点以外停车的用户不停止计费，能进一步规范用户的用车习惯。同时，利用用户在使用共享单车过程中所形成的数据，如用车时间、用车起点终点、行驶轨迹等，结合车辆自身的 GPS 功能进行分析，可以得出某一区域用户集中需要用车的数量、位置与周期等，以便确定某一区域共享单车的需求量，从而对共享单车进行科学合理的投放。

有了大数据技术的介入，对共享单车的投放和停放进行有序的调配，按照城市公共交通网络数据进行分析得出人员流动规律，从而进行单车的调配、投放、停放等地点的选取，进一步提高了单车的使用率，实现了资源利用的最大化。站在共享单车企业的角度来看，不但节约了管理成本，而且提升了用户的体验感，通过大数据进行分析，用最低的成本实现更高的管理回报。

大数据系统还可以为公众提供更精细化的出行服务，将在共享单车资源分配方面发挥巨大的作用。根据相关机构调查，我国城市小汽车出行、慢行（步行、非机动车）的比例大概分别为 20% 和 60%，可见慢行仍然是居民最重要的出行方式。共享单车的兴起为公众的出行提供了便利。目前，摩拜、哈啰等单车平台已经实现了共享单车 GPS 定位，并通过内置芯片记录、存储、传输出行数据。运用大数据技术分析各区域单车出行需求，以便共享单车平台合理分配各区域单车数量，从而提高了共享单车的利用效率，并且避免了交通资源的浪费。

早在 2017 年，郑州公共交通总公司与郑州天迈科技股份有限公司就通过大数据技术研发出“单车之家”管理平台，该平台可对共享单车进行停放的管理，平台使用了多通道技术、定位技术、可伸缩信号覆盖技术等，并引入大数据定位管理系统，通过“单车之家”App 对周围可停车的地点进行选取，实现对不属于一个品牌的共享单车进行统一管理。

4. 数据可视化

数据可视化，就是提取数据信息，将其利用图表、视频等形式表现出来，使海量数据更加精简明了，更方便人们理解数据信息。

（1）直观信息展示。数据可视化的优点就是简洁明了、通俗易懂。骑行距离和时间段见图 10-9。就算是不懂数据分析的人，也能提取出重要信息，做数据可视化分析也能发掘出潜在的数据价值。

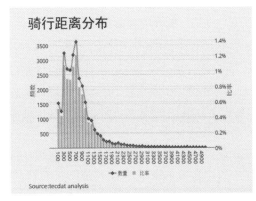
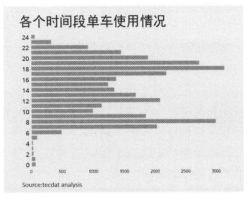

图 10-9 骑行距离和时间段①

（2）及时预警。除了显示已经被发现的问题外，数据可视化还能及时预警，提前定义数据的参数范围，或者设定异常情况的条件，当超出参数设定范围或者满足异常条件时，就会触发警报，及时向监测人员预警，便于快速解决问题。

（3）提高视觉效果。大屏可视化在企业的展览展会当中很常见，超大尺寸高清视频、海量数据信息和炫酷动感的画面设计的结合，能够给观者带来很大的视觉冲击感，提升品牌形象，展现企业实力。

（4）一"屏"了然。通过一面大屏幕，就能够全方位监控生产线的运行状况，而且是多维度、无死角地展示产线信息，生产数据可视化方便工业制造的产线全过程管理，提高监管效率，并能及时发现问题并加以改善。总之，生产数据可视化使复杂的数据变得清晰易懂，真正地实现智慧运营，降低管理成本，提高监管效率。

10.3.4 课后作业

（1）胡玮炜的成功，有哪些可以借鉴的地方？

（2）对于共享单车的技术优化，你有哪些建议？

（3）列举至少三个物联网的应用场景。

（4）总结"数据编织"的作用、关键技术、技术架构，以及数据编织与其他数据处理技术的区别与关联。

---

① 转自"拓端 tecdat"数据分析。

10.4 延伸阅读

10.4.1 共享单车与城市文明

共享单车也是一种绿色低碳出行的方式，减少汽车的使用，为人们出行带来了便利。但是绿色环保共享经济在发展的同时，也凸显了一些问题：乱停乱放、超载骑行、禁行路段骑行、乱闯红灯、车身划伤等。这些不文明的骑行行为不仅给管理带来了不便，也给行人安全造成了较大隐患。虽然共享单车与北斗合作解决了部分地区的乱停乱放问题，但是仍有一些问题难以用技术手段来解决，文明骑行需要大家共同努力。

共享单车的亮点在于"共享"二字，它既意味着资源的共享，也意味着文明的共担。使用共享单车时要带着一颗"公心"上路，把公共自行车当作自家的财产一样来使用和维护，做一个城市里的文明人，利己利他。

10.4.2 大数据的价值

大数据的重要性不言而喻，人与数据的"融合"已然成为当下全球商业发展和社会进步的趋势。美国将大数据定义为"未来的新石油"，将其视为另一种"国家核心资产"，并发布了"大数据研究与发展计划"；众多行业、企业开始使用并利用大数据做出变革，全球 500 强企业中 90% 以上的重要决策都取决于深入的数据挖掘和分析；不少创业者也扎根大数据开创自己的事业，有人甚至认为这是一个"万亿级别的机会"；数据技术产业包括数据采集、加工和应用，已经成为各路投资者角逐的对象。

无论数据是从企业自身业务系统中沉淀的，还是从外部公共资源中获得的，都可被认为是一种资产，多源数据聚集和跨组织、跨领域的深度融合挖掘将大大增加数据的价值，比如可以基于数据总结经验、发现规律和预测趋势，为企业决策者提供辅助决策服务、寻找新业务等。《第四产业》[138]通过详尽的逻辑推理和变化，介绍了继农业、工业、服务业之后的最新产业革命——数据业革命，也称为第四产业。书中指出：数据要素将成为开启人类发展新纪元大门的密钥，带来一系列重大而深远的影响。

数据因人而生，人因数据而"丰富"，数据又因使用而产生价值；人与数据的"融合"已然成为当下全球商业发展和社会进步的趋势，当我们在浏览新闻、网上购物、滴滴出行时，所有行为都会被记录下来，可用于商家的各种预测和推送。数据时代，互联网巨头，靠大数据和云计算，成为各个产业生态的搅局者，把握着生产关系的发展方向；纵观那些互联网巨头，通过各种生活应用服务，让自身快速成为行业巨头；而且利用已经建立的海量数据库，通过数据建模，不断深度挖掘用户潜力，同时进行产业布局，此时数据成为一种重要的战略资产，成为他们与各个行业进行合纵连横最重要的议价资本。那些手中握有庞大数据的公司就像站在金矿上，熠熠生辉。

10.4.3　"数据编织"已悄然登场

"数据编织"的英文是"Data Fabric"，Data Fabric 的中文名字到底怎么翻译，IBM 公司与 Gartner[①] 有了分歧。IBM 大中华区科技事业部云计算与认知软件部数据与人工智能信息架构产品总监王积杰将其称为"数据经纬"；而 Gartner 高级研究总监孙鑫认为"数据编织"更为合适，因为他认为数据编织更凸显"动态"[139]。自 2019 年起，Gartner 连续 3 年将数据编织（Data Fabric）列为年度数据和分析技术领域的十大趋势之一。

数据编织是一种跨平台的数据整合方式，它不仅可以集合所有业务用户的信息，还具有灵活且弹性的特点，使得人们可以随时随地使用任何数据。数据编织的真正价值在于它能够通过内置的分析技术进行学习，并主动提出有关数据应该在何处使用和进行更改的建议，使数据管理工作量减少 70%，从而可以有效解决数据孤岛激增而人才供给不足的问题。

从技术层面分析，数据编织是一种基于网络架构而非点对点连接处理数据的新兴方法，是一种全面支持从数据源汇聚、洞察分析预测、数据编排生成和业务程序应用的集成数据层架构。其实现原理是在底层数据组件上设置了抽象层，使业务用户可以直接使用数据分析结果并形成预测能力，而无须重复进行复杂的数据科学工作[140]。数据编织关键技术包括：数据虚拟化、主动元数据和知识图谱。

> 共享单车与数据编织：
> 　　共享单车之所以能够迅速发展，其中一个原因就是站在了数据编织的起风口，通过网络将"人-车-网"的数据实现了连接和动态管理。

10.5　思政总结

本案例的思政总结见表 10-3。

表 10-3　"共享单车技术分析"思政总结

学习阶段	学习内容	思政元素	思政融入
案例材料	摩拜单车案例	博观约取、厚积薄发	胡玮炜在创建摩拜单车之前，一直在《新京报》《商业价值》《极客公园》做科技报道，可以说在汽车科技领域已深耕十年，这是厚积薄发的典型案例。人同样需要厚积薄发，善于积蓄力量、持之以恒地学习，一旦时机成熟，成功便是水到渠成的事

---

①　Gartner（高德纳）是全球最具权威的 IT 研究与顾问咨询公司，成立于 1979 年，总部设在美国康涅狄克州斯坦福。其研究范围覆盖全部 IT 产业，就 IT 的研究、发展、评估、应用、市场等领域，为客户提供客观、公正的论证报告及市场调研报告，协助客户进行市场分析、技术选择、项目论证、投资决策。

学习阶段	学习内容	思政元素	思政融入
案例材料	共享单车发展史	盲目跟风、一切成空	共享单车初期，各路资本疯狂涌入，仅2017年就注册近八十家公司，而目前幸存者已是个位数，其背后是投资人的血本无归。生活中切勿盲目跟风，穿自己的鞋，走别人的路，最终迷失和伤痛的是自己
	共享单车与"北斗"	勤思笃行、抽丁拔楔	共享单车乱停乱放，严重影响了市容，浪费巨大的人力物力，一度受到市民和管理者的排斥。但是共享单车与北斗的合作，完美解决了这一问题。所以，面对困难不要怕，要抓住关键问题，抽丁拔楔，逐个解决
教学内容	大数据与可视化	开拓创新、与时俱进	共享单车与用户的连接形成了大量数据，相关企业可以根据大数据进行加班数据分析、骑行预测、突发事件甄别等，将这些数据进行可视化展示能够帮助人们更好地掌握数据。数据可视化也是信息化发展的需要
延伸阅读	大数据的价值	抓住机遇、创新未来	利用大数据可以进行各种精准预测、拓展业务，在各个企业争先恐后谋发展的关键时期，只有抓住大数据发展机遇、迅速跟进的企业才有未来。个人发展也需要抓住机遇，才能不断成长。但是机遇只留给有准备的人

第11章

案例八：小爱和小度，你喜欢谁

案例导图如图 11-1 所示。

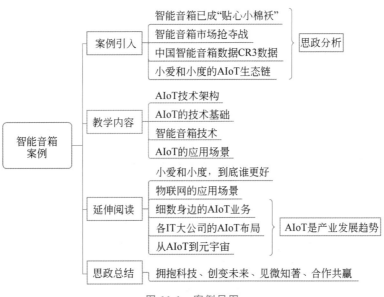

图 11-1 案例导图

11.1 案例引入

11.1.1 智能音箱已成"贴心小棉袄"

智能音箱通常可连接 Wi-Fi,可兼容各种音乐 App 进行在线歌曲播放、诗词朗读。智能音箱还可以充当居家生活小工具的角色,如计算器、单位换算、英汉互译等,甚至还可以陪聊解闷,也可以与智能家居接口打通,实现与智能家居的融合控制。部分智能音箱支持在线购物的功能,如阿里巴巴公司的天猫精灵。智能音箱与传统音箱最大的区别是其智能功能,即智能音箱可通过语音指令完成用户指定任务,如上网购物、控制家居设备等。只需轻声呼唤,智能音箱便能提供一系列生活资讯,智能音箱技术可推动智慧健康养老[141]。智能音箱的功能总结见图 11-2。

图 11-2 智能音箱功能

11.1.2 智能音箱市场抢夺战

2015 年,京东联合科大讯飞推出叮咚智能音箱,是我国智能音箱产业的先行者,而到了 2017 年,中国的智能音箱市场彻底进入"百箱大战"阶段[142]。阿里巴巴、百度、联想、小米、出门问问和喜马拉雅等公司都相继发布了智能音箱。百度将小度视为未来的搜索和信息流,阿里巴巴则把天猫精灵定位为家庭不同场景的连接器。可以说,智能音箱是 IoT 的催化剂,即便智能音箱是亏损的,巨头也不愿轻易放弃。与传统硬件厂商相比,百度、阿里巴巴、小米都是用贴合成本价、甚至以补贴的形式将智能音箱卖给用户,先把市场铺开,销量提上去,教育市场,培养用户习惯。

智能音箱设备如今成为各大科技巨头竞争的新蓝海。有分析师称,为了争夺市场份额,亚马逊和谷歌智能音箱曾在美国假日季推出了力度非常大的折扣,以至于每卖出一台就要亏损数美元。作为亚马逊和谷歌最小版本的智能音箱,Amazon EchoDot 和 Google Home Mini 在假日季期间的价格从 50 美元降至了最低 29 美元[143]。国内各个公司也竞相补贴,2018 年 3 月,百度推出带屏幕版音箱"小度在家"。发布会现场,百度创始人李彦宏站在台上,将合作伙伴小鱼在家原先定价 1599 元的产品"小度在家"最终定价 599 元。2018 年 5 月,阿里巴巴推出了 89 元的天猫精灵,将基础款智能音箱的价格拉低至两位数。2018 年的双十一,百度继续降价促销,带屏幕版音箱"小度在家"降至 299 元。双十一当天,天猫精灵到手价为 69 元。

深圳华强北数百上千家智能音箱公司已成往事，除了被大公司低价打击外，另一个主要原因在于，他们无法提供平台级的服务能力。"智能音箱到最后比的都是生态。小厂商没能力建立完整的 IoT 平台，也没能力在 AI 计算上投入很大的研发和精力"，最终中小型厂商会被市场淘汰。

智能音箱只是语音入口之争的第一步，在用户购买完智能音箱之后，智能音箱进入用户家庭场景后，各家的增值服务才是真正能够体现差异化价值的地方，也是各个商业巨头下一步的发展方向。2021 年，天猫精灵官方公布的接入品牌超过 1000 个，智能产品超过 5000 款，可连接智能家居设备超 2 亿；小度智能音箱可连接家电品牌超 200 家。

11.1.3　中国智能音箱数据 CR3 数据

随着物联网技术的蓬勃发展，万物互联互通已是大势所趋。而智能音箱作为"万物互联"入口更是成为"兵家必争"之地。根据洛图科技（RUNTO）数据显示，2021 年，小度音箱、天猫精灵、小爱音箱和小艺 TOP4 品牌合计市场份额高达 95.7%，各个品牌的市场分布见图 11-3，其中，小度音箱、天猫精灵、小爱音箱销量突破千万量级。

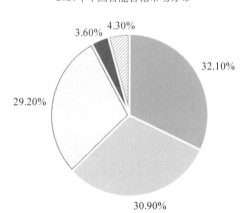

2021年中国智能音箱市场分布

■小度音箱　天猫精灵　小爱音箱　■小艺　▨其他

图 11-3　中国智能音箱市场分布[144]

从市场份额来看，中国智能音箱市场基本形成了百度、阿里巴巴、小米三足鼎立的市场竞争格局。2019—2021 年中国智能音箱市场上，阿里巴巴、百度和小米的销量共占市场份额超过 92%，近三年中国智能音箱市场 Top3 共占市场份额见图 11-4。作为智能音箱的 Top3 品牌，每家公司都有自己的独门绝技。

（1）天猫精灵依托阿里巴巴的庞大生态体系，已接入超过一千多家第三方平台，除了放音乐、讲故事，它还能语音购物、充话费等。技术上，已引入阿里达摩院的 AliceMind 深度语言模型，能够不断进化成长，分析用户喜好和习惯，有更好的语音交互效果。

（2）小度音箱的靠山就是百度，百度作为目前国内做得较好的搜索引擎，依靠自家的搜索引擎技术积累，小度音箱有很多的知识储备量，对话也会显得更加"智能"。

（3）小米是目前国内智能家居生态链的先行者，米家是国内最大的 IoT 平台，仅靠米家就可以配置好全家的智能设备，小爱音箱和米家智能设备的联动做得很好。

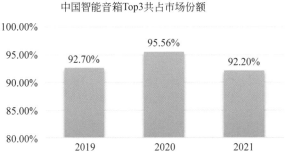

图 11-4 近三年中国智能音箱市场 Top3 共占市场份额

11.1.4 小爱和小度的 AIoT 生态链

小爱音箱的优势体现在小米强大的硬件生态体系。小米经过多年的努力，已建立业内首屈一指的 IoT 生态链。其"1＋4＋N"AIoT 生态战略更是将小爱同学作为交互中心，如图 11-5 所示，可控的 IoT 设备包括智能空调、智能洗衣机、智能冰箱、智能电饭煲、扫地机器人等智能家居产品。完善的生态链体系为小米智能音箱产品创造了良好的竞争优势。

图 11-5 小米 AIoT 智能硬件"1＋4＋N"开放生态

与此同时,小爱音箱沿袭了小米的性价比优势,这也是其广受用户欢迎的一个重要原因。根据在售单价数据,小米的小爱同学无屏智能音箱最低售价仅 49 元,带屏音箱的价格区间整体最低,与众多品牌相比存在明显的价格优势。小爱音箱的强大生态链背景结合较低的产品售价,其性价比优势凸显。小度在智能语音领域的专利申请量和授权数量同样均位居榜首,在智能语音专利申请前十排行榜中百度独占鳌头,智能语音专利申请数量达到1135 项,同比增长 21.65%,具有显著优势;百度智能语音专利授权量为 330 项,授权占比为29.07%。图 11-6 展示的是 2020 年中国智能语音专利申请和授权情况。

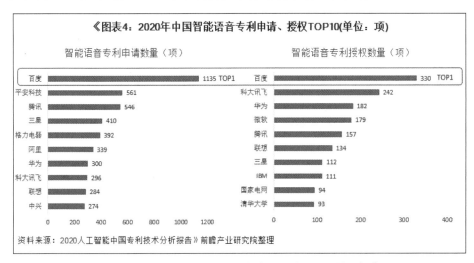

图 11-6　2020 年中国智能语音专利申请和授权情况[145]

百度在 AI 技术上的优势为小度智能音箱在语音识别和图谱识别等方面创造了巨大的竞争力。然而,AI 技术仅是小度领先的重要原因之一,与同样布局智能音箱领域且具有较高人工智能技术水平的腾讯和华为相比,百度还在内容场景和生态链接上具备优势。从生态链接来看,小度智能音箱并非单一的智能硬件产品,它同时承载着在线办公、在线教育等人工智能应用场景的生态落地,是百度人工智能技术与应用场景的一个重要链接关口。

11.2　案例思政分析

11.2.1　任何竞争的本质都是"硬核能力"之争

国内智能音箱三巨头:天猫精灵、小度和小爱,销量占市场份额的 90% 以上,这些智能音箱领域的较量其实是其母公司背后的硬实力的较量。阿里巴巴、百度和小米基于其规模优势能够较大程度稳定经营,天猫精灵背靠的是阿里生态、小度背靠的是百度强大的内容资源、小爱同学背靠的是小米智能家居生态,这些企业背后的资源亦非朝夕之功可以形成,靠的是年复一年日复一日的研发与创新。如今敢于布局智能音箱的公司也只有京东、华为之类有自己市场与技术的大公司。

对于个人来说,学识、性格意志、专业能力和业务积累构成了一个人的硬核实力,硬核实力越强,个人潜力越大,抗风险能力就越强,竞争力就越强。在奋斗的路上必须要有自己的硬核能力,因为这是社会的需要,行业的需要,竞争的需要。

11.2.2 论"前瞻性思维的重要性"

截至 2020 年中国智能音箱普及率只有 14%,而 2021 年中国智能音箱销售 4200 万台,截至 2022 年年底,智能音箱普及率也不足 30%,而人均手机数量超 1 部[146],当用户还在后知后觉的时候,智能音箱已对手机形成分流。随着智能音箱应用场景的拓展,这种分流会加速。智能音箱凭借其优秀的语音交互能力,有望成为智能家居的重要入口。中国企业在智能音箱领域也积极布局,阿里巴巴、百度、京东等纷纷涉水智能音箱市场,各大企业均展开布局,企业综合能力强,竞争激烈;他们布局的目的:背后万亿级别的智能家居市场。2018—2021 年间中国智能音箱的出货量平均 4000 万台,详细数据见图 11-7。

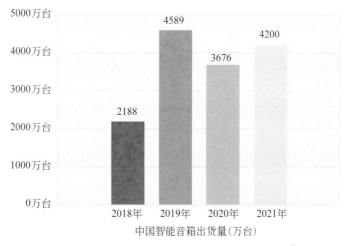

图 11-7　2018—2021 年中国智能音箱出货统计①

什么是前瞻思维? 前瞻思维就是站在时代的制高点上,主动依据对客观规律的正确认识和对事物发展趋势的准确把握,确定新的长远发展目标,并以此带动、引领、催生现实发展的这样一种思维方式。汉代文学家司马相如在《上书谏猎》中说:"盖明者远见于未萌,而知者避危于无形",这就是前瞻性思维。简单地说,就是明智的人在事情还没有发生之前就已经预见将要发生的事情,而聪明的人也在无形中就能避开灾祸。以前瞻性思维来分析智能音箱行业:百度曾被外界认为缺乏硬件基因,但其率先布局智能音箱行业,从纯线上服务到自制硬件、自建销售网络,最终在 2019 年度以全年 384% 的惊人增长脱颖而出,2021 年小度

---

① 数据来自"IDC 前瞻产业研究院"。

的市场份额为32.1％,位列智能音箱行业榜首。小度能够斩获巨大成功,靠的是前瞻布局与执行效率,也展现了百度组织能力的升级和进化。

概括起来讲,前瞻性就是以战略眼光审视全局,立足现在,放眼未来,从全局出发,认清机遇与挑战,准确分析不利环境和有利条件,从而未雨绸缪,系统谋划,根据预测结果进行事先系统筹划,做出具体部署和安排,趋利避害,赢得发展的主动权的一种思想理念。前瞻性思维很重要,它决定了人的一生是事业有成,还是碌碌无为。一个充满智慧的人,必定是一个具有前瞻性思维的人,他懂得用战略的眼光去看待和处理问题,以此来获取最佳效果。

11.2.3　国家"十四五"智能制造发展规划

2021年12月21日,工业和信息化部等八部门联合印发了《"十四五"智能制造发展规划》[97],规划提出:"十四五"及未来相当长一段时期,推进智能制造,要立足制造本质,紧扣智能特征,以工艺、装备为核心,以数据为基础,依托制造单元、车间、工厂、供应链等载体,构建虚实融合、知识驱动、动态优化、安全高效、绿色低碳的智能制造系统,推动制造业实现数字化转型、网络化协同、智能化变革。到2025年,规模以上制造业企业大部分实现数字化网络化,重点行业骨干企业初步应用智能化;到2035年,规模以上制造业企业全面普及数字化网络化,重点行业骨干企业基本实现智能化。

2025年的主要目标是:①70％的规模以上制造业企业基本实现数字化网络化,建成500个以上引领行业发展的智能制造示范工厂。②智能制造装备和工业软件技术水平和市场竞争力显著提升,市场满足率分别超过70％和50％。培育150家以上专业水平高、服务能力强的智能制造系统解决方案供应商。③建设一批智能制造创新载体和公共服务平台。

11.3　案例教学设计

11.3.1　案例知识点

1. 智能音箱相关技术

智能物联网中,通过一台入口终端(可以是手机、智能音箱、遥控器等)连接各种硬件设备,随着5G/6G技术的快速发展,很多的硬件设备会聚集在一起,相互协作,这就是AIoT技术。智能音箱是集物联网、云计算和自然语言处理技术(包括语音处理)于一体的一种综合应用,属于AIoT范畴,主要包含的技术见图11-8,简要介绍如下。

(1) 语音/语言处理:当用户向智能音箱发出"今天天气怎样?"的指令,智能音箱的语音交互系统通过语音算法本地处理单元和音频解码单元收集语音、降噪、识别唤醒词、将语音信号转为数字信号,之后将处理后的数字信号上传至云端服务器,云端服务器将进行语音数字编码识别和语义理解,查阅天气预报信息并传递给智能音箱并播放出来。

(2) 物联网技术:当用户向智能音箱发出"关灯"的指令,智能音箱通过语音收集、语音识别后将语音数字编码通过云端服务器进行语义理解,并将得到的信息返回给家庭物联网系统,完成关闭电灯的指令。

(3) 计算服务:计算服务是物联网应用的核心,云计算从物联网传感器收集数据并进行相应计算,将结果反馈给物联网用户,计算过程通常需要用到机器学习等人工智能技术。当物联网的数据量过大时,计算服务是在边缘端进行的,也就是所谓的边缘计算,相当于将中心云算力延伸,解决最后一千米计算需求。

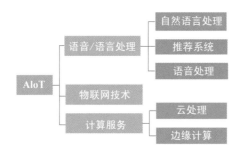

图 11-8　智能音箱相关技术

2. 本节知识点

案例知识点——AIoT 技术如图 11-9 所示。

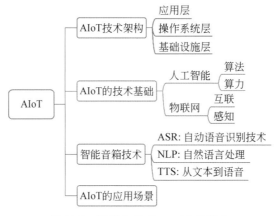

图 11-9　案例知识点——AIoT 技术

11.3.2　教学设计

1. 教学用途

本案例适用于 AIoT 基础知识的讲解,让学生理解 AIoT 的技术框架。

2. 教学目标

知识层面:掌握 AIoT 技术架构。

能力层面：理解 AIoT 的技术细节和应用；理解 AIoT 应用生态、各大公司对 AIoT 的部署的最终目标。

价值层面：引导学生在明确自身核心竞争力的基础上学会相互协作、合作共赢，在博物通达、独立判断的前提下拥抱科技、创变未来。

3. 教学过程

本案例的教学过程分为课前、课中和课后三个阶段，具体内容见表 11-1。

表 11-1　"智能物联网"教学过程

学习阶段	教学方法	学习内容
课前	案例阅读	智能音箱案例材料阅读
课中	案例讨论	智能音箱抢夺战的背后
	技术讲解	AIoT 技术结构、技术基础，智能音箱技术
	启发式教学	AIoT 应用场景
课后	分组报告	身边 AIoT 的应用实例及技术剖析

11.3.3　教学内容

1. 智能物联网的概念

物联网时代，单纯的"互联"没有太大意义，需要让万物"智联"才能发挥它的应用价值，AI 就是其中的核心技术。智能物联网（AIoT）定义：系统通过各种信息传感器实时采集各类信息（一般在监控、互动、连接情境中）后，在终端设备、边缘域或云中心通过机器学习对数据进行智能化分析，包括定位、比对、预测、调度等。

AIoT 是新的物联网应用形态，将物联网产生并收集到的数据存储于云端，通过人工智能、大数据进行分析，并赋予其智能化特性，实现真正意义上的万物互联。可以理解为，AIoT 是给 IoT 加装了一个 AI 大脑，让设备的简单连接上升为智能交互。而 IoT 相对于 AI 而言，则是一大超级感知系统，依托丰富的物联网传感设备，可进行视觉、听觉、温度、环境等各类传感数据的采集，并将这些数据发送给 AI 进行分析和处理。与此同时，这些数据也是 AI 进行深度学习的重要"养料"，训练出越来越智能的 AI。AIoT 的交互方式也正在朝着智能化的方向发展，交互方式演进见图 11-10。

图 11-10　AIoT 交互方式演进

AI＋IoT 之所以被人们看好，是由于它是"万物智联"时代的关键技术，是企业商业模式和用户消费习惯培养的关键。当 AI 遇上 IoT，开启了智能物联无限大的想象空间，也开启了人工智能在应用层面更多的可能性。人工智能可以最大化物联网带来的价值，而物联网能为人工智能提供所需的数据流。它们有机结合，才能使物联网和人工智能的优势发挥到最大化。AIoT 将加速"万物智联"时代的来临。

> **AIoT 与 IoT 的区别：**
>
> 　　作为一种新的 IoT 应用形态，AIoT 与传统的 IoT 区别在于，传统的物联网是通过有线和无线网络，实现物-物、人-物之间的互联，而 AIoT 不仅是实现设备和场景间的互联互通，还要实现物-物、人-物、人-物-服务之间的连接和数据的智能交互。物联网与人工智能相融合，最终追求的是形成一个智能化生态体系，在该体系内，实现不同智能终端设备之间、不同系统平台之间、不同应用场景之间的互联互通。在商业层面，AI 和 IoT 二者共同作用于实体经济，促使产业升级、体验优化。

2. AIoT 的技术基础

AIoT 的发展离不开数据，数据是万物互联、人机交互的基础。AI 的介入让 IoT 有了智慧的"大脑"，云计算等网络计算的快速发展让数据快速处理有了硬件基础，物联网能快速大量收集各类数据。在技术层面，人工智能使物联网获取了感知与识别能力，物联网为人工智能提供训练算法的数据。AI 和 IoT"一体化"后，"人工智能"逐渐向"应用智能"发展，深度学习需要物联网的传感器收集，物联网的系统也需要靠人工智能做到正确的辨识、发现异常、预测未来。AIoT 的技术基础见图 11-11。

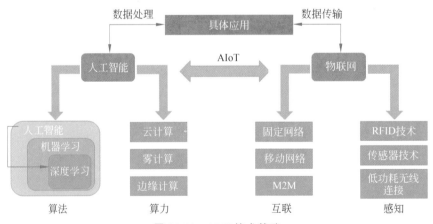

图 11-11　AIoT 技术基础

从 AIoT 技术的具体类型来看，主要有具备感知和交互能力的智能联网设备、通过机器学习进行设备资产管理、涵盖联网设备和 AI 能力的系统性解决方案等。从协同环节来看，主要解决感知智能化、分析智能化与控制、执行智能化等问题。

3. AIoT 技术架构

AIoT 体系架构中主要包括智能设备和解决方案、操作系统 OS 层、基础设施三大层级，并最终通过集成服务进行交付，AIoT 技术架构见图 11-12。智能设备是 AIoT 的"五官"与"手脚"，可以完成视图、音频、压力、温度等数据收集，并执行抓取、分拣、搬运等操作，通常与物联网设备和解决方案一起搭配提供给客户，而且涉及的设备形态多样化，用户众多。OS 层相当于 AIoT 的"大脑"，主要负责对设备层进行连接与控制，提供智能分析与数据处理能力，将面向场景的核心应用固化为功能模块等，这一层对业务逻辑、统一建模、全链路技术能力、高并发支撑能力等要求较高，所以通常以 PaaS 形态存在。基础设施层是 AIoT 的"躯干"，提供服务器、存储、AI 训练和部署能力等所需的 IT 基础设施。

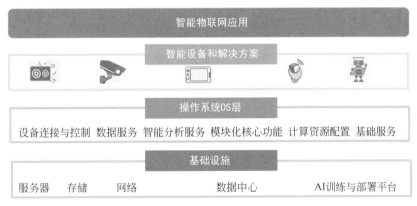

图 11-12　AIoT 技术架构

4. 智能音箱技术

智能音箱的基本原理见图 11-13，主要包括三方面：①语音识别，将语音转成文本，使用自动语音识别技术 ASR；②语义处理，识别文本的含义，并基于语料库进行语音分析、上下文分析并作答，使用自然语言处理技术 NLP；③语音输出，将文本作答内容转换为声音信号，使用文本到语音技术 TTS。

（1）ASR：自动语音识别技术（Automatic Speech Recognition）是一种将人的语音转换为文本的技术。

（2）NLP：自然语言处理（Natural Language Processing）是人工智能的核心课题之一。NLP 的两部分是自然语言理解（Natural Language Understanding，NLU）和自然语言生成（Natural Language Generation，NLG）。NLU 负责理解内容，NLG 负责生成内容。在 NLU 的帮助下，聊天机器人能够理解用户输入的文本的含义。NLU 与一系列任务相关联——从对文本进行分类、收集新闻、将单个文本片段存档到分析内容。在 NLU 下，可以确定一个陈述是真还是假，跟踪对话的当前状态，自动回答，系统地识别、提取和量化主观信息。NLG 提供结构化的数据、文本、图表、音频、视频等，生成人类可以理解的自然语言的形式。

（3）TTS：从文本到语音（Text To Speech）是同时运用语言学和心理学的杰出之作，在内置芯片的支持下，通过神经网络的设计，把文字智能地转换为自然语音流。TTS技术对文本文件进行实时转换，它可将存储于计算机中的文件，如帮助文件或者网页，转换成自然语音输出。TTS文语转换用途很广，包括电子邮件的阅读、IVR（交互式语音应答系统）系统的语音提示等。

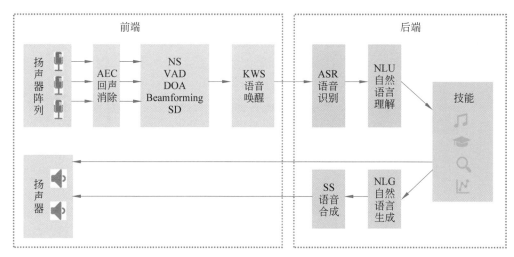

图 11-13　智能音箱工作原理

5. AIoT 的应用场景

AI的数据只有IoT能够源源不断地提供，IoT提供的海量数据可以让AI快速地获取知识。AIoT能够为物联网带来更广阔的市场前景，从而改变现有产业生态和经济格局，进而改变生产和生活方式。有专家推断，AIoT应用会走向大爆发，目前AIoT典型的应用场景如下。

（1）工业机器人：在自动化普及的工业时代，生产过程几乎完全自动化，机器人具备高度的适应能力，工业互联网不只是实现机器互联，还有智能。帮助机器人实现智能互联的同时，还能让管理者任意自如地操控，尤其是在很多工业危险的领域，AIoT的作用将发挥得淋漓尽致。

（2）无人驾驶：数据和人工智能技术帮助车辆做正确的决策，实现车辆的互联和管控。

（3）智能家居：AIoT将把这些智能应用、智能家居产品、硬件家族和平台全部串联起来，让人和这些物体实现更聪明的互动。智能家居是未来离消费者最近的AIoT场景，也是最大的市场。

（4）智慧城市：智慧城市不是一个技术，而是一种生态，它是未来城市的主流形态。我们通过物联网实现了"万物互联"，如果没有智能技术的加持，在对某个设备或网络进行操作的时候，将很难实现。当物体实现智能时，它能主动做出响应，为人类创造更美好的生活。

11.3.4　课后作业

（1）你身边有哪些人购买智能音箱？主要购买意图是什么？

（2）简述 AIoT 的技术基础，以智能音箱为例简要剖析。

（3）总结各大国内外公司对 AIoT 的最新布局。

（4）为什么说 AIoT 是智能制造的重要解决方案？

11.4　延伸阅读

11.4.1　小爱和小度，到底谁更好

"智能相对论"认为小米与百度最大的区别，前者是闭环的 AIoT 生态，而后者则是开放性的，闭环的小米生态有点像苹果，开放的百度则可通过引入合作伙伴来共享家庭乃至其他的智能场景。

（1）智能音箱巨头中，只有小米是做硬件出身的，通过小米自有产品与小米生态链品牌产品构成了庞大的 AIoT 生态，即所谓的"1＋4＋N"（1 是手机，4 是电视、音箱、笔记本计算机和路由器，N 则是生态链中的其他产品）。

（2）小度有百度强大的 AI 技术实力加持，会更倾向于通过技术，加强业务纵深能力，满足特定用户需求，让存量产品类目覆盖更多细分用户；另外，技术可以帮助小度走出家庭场景，通过更多不同的设备走进不同的使用场景。

"小爱和小度"类似"苹果和华为"，各有特色。小度背后是百度，百度拥有国内最大的信息网络，在智能语音技术的研究上很有优势；小爱本身就是小米智能家居中的一环，在应用上更有优势。

11.4.2　物联网的应用场景

物联网在未来将彻底改变人们的生活，在国际上又称为传感网，世界上的万事万物，小到手表、钥匙，大到汽车、楼房，只要嵌入一个微型感应芯片，把它变得智能化，这个物体就可以"自动开口说话"。再借助无线网络技术，人们就可以和物体"对话"，物体和物体之间也能"交流"，这就是物联网[147]，所以我们可以想象出未来的物联网应用场景，可谓是"无处不在"。

物联网是继计算机、互联网、移动互联网之后的又一次信息产业的革命性发展，对于培育新的经济增长点、推动产业结构转型升级、提升社会管理和公共服务的效率和水平具有重要意义。从零星的设备访问到现在的万物互联网，物联网已经给人们的生活带来了便利，其已经渗透入各行各业，如智慧农业、智能家居、智慧交通、智能安防、智能物流、智能医疗、智能制造、智能零售等。

11.4.3　细数身边的 AIoT 业务

科技的不断进步，让人们的日常生活变得随心所欲，智能家居生活早已不是镜中月。AIoT 技术是互联网之后的又一大风口，AIoT 技术通过智能终端设备实现其智能化功能，能轻松营造舒适的家庭生活。居家时，一句话让空调温度降低，让扫地机自己打扫卫生，让电饭煲为你煮好食物，这样的场景之前只在科幻电影中出现，现在却真实地出现在我们的生活中，这些都是 AIoT 技术的典型应用。AIoT 不仅会应用于我们的日常生活中，还能应用到各种 AI 智能生活场景，像无人商店、无人酒店等，让人们无时无刻不能感受到智能生活化的魅力。

AIoT 的蓬勃发展源于其全新的技术浪潮。AIoT 是一个无比庞大的硬件生态，也是 AI 技术与 IoT 技术在实际应用中的落地融合。小米、百度、京东为代表的互联网巨头早已开始布局整个产业，它们大多是以云服务主导的 ToB(To Business，面向企业)业务，传统制造业关注的则是 ToC(To Consumer，面向客户)的业务。家电企业更多立足于场景化的智能体验，为消费者提供更个性化、更便捷的服务。在这个过程中，家电产品转变为智能电子产品，一步步获得感知、连接、交互、智能的全方位能力。近些年来，美的、海尔、TCL、创维等家电企业都在加速推动智能化转型。作为国内小家电领域的王者，美的的战略是将"美的小家电"转变为"美的智能小电"，并整合生活、环境、清洁等多个场景的产品线，由此做到全面的智能化产品品类覆盖。

11.4.4　各 IT 大公司的 AIoT 布局

国内主要 IT 企业在 AIoT 方面的主要涉足领域见表 11-2[148]。但是，AIoT 是一个极端碎片化、复杂程度前所未有的广阔市场，很难有一家企业能够提供闭环价值。在 AIoT 市场，一定会形成产业链上下游的精细化分工，每家企业都有机会在这个长链条中寻找到自己的生态位。因此，打破壁垒，开放生态，在产业链的每个层级实现标准化，将是 AIoT 产业发展面临的巨大挑战。

表 11-2　IT 企业的 AIoT 布局

数据来源时间	公司名称	战略重点	应用场景
2018 年 3 月	阿里巴巴	IoT 成为第 5 个主赛道	智能人居、智慧城市、工业物联网
2018 年 4 月	百度	与硬蛋签订 AIoT 合作协议	无人驾驶、智能家居
2018 年 5 月	腾讯	布局人联网、物联网和智联网	腾讯超级大脑
2018 年 11 月	小米	成为核心战略	智能家居、硬件平台研发
2018 年 12 月	华为	首次公布 AIoT 战略	全场景应用

11.4.5 从 AIoT 到元宇宙

AIoT 就是人工智能技术与物联网在实际应用中的落地融合，它并不是新技术，而是一种新的 IoT 应用形态。目前，AIoT 相关领域也出现了众多新风口，元宇宙就是典型之一。物联网作为链接虚实的桥梁，是元宇宙的基础，AIoT 企业可以参与元宇宙中的各个环节。

元宇宙即人工定义的虚拟宇宙，从某种程度上来讲，它是互联网的下一个阶段，是由增强现实(AR)、虚拟现实(VR)、三维技术(3D)、人工智能(AI)等技术支持的虚拟现实的网络世界，这个"世界"有自己独特的运行机制，人们在元宇宙中可以进行沉浸式体验，完成高级的交互。

> **AIoT 与元宇宙的关联：**
> 感知层中的各类传感器企业，为元宇宙感知物理世界提供基础。
> 网络层中的企业为元宇宙感知物理世界的信号和接入元宇宙提供传输通道。
> 平台层和边缘层的企业链接和管理万物，并提供信息和数据处理能力。
> 应用层企业则是基于元宇宙的能力，将元宇宙的发展成果引回并服务于现实世界。

元宇宙的兴起和发展势必将带动 AIoT 技术和产品的应用，但如果只是谈元宇宙本身，是无论如何都无法获得长久发展的。只有将元宇宙与产业深度联系在一起，让元宇宙附着在产业身上，从产业当中汲取营养，它的生命才可以长久。产业的成熟是一个自底向上逐渐发展的过程，产业元宇宙的发展逻辑也是遵从同样的规律，基础设施的成熟是先决条件。按照目前被广泛认可的元宇宙七层架构，基础设施层包括 AIoT、5G、Wi-Fi 6、3D 打印、区块链等技术，正是这些技术支撑了元宇宙中的沉浸式体验、经济体系和创意内容。AIoT 位于底层基础设施的位置，它的成熟度对产业元宇宙起到决定性作用。

浙江大学出版社 2022 年 9 月 1 日出版了《从 AIoT 到元宇宙：关键技术、产业图景与未来展望》一书[149]，从关键技术、产业图景以及未来展望三个维度对"人工智能物联网(AIoT)"这一新技术应用进行了全面详尽的解读。

11.5 思政总结

本案例的思政总结见表 11-3。

表 11-3 "智能音箱技术分析"思政总结

学习阶段	学习内容	思政元素	思 政 融 入
案例材料	智能音箱成"贴心小棉袄"	拥抱科技、创变未来	智能音箱已走入大众生活，成为提升生活品质的好助手，带来了产业结构的改变，其发展源于科技的力量。对于"科技创变未来"，我们应该有认知、有预判、有准备

续表

学习阶段	学习内容	思政元素	思政融入
案例材料	智能音箱抢夺战	由表及里、见微知著	BAM 三大巨头都在为智能音箱赚吆喝,实际上是在抢占智能音箱背后的智能家居市场。透过现象看到本质是一种极高的思维能力,需要刻意练习才能获得。现象是事物展现给我们的样子,本质是事物本来的样子;要想透过现象看本质就需要做到打破思维惯性和认知盲区,拨开干扰迷雾、洞悉事务本质
	AIoT 生态	相互协作、合作共赢	虽然小爱和小度隶属不同的生态体系,但是小爱和小度背后各自的生态链条支持,无论对于智能音箱还是 IoT 终端和服务,只有相互协作才有未来
教学内容	AIoT 技术	技术融合、革新应用	AI 技术渗透到云、边、端和应用的各个层面,与 IoT 设备进行深度融合,形成 AIoT 技术框架,AIoT 技术融合已带来"遍地开花式"的智慧城市应用变革。我们每个人都应成为 AIoT 应用的创造者和受益者
延伸阅读	小爱和小度,该选谁	博物通达、独立判断	小爱依托小米的生态体系,小度则秉持开放共享,各有优势。博物通达才能独立判断

第12章

案例九：无处不在的密码学

案例导图如图 12-1 所示。

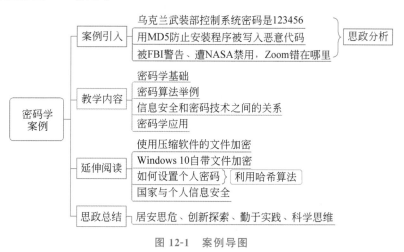

图 12-1　案例导图

12.1　案例引入

12.1.1　乌克兰武装部控制系统密码是 123456

2022 年 2 月 16 日凌晨消息,乌克兰网络安全中心表示,国防部网站、私人银行和国有银行 Oshadbank 都受到 DDoS（分布式拒绝服务攻击）攻击[150]，此安全事件的发生或许与乌克兰有关部门的信息安全意识薄弱有一定的关系。

据报道[151]，乌克兰记者亚历山大·杜宾斯基发现乌克兰军队的"第聂伯罗"自动化控制系统的用户名和密码分别是"admin"和"123456"。图 12-2 是乌克兰关于该报道的独立新闻社的新闻界面。该记者是通过网关系统轻松发现密码的，而且四年来没有改过。通过这组简单的账号密码，任何人都可以自由访问乌克兰军队的交换机、路由器、工作站、服务器、网管、打印机、扫描仪等设备。换句话说，只要知道了这组账号密码，乌克兰军队的信息系统几乎就是透明的。据称，2018 年 5 月，乌克兰网络部队"第聂伯罗"数据库专家迪米特里·弗拉乔克发现，许多服务器通过一个标准的用户名和密码就可以访问，即"admin""123456"。不需要技术很高深的黑客就能够分析出武装部队大量的机密信息甚至掌握整个夏天乌克兰军队在顿巴斯地区的一切计划。

【注】 "123456""admin"在 2017 年弱密码 TOP 100 中，分别位列第一位和第十一位。

图 12-2　乌克兰新闻截图

12.1.2　用 MD5 防止安装程序被写入恶意代码

小王通过百度在某网上下载了一个应用软件安装包，使用后发现被捆绑不少其他恶意软件，并且计算机被植入木马，一般的杀毒软件还没有检测到，最后经过一番排查，才发现软件被写入了恶意代码。最后，小王不得不耗费大量的时间删除恶意软件、重装杀毒软件、清除系统的病毒等。

建议读者下载软件时尽量把从某些软件园下载的文件 MD5 和官方的进行比较，某些免费的软件最好去官网下载，而且官网一般都会给出产品的 MD5，如果双方的 MD5 不一样，说明下载的文件有问题，说不定里面藏了恶意软件或者木马。对于一个安装程序（通常文件会比较大），在指定位置写入特定的数据来植入恶意代码，难度不大，成功率较高，所以目前仍有不少安装程序使用 MD5 进行文件校验。

【注】 王小云院士的研究报告表明，MD5、HAVAL-128、RIPEMD 和 SHA-1 等算法已被证实存在漏洞，即给定消息/文件 M1，能够找到不同消息/文件 M2 产生相同的散列值，即产生 Hash 碰撞。MD5 算法的哈希碰撞概率为 $1/2^{256}$，MD5 发生碰撞的概率还是极低的，可应用于大文件的校验。

12.1.3 被 FBI 警告、遭 NASA 禁用，Zoom 错在哪里

据外媒报道，SpaceX 在 2020 年 3 月 28 日发给员工的一封电子邮件中要求员工立即停止使用 Zoom。与此同时，美国航天局发言人斯蒂芬妮·希尔霍尔茨也表示，NASA 也已经禁止员工使用 Zoom，而 FBI 则就 Zoom 隐私安全问题发出警告。2020 年 4 月 2 日，Zoom 股价下跌 11%。

最近两年，视频会议软件使用量激增，其中表现尤其抢眼的软件就是 Zoom。Zoom 的日活跃用户从 2019 年 12 月的 1000 万人激增到 2020 年年初的 2 亿人，成为视频会议软件中的"当红炸子鸡"，无法出门的欧美用户用 Zoom 开会、上课、做培训、探亲、访友、看医生，甚至连办婚礼、举行葬礼这样的事也被 Zoom 承包了[152]。直到 2020 年 3 月月底，Zoom 都是主流市场的主要选择之一。

然而，到 2020 年 3 月月底，形势急转直下。2020 年 3 月 31 日，研究者公开了 Zoom 的重大安全漏洞，认为 Zoom 并不适用于办公会议。随后，有不少知名的公司、教育机构以及政府组织，出于信息安全的考虑，禁止使用 Zoom，转而寻找替代产品。本该大展身手、攻城略地的时候，Zoom 被闷头打了一棒，把大量的机会拱手让给了竞争对手。而这种市场机会，前五十年未见，后五十年难寻。随后，Zoom 马上聘用了安全领域的专家，全力以赴地解决掉了这些问题。幸运的是，对 Zoom 来说，这些问题发现得并不算晚，应对得也不算拖拉。不幸的是，由于算法选择失当这样的"小问题"，Zoom 给了竞争者充分的空间，自身的品牌和信誉也受到了很大的伤害。

出现这些问题的原因是密码算法与密码管理相关的问题。主要有以下两方面[153]。

（1）加密算法不安全。Zoom 会议宣称使用 256 位 AES 密钥进行保护，但 CitizenLab 研究人员证实，所使用的密钥实际上仅为 128 位。而且是只在 ECB 模式下使用了简单的 AES-128 密钥。ECB 加密模式并不是一种安全的加密模式，ECB 加密模式的安全问题至少披露了二十多年，是 AES 可用模式中最差的一种。图 12-3 中是以 ECB 模式加密的图像，企鹅的轮廓仍然可见。

（2）视频存储未加密。2020 年 3 月，美国国家安全局的前研究员帕特里克·杰克逊（Patrick Jackson）爆料称，在开放的云存储空间中一次性搜到了 15 000 个 Zoom 视频[155]。15 000 个视频就足以说明这不是用户的粗心大意，而是产品的设计问题。Zoom 此次曝光的一系列安全漏洞中，最主要的是没有在视频通话中使用端到端加密，仅在部分文本信息和部分模式的音频中使用了端到端加密。录制好的 Zoom 视频都是以相同的命名方式保存。

图 12-3　图片加密对照[154]

Jackson 发现了这个问题,并用免费的在线搜索引擎扫描了一下开放的云存储空间,在默认命名规则下,一次性搜索出了 15 000 个视频。另外,还有一些视频保存在未受保护的 Amazon 存储桶中,用户无意间改成了公开访问,导致在 YouTube 和 Vimeo 也能找到 Zoom 视频。

12.2　案例思政分析

12.2.1　居安思危,国家安全重于一切

习近平总书记:"国家安全是安邦定国的重要基石,维护国家安全是全国各族人民根本利益所在[156]。""从世界范围看,网络安全威胁和风险日益突出,并日益向政治、经济、文化、社会、生态、国防等领域传导渗透。特别是国家关键信息基础设施面临较大风险隐患,网络安全防控能力薄弱,难以有效应对国家级、有组织的高强度网络攻击[157]。"

当今世界,兵戎相见时有发生,冷战思维和强权政治阴魂不散,恐怖主义、难民危机、重大传染性疾病、气候变化等非传统安全威胁持续蔓延。种种景象都深刻地启示我们:没有国家安全的基础,任何美好蓝图都是空中楼阁。居安思危,我国相关部门及单位应敲响警钟。未来安全形势必将越来越严峻,需要各方力量严格部署网络安全措施,加强网络安全防范。我们应深入贯彻落实习近平总书记关于维护网络安全的重要指示,在总体国家安全观的引领下,立足本职,严厉打击境外组织的网络攻击窃密和渗透破坏活动,坚决维护我国网络空间安全。

密码学之所以成为一门学科,与信息化科学发展密不可分。密码学是网络安全的基础,生活中用的银行卡、支付宝、微信,它们的安全都是基于密码学理论的。在数据的共享和网络传输过程中,由于网民保密意识的淡薄等原因,导致下到个人隐私上到国家机密信息的泄露。我们要从我做起,提高网络的安全意识。培养学生在利用密码学技术对计算机与网络进行安全防护的前提下,从世界、国家、个人三个层次出发,通过"密钥学"基础进行保密意识的培养,使学生了解计算机与网络面临的安全威胁和相关网络安全法律法规,能够认识网络

安全、国家安全和个人信息安全之间的关系,培养学生具备健康的网络空间安全观、正确的国家网络安全观和科学的网络安全防范意识,推进安全人才与人才安全的双促进、双保障。

12.2.2　对新事物应当心存敬畏

由于不了解密码破解的基本原理,不少人会随意设置自己的密码,发生财产损失时才后悔莫及。Zoom 公司在 ECB 模式下使用了简单的 AES-128 密钥,在密码学界来看,这是很随意且不负责任的行为,也导致大家对 Zoom 公司的数据隐私保护提出了质疑,使得 Zoom 公司因安全问题结束高光时刻。

新能源、转基因、克隆技术、AI 大模型……科学的发展为方便人类带来了无数可能,但每一种都可能带来致命的危险。对待新事物要心存敬畏,在没有得到科学实证和伦理规范以前,凡事都要三思而后行,以免造成难以挽回的损失。

> 名人名言:
> "心有敬畏,行有所止。"
> ——曾国藩
> "君子有三畏:畏天命,畏大人,畏圣人之言。小人不知天命而不畏也,狎大人,侮圣人之言。"
> ——孔子

12.2.3　把个人梦融入中国梦

密码技术(及信息隐藏)是当前保护信息安全的主要途径,了解密码学的前沿发展,以及我国科学家在这一领域所取得的重大突破,以增强学生的国家自豪感。在 2004 年和 2005 年,王小云先后破解了被称为世界上最安全的两大密码算法——MD5、SHA-1,震惊了当时的国际密码学界。2009 年,王小云带领博士生提出与分组密码和哈希函数息息相关的 MAC 的破解策略。在跟踪分析序列密码标准设计赛的候选算法时,她指导学生成功破解其中两个算法。在哈希函数的两大支柱算法遭受重创后,美国国家标准技术研究院向全球密码学者征集新的国际标准密码算法,王小云放弃参与设计新国际标准密码算法,转而设计国内的密码算法标准。王小云也为自己的选择而自豪,祖国的需要就是她做科研的重要动力。作为密码学家,王小云说:"自己的梦想是永远不忘初心,做好整个国家的密码保障工作,把我们的密码防御体系布局在国家的重要领域,使我们的国家更安全,人民的生活更幸福!"

12.2.4　向下扎根,才能长成参天大树——数学的重要性

数学家冯·诺依曼曾经说过:数学方法渗透并支配着一切自然科学的理论分支。科学的进步离不开数学,很多问题都可以转换成数学问题进行解决,密码学亦是如此,密码学归根结底是数学问题,密码学是数学皇冠上的明珠。现代密码学更多的是以数字化的信息而非纸质为研究对象。计算能力是数学的一方面,高性能的计算机可以成为国力的象征,分析

情报就是一方面。数学研究等一些自然基础学科的研究才是国家实力的坚定基石，才是一个自然科学学生的理想所在。

全国大学生数学建模竞赛组委会主任、专家组组长、浙江大学教授陈叔平认为，数学的价值不能仅仅是抽象意义上的存在，必须与时代发展、进步中的各种挑战性问题相结合才能彰显，这就需要数学建模。数学建模是数学与实际问题之间的桥梁，它把实际问题转换为数学问题，从而利用数学的方法对事物做出解释。

深圳市副市长王立新曾经公开力挺数学等基础科学研究，深圳要抢抓新一轮科技革命和产业变革机遇，加快 5G、人工智能、大数据、集成电路等产业技术发展，越来越离不开数学等基础科学研究的进步。

12.3 案例教学设计

12.3.1 案例知识点

案例知识点教学设计如图 12-4 所示。

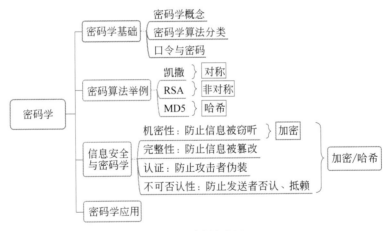

图 12-4 案例知识点

12.3.2 教学设计

1. 教学用途

本案例适用于密码学基础知识的讲解，让学生理解密码学的用途和基本原理，掌握常见的密码学应用场景。

2. 教学目标

知识层面：掌握密码学的作用、分类和常见的密码学算法的原理。

能力层面：理解不同类型密码学算法的应用场景，能够解析当前密码学相关应用的安全机理；对发生的典型密码学事件进行剖析，分解其中的技术缺陷以及解决方案；理解个人口令安全设置的重要性，并掌握基本的个人口令设置技巧。

价值层面：理解信息安全的重要性，信息安全事关国家安全、社会稳定、个人隐私和个人财产安全；明确计算机专业青年大学生肩上的责任与担当。

3. 教学过程

本案例的教学过程分为课前、课中和课后三个阶段，具体内容见表 12-1。

表 12-1 "密码学基础"教学过程

学习阶段	教学方法	学习内容
课前	案例阅读	密码学案例材料阅读
课中	案例讨论	密码学的意义、思政元素
	概念讲解、头脑风暴	口令与密码的区别，口令设置算法
	案例剖析	密码学算法分类
	直观演示	凯撒密码、RSA 算法
	启发式教学	信息安全和密码技术之间的关系
课后	分组讨论	讨论密码学在日常生活中的其他应用，并以报告的形式提交
	实验模仿	MD5 算法、非对称加密"相乘取余法"

12.3.3 教学内容

1. 密码学基础

1）密码学概念

密码学是研究编制密码和破译密码的技术科学。研究密码变化的客观规律，应用于编制密码以保守通信秘密的，称为编码学；应用于破译密码以获取通信情报的，称为破译学；两方面总称密码学。密码学是在编码与破译的斗争实践中逐步发展起来的，并随着先进科学技术的应用，已成为一门综合性的尖端技术科学。

大多数人说到密码学，通常第一反应是 QQ 密码、支付宝密码、摩斯密码。QQ 密码、支付宝密码属于口令，而摩斯密码属于密码学范畴。

（1）口令是用来做身份认证的，用于识别账号，乌克兰武装部控制系统的密码与个人账户的密码相似，被其他人获取之后就可以执行账户人员权限的相关操作。

（2）摩斯密码是一种密码算法，即输入明文，加密，生成密文，传输密文，接收方解密，得到明文。Zoom 被声讨的原因之一是其密码算法安全性太低，属于密码学算法应用不当。

2）密码学算法分类

密码成为信息时代的代表技术，密码的实现已进入电子密码时代。密码算法越来越复杂，密码算法细节和部分密钥都可以公开，密码的安全性完全基于密钥。现代密码学以公钥密码学的提出为标志，密码的设计不只基于代换和置换，也可以基于数学困难问题。根据密钥的不同，加密可分为以下三种。

（1）对称加密。加密和解密使用同一个密钥，所以叫作对称加密，也称为单密钥加密。对称加密的安全性不仅取决于加密算法本身，密钥管理的安全性更重要。

（2）非对称加密。加密和解密使用不同的密钥，一把作为公开的公钥（Public Key），另一把作为私钥（Private Key）。公钥加密的信息，只有私钥才能解密。私钥加密的信息，只有公钥才能解密。

（3）哈希：将任意长度的消息变换成固定长度的二进制串，但不可逆。哈希函数通常应用于密钥产生、伪随机数发生器以及消息完整性验证等方面。

3）口令与密码

口令用于身份认证：用户向计算机系统以一种安全的方式提交自己的身份证明，然后由系统确认用户的身份是否属实，最终拒绝用户或者赋予用户一定的权限。口令有很多，如 QQ 密码、微信密码、支付宝密码、网上银行、电子邮箱密码等。生活中的密码就是个人识别码，也叫作口令，目的是验证个人身份，所以口令需要被严格保密。举个例子，别人拿你的银行卡去 ATM 机取款，只要密码输入正确，银行系统就认为这是"你本人"在操作，允许取款。反过来，你拿自己的卡取款，但密码错了，银行系统也会认为这不是"你本人"，不让你取款。

密码学研究的是信息变换手段，在信息变换时需要用到密钥，是指某个用来完成加密、解密、完整性验证等密码学应用的秘密信息。

> 口令与密钥
>
> 　　口令："口令"（Password）是一种暗号，用于识别身份。
>
> 　　密钥：是一种参数，它是在明文转换为密文或将密文转换为明文的算法中输入的参数。

所以，为了便于管理和口令的安全性保障，通常需要对口令进行安全等级划分，最好使用口令设计算法设置不同账户、不同安全级别的口令。

2. 密码算法举例

本节列举三类密码算法的典型算法，并进行举例说明，三个典型算法见图 12-5，分别介绍了凯撒加密、RSA 算法和哈希算法。

1）凯撒密码

替代密码是一种典型的对称加密算法，替代密码明文中的每一个字符被替换为密文中的另外一个字符。接收者对密文进行逆替换即可恢复出明文。所谓的单表替代密码，就是明文的每一个字符用相应的密文字符代替。最早的密码系统"凯撒密码"就是一种移位替代密码。加密过程是"原文＋密钥→密文"，解密过程是"密文－密钥→原文"，如果密钥等于3，凯撒密码加密过程如下。

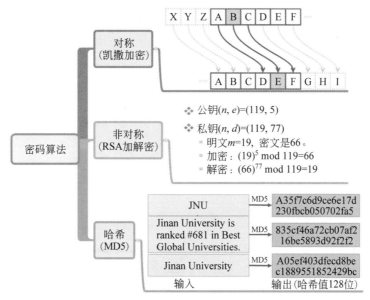

图 12-5　密码学算法举例

```
凯撒加密举例(密钥为3)：
明文 1：ABCDEFGHIJKLMNOPQRSTUVWXYZ
密文 1：DEFGHIJKLMNOPQRSTUVWXYZABC
明文 2：NETWORK SECURITY
密文 2：QHWZRUNVHFXULWB
```

2）RSA 算法

RSA 算法是非对称加密算法的鼻祖，也是目前最流行的公开密钥算法，既能用于加密，也能用于用户数字签名。其不仅在加密货币领域被使用，在传统互联网领域的应用也很广泛。RSA 算法从被提出到现在二十多年，经历了各种考验，被普遍认为是目前最优秀的公钥方案之一。下面列出了 RSA 算法的步骤。

第一步，随机选择两个不相等的质数 p 和 q。

第二步，计算 p 和 q 的乘积 n。

第三步，计算 n 的欧拉函数 $\varphi(n)=(p-1)(q-1)$。

第四步，随机选择一个整数 e，条件是 $1<e<\varphi(n)$，且 e 与 $\varphi(n)$ 互质。

第五步，计算 e 对于 $\varphi(n)$ 的模反元素 d。

第六步，将 n 和 e 封装成公钥 $PK=(n,e)$，n 和 d 封装成私钥 $SK=(n,d)$。

其中，如果 M 是明文，C 是密文，则：

加密算法：$C = M^e \bmod n$

解密算法：$M = C^d \bmod n$

3）哈希算法——MD5

哈希算法的作用是把给定的任意长关键字映射为一个固定长度的哈希值，一般用于鉴权、认证、加密、索引等。哈希算法通常用于核验，无法进行解密。MD5 消息摘要算法（Message-Digest Algorithm）可以产生出一个 128 位（16B）的哈希值，MD5 通常用于进行文件识别、文件秒传、文件安全性检查等。

密码学原则：
- 密码的安全只依赖于密钥的保密，不依赖于算法的保密。
- 理论上，任何实用的密码都是可破的；我们追求的是计算上的安全，也就是使用现有的计算资源不能破解。

3. 信息安全和密码技术之间的关系

而密码技术的目的很明确，就是为了解决信息安全问题，信息安全和密码技术之间的关系见图 12-6。密码技术的四大功能包括机密性、完整性、真实性和不可否认性。

（1）机密性：为了防止信息被窃听。

（2）完整性：为了防止信息被篡改。

（3）真实性：为了防止攻击者伪装成真正的发送者。

（4）不可否认性：为了防止发送者事后否认自己做过。

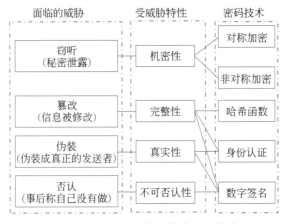

图 12-6 信息安全和密码技术之间的关系

4. 密码学应用

密码学是信息安全的核心,网络时代对密码学的需求无处不在。密码学能够实现加密保护和安全认证的功能,加密保护功能用于保证信息的机密性;安全认证功能用于保证信息的真实性,数据的完整性和行为的不可否认性。密码技术成为多学科融合交叉学科,需要通信、数学、计算机、网络、电子科学等领域的专业知识。密码技术将深度融合到 5G、区块链、人工智能、卫星通信、物联网、智慧城市等众多领域。总结起来,密码学应用主要有以下几点。

(1) 身份验证/数字签名:身份验证是任何可以证明和验证某些信息的过程。数字签名与验证消息(例如,电子邮件、信用卡交易或数字文档)的真实性和完整性,通常通过使用哈希函数和私有签名函数实现。

(2) 信息的保密存储/传输:对文件数据进行加密,上网时数据的加密传输,各类信息服务系统中数据的加密。

12.3.4　课后作业

(1) 解释信息安全的含义。

(2) 密码的基本思想是什么?

(3) 密码体制分为哪些类型? 各有什么优缺点?

(4) 什么是密码分析? 密码分析有哪些类型?

(5) 为什么说理论上,任何实用的密码都是可破的?

(6) 计算机的程序文件和数据库文件加密容易受到什么攻击? 为什么?

12.4　延伸阅读

12.4.1　使用压缩软件对文件加密

文件加密是一种根据要求在操作系统层自动地对写入存储介质的数据进行加密的技术。其按加密方法可分为两大类:一类是通过系统自带功能进行加密;另一类是使用第三方软件进行加密。

这里以 WinRAR 加密为例,介绍压缩加密的原理。WinRAR 加密文件时,首先把源文件压缩,压成一段数据段,然后再将压缩完的数据段加密。

(1) 获取密钥。密钥由明文的密码和随机字符序构成,通过哈希算法,生成两个 16B 的密钥。

(2) 加密压缩数据。对压缩后的数据进行加密,WinRAR 通常使用 AES-256-CBC 加密,这是一个循环加密的结构,每 16B 作为一个块。

(3) 解密。由于 AES 算法是对称的,所以解密的过程是加密过程的逆运算。解密的过程是对解密后的数据块进行解压缩，然后解成源文件，对该文件进行 CRC 校验，与存在 RAR 文件中的原始文件 CRC 校验码比较，相同则密码正确，不相同则密码错误。

使用压缩软件加密的文件通常使用暴力方式破解，根据一个字典文件一个一个去试密码，简单密码比较容易破解，复杂密码几乎不能被破解。压缩软件加密的优点在于加解密的高速度和使用长密钥时的难破解性。

12.4.2　Windows 10 自带文件加密

Windows 自带文件加密是借助系统证书进行加密的，也就是利用 Windows 自带的加密功能给自己的重要文件上把锁，这把锁还认主人，对于主人计算机账号浏览无任何受阻。如果将加密的文件复制到其他计算机上，就无法打开，除非有加密文件的计算机的授权才行。Windows 10 自带加密的属性设置界面见图 12-7。Windows 10 的文件加密比较安全，但是证书需要妥善保存，如果丢失就意味着文件再也无法打开。

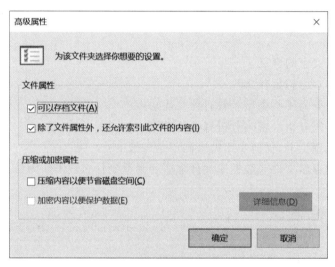

图 12-7　Windows 10 文件加密（家庭版无法使用）

提醒：系统自带加密功能需要专业版及以上系统才支持，且需要在加密文件的账户下导出证书才可以正常使用。如果需要重装系统，一定要保证证书已经导出，一旦证书没导出或者丢失，加密的文件将无法打开。

12.4.3　如何设置个人密码

信息时代大量地运用电子系统和各种软件，每个软件的背后都有账号和密码。密码管理成为一件很重要的事情，一旦忘记就需要花费大量的时间与精力找回。如果使用同一个密码，一旦泄露，所有账户都不安全了。所以需要对密码进行管理，尽量做到"不要一码多用、对密码进行分级管理、重要密码要定期更换"。

小贴士：如何设置口令？

可以使用哈希算法设置密码。密码中包括常用符号和求哈希所得数据。

银行卡密码设置举例：自己的幸运数字是170323,6位密码的设置规则为"170**3"，其中，中间两位密码可以从卡号求哈希得到：

- 62226026001234 5 6 7 89,可以将密码设置为170573。
- 62284088098765 4 3 2 10,可以将密码设置为170423。

12.4.4 国家与个人的信息安全

信息安全是指通过采取措施对信息系统的软硬件、数据及依托其开展的业务进行保护，使得信息系统免遭未经授权的访问、泄露、破坏、修改、审阅、检查、记录或销毁，保证其连续可靠地正常运行。虽然信息安全投入不能直接带来收益，但是保证信息安全是企业业务得以顺利开展的重要基础。

（1）国家层面。现在的新基建，人工智能、5G、自动驾驶、工业互联网、大数据，没有安全，一切都是泡影。例如，自动驾驶，虽然技术上可行，但是如果车行驶在高速路上，被黑客控制了，那将是非常危险的事。

（2）个人层面。多数网络犯罪以非法获取个人信息为基本前提，犯罪分子首先要通过各种途径对个人信息进行获取，然后再实施诈骗。在大数据时代下，提高个人信息安全可以有效地降低网络犯罪的概率，维护社会稳定。

12.5 思政总结

本案例的思政总结见表12-2。

表 12-2 "密码学基础"思政总结

学习阶段	学习内容	思政元素	思政融入
案例材料	乌克兰武装部密码事件	专心致志、居安思危	乌克兰武装部采用"admin/123456"的账号密码，充分说明了系统维护人员的麻痹大意。对于牵涉国家安全、人民安危的人和事绝不能掉以轻心，在世界局势风云突变的今天，任何时候都要居安思危、防患于未然
	Zoom 案例	用心做事、以诚待人	Zoom 会议系统轻率地使用 AES 的 ECB 加密模式，没有根本解决安全问题，视频存储也未加密，与其宣传大相径庭，造成了关键时期客户的大量流失，Zoom 的行为缺失了"用心"与"真诚"。无论是做企业还是做人，都需要"以诚待人、用心做事"，才能走得长远

学习阶段	学习内容	思政元素	思政融入
教学内容	密码算法	创新探索、研无止境	随着对安全的要求不断提高、密码算法不断被破解,对密码算法创新设计要求越来越高
延伸阅读	文件加密	善于学习、勤于实践	密码学是信息安全的基石,不仅用于系统应用,也可用于个人信息的保密处理,将学到的密码学知识应用于实践才是学习的最终目的
	如何设置个人密码	科学思维、探究实战	万事万物的本质是相通的,用科学思维解决日常问题,能提高解决问题的维度

第13章

案例十：比特币的前世今生

案例导图如图 13-1 所示。

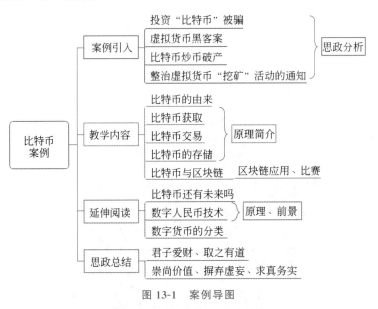

图 13-1　案例导图

13.1　案例引入

13.1.1　投资"比特币"被骗

随着生活水平的提高,人们手中的闲钱也逐渐多起来,理财意识也逐渐高涨,"如何投资,做什么投资"成了人们热议的话题。但也有不少投资人喜欢"剑走偏锋",轻信网络投资平台高额回报,最终落得个血本无归的惨痛下场[158]。

"我在一个网络平台进行了比特币投资,共投入了 300 万元,现在无法提现了,怎么办!"2020 年 12 月,某区公安分局派出所接到林女士的报警求助。据林女士介绍,她在微信上认识了一个自称有比特币内幕消息的网友,问其要不要参与比特币投资。林女士抱着试一试的心态,在这名网友提供的网站上注册了账号并先后充值了 5000 元和 4 万多元。随后,林女士前后投入的小额资金都产生了颇丰的收益,回报率都超过 15%。在尝到甜头后,林女士感觉自己"捡到了宝",对该网友的话深信不疑,决定继续追加资金,前后分 60 次共投入了300 万元。眼看着账户上的收益金额越来越多,林女士心里乐开了花。但当林女士打算从账户提现时,却发现无论怎么操作,钱都不能像前两次那样顺利到账,当询问客服时,客服称需要再充值 88 万元成为 VIP 客户才可以。此时林女士还未发觉被骗,直到网友提议说让林女士再充值 40 万元自己帮其补上 44 万元,林女士才惊觉事有蹊跷,这才报警。如图 13-2所示,比特币投资骗局与其他骗局思路相似,都源于很多受害者存在不切实际的"一夜暴富"念头。

图 13-2　比特币投资骗局

13.1.2 虚拟货币黑客案

在"净网 2020"专项行动中，江苏省苏州市公安局破获一起针对虚拟货币的黑客犯罪案件，抓获多名犯罪嫌疑人。嫌疑人专门利用黑客手段盗取账户密码、窃取虚拟货币，并通过暗网联系职业洗钱销赃团伙变现，涉案金额达三千余万元[159]。

据悉，犯罪嫌疑人宁某曾在某网络科技公司从事计算机信息安全工作。工作期间通过社交论坛了解到，一些专业人员利用企业网络漏洞进行攻击，以窃取巨额网络资产的"成功"案例，这令他心动万分。辞职后，宁某利用专业优势，打起了侵占他人网络资产的念头。但苦于没有目标公司的网络地址，一直未行动。后来，宁某通过社交软件结识了姚某，通过姚某的"牵线搭桥"，宁某锁定了目标，寻找网络漏洞，实施渗透入侵，借此来获取相关程序的管理权限，以便操作实施资产转移。在面对一些较难入侵的系统时，宁某伙同专业能力更强的前同事陈某参与违法犯罪活动。短短数月，他们就获利三千余万元。宁某非法获利的背后是许多人的投资失败，甚至是家破人亡。

13.1.3 比特币炒币破产

比特币的初始价格为 0.0025 美元；2021 年 11 月 10 日，比特币出现历史最高价为 68 928.9 美元；2022 年 10 月 20 日，比特币价格为 19 028 美元。近年比特币的价格走势见图 13-3。比特币价格的大幅波动造成了投资者的巨大损失。

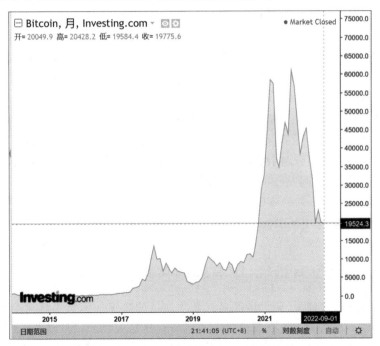

图 13-3 比特币的价格走势[163]

下跌爆仓[160]，据每日经济新闻 2022 年 2 月 22 日报道，比特币持续走弱，多头损失惨重。据比特币家园网数据显示，近 24h，全网 105 122 人爆仓，26.68 亿美元资金灰飞烟灭。从 2022 年 2 月 16 日以来，比特币指数跌幅达 17%，仅 2 月 17 日一天跌幅就高达 8%。

上涨爆仓[161]，2021 年 13 日晚，比特币价从 57 300 美元附近直线拉升至 59 300 美元附近，后一举涨破 60 000 美元关口，24h 内涨幅逾 7%，做空的投资者损失惨重。比特家园信息显示：24h 内全网有 133 714 人爆仓，70.75 亿元资金灰飞烟灭；最大的单笔爆仓损失了 895 万美元，约合 5864 万元人民币。

波动破产[162]，郑某伟称自己大学毕业后一直从事自由职业，投资金融项目。比特币是他的主要投资项目，赚了不少钱，身价直逼千万。但是比特币的巨额波动让春风得意的郑某伟迎来了一场灭顶之灾，亏损两千多万元。辛苦打拼的家产一朝输光，还欠下了至亲好友的大笔债务，最终造成了家破人亡的悲催局面。"这些钱里有我父母的 400 万元，有我岳父岳母的 50 万元，其他都是我这些年的积蓄和跟亲戚们借的钱。"郑某伟说。

13.1.4 整治虚拟货币"挖矿"活动的通知

为有效防范处置虚拟货币"挖矿"活动盲目无序发展带来的风险隐患，深入推进节能减排，助力如期实现碳达峰、碳中和目标，需要整治虚拟货币"挖矿"活动[164]。虚拟货币"挖矿"活动指通过专用"矿机"计算生产虚拟货币的过程，能源消耗和碳排放量大，对国民经济贡献度低，对产业发展、科技进步等带动作用有限，加之虚拟货币生产、交易环节衍生的风险越发突出，其盲目无序发展对推动经济社会高质量发展和节能减排带来不利影响。整治虚拟货币"挖矿"活动对促进我国产业结构优化、推动节能减排、如期实现碳达峰、碳中和目标具有重要意义。各地区、各部门和有关企业要高度重视，充分认识整治虚拟货币"挖矿"活动的必要性和重要性，切实把整治虚拟货币"挖矿"活动作为促进经济社会高质量发展的一项重要任务，进一步增强责任感和紧迫感，抓住关键环节，采取有效措施，全面整治虚拟货币"挖矿"活动，确保取得实际成效。

国家发展改革委发布关于修改《产业结构调整指导目录（2019 年本）》的决定：将"虚拟货币'挖矿'活动"增补列入《产业结构调整指导目录（2019 年本）》"淘汰类"。在增补列入前，将虚拟货币"挖矿"项目视同淘汰类产业处理，按照《国务院关于发布实施〈促进产业结构调整暂行规定〉的决定》（国发〔2005〕40 号）有关规定禁止投资。

13.2 案例思政分析

13.2.1 生活没有捷径，唯有脚踏实地

近年来，比特币、狗狗币、柴犬币等名人光环加持的数字加密货币红遍全球，"凡有井水处，皆有炒币声"。互联网背景下成长起来的新一代年轻人，更是将"炒币"视作必须追赶的潮流。然而，近两年虚拟货币市场的不平静，也让不少人回归理智，开始思考："炒币"真的

是致富良方吗？

数字加密货币上演了一场"冰与火之歌"，比特币、狗狗币等数字加密货币价格暴跌之后，却又上演了绝地反弹的好戏，例如，比特币一度从最低点拉升近40%。

任何事物的火爆都有因可循，"币圈"的火爆正是因为巨大利益驱动。比特币10年涨幅超过1000万倍、狗狗币1年暴涨130倍、挖矿机一机难求……各类仿效比特币的新型虚拟货币、加密币一路看涨。很多年轻人开始不淡定了：我辛苦工作多年，还不如毕业的时候买一枚比特币？

但许多人没有看到，伴随着人们日益高涨的投资热情和利益诱惑，一起出现的还有混乱的行业秩序、层出不穷的骗局和许多"割韭菜"的实例。这些层见迭出、花样繁多的庞氏骗局，利用投资者一夜暴富的心理和新人急于投资又没有途径的心理，施以小利吸引投资者"上钩"。

目前，世界各国对虚拟货币的认知角度不同，态度也处于变化之中。必须明确的是，截至2023年4月，我国仍明令禁止任何与虚拟货币相关的业务活动。2021年5月18日中国互联网金融协会、中国银行业协会、中国支付清算协会联合发布防范虚拟货币交易炒作风险的公告，明确了这一态度。换言之，即使比特币再有热度，在我国也不是真正的货币，不能也承担不起货币在市场上流通的角色和价值。炒作没有实际牢固根基的虚拟货币，极有可能血本无归。

对新生事物保持热情和好奇心，当然是一件好事。但需要谨记的是，树立不浮不躁的投资心态，脚踏实地学习知识，一步一个脚印才能实现自己的目标。暴富的梦想或许人人都做过，但这个梦却未必总会是美梦，远不如亲手耕耘收获的果实来得踏实甜美。

13.2.2　技术进步是把双刃剑，要学会科学看待与应用

比特币的关键技术"区块链技术"是利用块链式数据结构来验证与存储数据、利用分布式节点共识算法来生成和更新数据、利用密码学的方式保证数据传输和访问的安全、利用由自动化脚本代码组成的智能合约来编程和操作数据的一种全新的分布式基础架构与计算范式。

基于区块链技术的比特币大起大落吸引许多投资者投资，不仅造成了家破人亡，也影响了金融体系。中央党校（国家行政学院）教授陈建奇在《学习时报》上发文[165]，指出了数字货币对国家安全的影响机制、数字货币成为防范重大风险不可忽视的重要内容。利用数字货币洗钱、买卖毒品及枪支弹药等行为令人担忧，这些已经逐步构成对国家安全的新挑战。比特币虽然是区块链技术的首个最成功的应用，但比特币对于大多数的普通人来说，更多的是灾难。

其实，区块链是解决信任问题、降低信任成本的技术方案，可广泛应用于各行各业。工业和信息化部等部委发布重要文件，指出"区块链是新一代信息技术的重要组成部分，是分布式网络、加密技术、智能合约等多种技术集成的新型数据库软件，通过数据透明、不易篡改、可追溯，有望解决网络空间的信任和安全问题，推动互联网从传递信息向传递价值变革，重构信息产业体系"。目前，区块链技术已经应用于有效监管、生产消费者保护、医疗健康和

自动化等领域。

13.2.3 变化的"比特币"分叉，不变的"郁金香"实质

17世纪中期时，郁金香从土耳其被引入西欧，当时量少价高，被上层阶级视为财富与荣耀的象征。投机商看中其中的商机，开始囤积郁金香球茎，并推动价格上涨。1635年，炒买郁金香的热潮蔓延为全民运动，人们购买郁金香已经不再是为了其内在的价值或作观赏之用，而是期望其价格能无限上涨并因此获利。在某个时期，一朵郁金香的价值相当于2.5万美元，一个熟练工匠年薪的10倍，可以供下层阶级家庭一辈子吃、穿、住。1637年2月4日，郁金香市场突然崩溃，6个星期内，价格平均下跌了90%。郁金香事件，是人类史上第一次有记载的金融泡沫经济，此事件间接导致了作为当时欧洲金融中心——荷兰的衰落①。

与郁金香类似的投机狂热通常会经历三个阶段：第一阶段是某个小圈子里面在玩，物品一般具有相当的稀缺性，在小圈子的价值认同作用下价格一路走高；第二阶段就开始出圈，一般是对相关产业具有一定了解的非核心人员为了牟利而参与进来；第三阶段则是门外汉入场，随着市场魔幻故事的散播，对产业丝毫不了解的人抱着投机心理开始纷纷入场，投机热潮迅速高涨，并在短时间内将物品价格推到顶峰，然后一旦没有新资金进入接盘的时候，价格马上断崖式下跌，市场迅速崩盘。

比特币不具备任何使用价值，比特币与当年的郁金香似乎有着异曲同工的性质。比特币信仰者们相信它是独一无二的稀缺品，但是他们忽略了比特币其实是通过共识算法设置的。比特币可以是稀缺品，但个人共识算法却不是稀缺品，谁掌握了算力的主动权，谁就有能力控制币价。在交易所上市之后，分叉币持有者先用一定的资本拉高分叉币，营造出追捧假象，再将自己"预挖"的分叉币卖出套利，目前比特币可以统计的分叉币已经超过了100个。

> 比特币分叉是比特币区块链产生了两条及以上的不同分支的情况。当矿工挖矿时，可能有两个或两个以上矿工都挖出了新的区块，并且都是满足要求的不同区块。在广播后，不同的节点可能将不同的区块分别加入到各自的比特币区块链中，产生不同的区块链，就可能产生分叉。

2022年5月1日，巴菲特在股东大会上和他的好友芒格再次坚定地表达了对比特币等加密货币的厌恶[166]。巴菲特认为比特币并不是一种有生产能力的资产，它的价值就是取决于下一个人给上一个拥有比特币的人付多少，有很多人都参与了这个赌博的游戏、炒作的游戏。但是这个钱在不同的人那边移来移去，他们只是改变了拥有者，只是改变了它的所有人。芒格则认为比特币是很愚蠢、很邪恶的、能给人们带来伤害的东西，并称赞中国领导人对待比特币的智慧。

---

① 转自百度百科"郁金香事件"。

13.3 案例教学设计

13.3.1 案例知识点

案例知识点设计如图 13-4 所示。

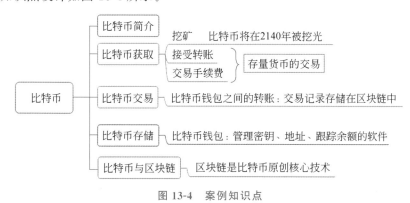

图 13-4 案例知识点

13.3.2 教学设计

1. 教学用途

本案例适用于比特币基础知识的讲解，让学生理解比特币的定义、基本原理和优缺点。

2. 教学目标

知识层面：比特币的定义、交易流程。

能力层面：理解比特币的技术原理和优缺点，比特币的危害，比特币相关技术对于电子货币的影响。

价值层面：理解科学技术是把双刃剑，一定要正确对待。引导学生理性看待投机，学会脚踏实地。

3. 教学过程

本案例的教学过程分为课前、课中和课后三个阶段，具体内容见表 13-1。

表 13-1 "比特币基础"教学过程

学习阶段	教学方法	学习内容
课前	案例阅读	比特币案例材料阅读
课中	案例讨论	比特币的意义、思政元素
	概念讲解	比特币的概念，区块链技术，比特币的获取方式、交易流程、存储
	案例剖析	数字货币的分类

续表

学习阶段	教学方法	学习内容
课中	启发式教学	信息安全和密码技术之间的关系 区块链技术的应用前景
课后	分组讨论	讨论比特币的危害、各个国家对比特币的政策，并以报告的形式提交
	情景教学	体验使用数字人民币

13.3.3 教学内容

1. 比特币的由来

中本聪于 2008 年 11 月 1 日在一个密码学讨论组上贴出了比特币系统的白皮书（一种点对点的电子现金系统），中本聪在白皮书里完整地阐述了比特币的原理以及他对虚拟货币的看法。2009 年 1 月 3 日，比特币概念问世。比特币的价格变动经历了以下阶段。

（1）第一阶段（2008—2010 年），2010 年 5 月 22 日，美国佛罗里达州一个程序员用一万个比特币向比特币爱好者"购买了"两个价值 25 美元的披萨，当时比特币的市场价格等于 0.25 美分。

（2）第二阶段（2011—2017 年），随着 2012 年比特币衍生品的诞生，以及 2013 年中国的投资流动性宽松，比特币从 2013 年第一季度到 10 月，半年多的时间，价格从 13 美元飙升到 140 美元。2017 年年初比特币价格首次超过 1000 美元。

（3）第三阶段（2018—2020 年），比特币的价格在几千美元到 1 万美元左右波动。

（4）第四阶段（2021—2022 年），比特币巨幅波动，从 1 万美元到 6 万美元之间快速起落。

比特币是怎么发行的？ 与大多数货币不同，比特币不依靠特定货币机构发行，它依据特定算法，通过大量的计算产生。比特币使用整个 P2P 网络中众多节点构成的分布式数据库来确认并记录所有的交易行为，并使用密码学的设计来确保货币流通各个环节的安全性。P2P 的去中心化特性与算法本身可以确保无法通过大量制造比特币来人为操控币值。基于密码学的设计可以使比特币只能被真实的拥有者转移或支付，这同样确保了货币所有权与流通交易的匿名性。比特币与其他虚拟货币最大的不同，是其总数量非常有限，具有一定的稀缺性，比特币的总数量约为 2100 万个[167]。

比特币是怎么增发的？ 比特币网络通过"挖矿"来生成新的比特币，比特币网络会自动调整数学问题的难度，让整个网络约每 10min 得到一个合格答案。随后比特币网络会新生成一定量的比特币作为赏金，奖励获得答案的人，这个奖金就算是挖到的比特币。挖矿是比特币增发的唯一方式。

比特币简介：
- 比特币是一种 P2P 形式的虚拟的加密数字货币。

- 依据特定算法产生,使用 P2P 网络中众多节点构成的分布式数据库来确认并记录交易,使用密码学确保货币流通各个环节安全性。

2. 比特币获取

用户获取比特币方式有两种:挖矿、接受转账和交易手续费,其中,挖矿能增发比特币,接受转账和手续费是存量比特币的转移。

(1) 挖矿。唯一产生比特币的一种方式,在比特币网络中,有这样的奖励机制:最快记账者可以获得记账奖励。约每隔 10min 发放一次奖励,如 2023 年 4 月一个区块的奖励金为 6.25 个比特币,再加上手续费,按照目前的价格(约 3 万美元一枚),一次挖矿奖励可以达到一百多万元人民币。由于巨额暴利,投机者们对挖矿趋之若鹜。

(2) 接受转账。即普通的转账交易。

(3) 交易手续费。当用户转账的时候,发起转账方需要支付一定的转账费用,不同的平台收取的费用不同。矿工可以从每笔交易抽成,具体的金额由支付方自愿决定。矿工们总是优先处理手续费最高的交易。目前由于交易数量猛增,手续费已经水涨船高,一个区块两千多笔交易的手续费总额可以达到 3～10 个比特币。如果手续费过低,很可能过了一个星期,交易还没确认。

挖矿[168]是增加比特币货币供应的一种方式,比特币网络通过"挖矿"来生成新的比特币,挖矿流程见图 13-5。所谓"挖矿"实质上是用计算机解决一项复杂的数学问题,来保证比特币网络分布式记账系统的一致性。比特币算法让整个网络约每 10min 得到一个合格答案。随后比特币网络会新生成一定量的比特币作为赏金,奖励获得答案的人。所以,每 10min 就会有一个新的区块被"挖掘"出来,每个区块里包含着从上一个区块产生到目前这段时间内发生的所有交易,这些交易被依次添加到区块链中。把包含在区块内且被添加到区块链上的交易称为"确认"交易,交易经过"确认"之后,新的拥有者才能够花费他在交易中

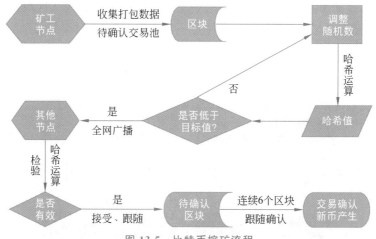

图 13-5　比特币挖矿流程

得到的比特币。

挖矿奖励机制：

比特币协议规定,挖到新区块的矿工将获得奖励,一开始(2009 年)是 50 个比特币,然后每隔 4 年减半,2023 年是 6.25 个比特币,流通中新增的比特币都是这样诞生的。

2009 年比特币诞生的时候,每笔赏金是 50 个比特币。诞生 10min 后,第一批 50 个比特币生成了,而此时的货币总量就是 50。随后比特币就以约每 10min 50 个的速度增长。当总量达到 1050 万时(2100 万的 50%),赏金减半为 25 个。当总量达到 1575 万(新产出 525 万,即 1050 的 50%)时,赏金再减半为 12.5 个。由于比特币可以分割到小数点后 8 位,理论上,到 2140 年,比特币的数量将停止增加,这时,矿工的收益只能来自交易手续费。

3. 比特币交易

在货币系统中,当用户进行转账或者交易时,需要通过中央数据库,确保两个交易用户的余额同时一增一减。比特币的交易则是借助区块链技术,把整个账本全部公开,实时同步,任何人都无法修改账本。比特币的区块链就是一种存储了全部账本的链式数据库,通过一系列密码学理论进行防篡改,并且实现了去中心化。

比特币交易就是一个地址的比特币转移到另一个地址,交易流程见图 13-6。由于比特币的交易记录全部都是公开的,某个地址拥有多少比特币是可以被查到的,因此,支付方是否拥有足够的比特币来支付交易,是可以轻易验证的。转出比特币的一方还必须提供上一笔交易的哈希、本次交易双方的地址、支付方的公钥、支付方的私钥生成的数字签名。基于这些信息进行交易验证,确认交易的真实性以后,将交易数据写入数据库,这笔交易才算完成。所有的交易数据都会传送到矿工那里,矿工负责把这些交易写入区块链。交易一旦写入了区块链,就无法修改了。区块链记载了每一笔交易,可以通过交易记录算出某个用户拥有多少资产。

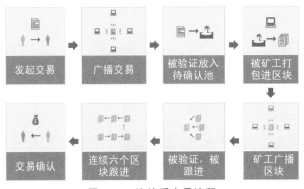

图 13-6　比特币交易流程

4. 比特币的存储

比特币存储在比特币钱包里,钱包是管理密钥、地址、跟踪余额和创建交易的软件。比特币交易数据是存储在区块链上的。比特币钱包实际上包含一个或多个允许拥有者签署交易的私钥,这些私钥是拥有比特币的数学证明,这些私钥也可看作比特币的密码,如果私钥被盗取,比特币就可能被盗走。当然,如果钱包丢失,也就意味着比特币无法被使用。所以,安全地存储比特币钱包及其私钥非常重要。

如果在某些地方,比特币被广泛用于支付,比特币钱包也是用来发送和接收比特币进行日常交易的程序。最好将少量比特币存储在随身携带的钱包中(例如,在手机上),而将大量比特币留在更安全的位置。如果钱包丢失,想找回将非常困难,备份钱包是防止比特币丢失的重要措施。

5. 比特币与区块链

在比特币被发明之前,世界上并不存在区块链。区块链是比特币的原创核心技术,区块链负责记载比特币的所有交易记录,可以说区块链是一种负责记载交易记录的数字账本,也可理解为一种纸质账本的数字版本。一定数量的交易记录被编译为一个区块,并将其作为最新区块链接到旧区块;因为这些块与块之间互相链接,所以称为区块链。如果把区块链看作一个纸质账本,那么每个区块就相当于这个账本中的一页,在比特币中,每10min生成一页新的账本,每一页账本上记载着比特币网络这10min的交易信息。

区块链通过密码学技术将各个区块连接起来,能有效保证区块中的数据不被篡改,所以区块链本质上其实是一个分布式的、不可篡改的数据库,具有可验证的信任特性。比特币发明之后,很多人参考比特币中的区块链,使用类似的技术实现各种应用,这类技术统称为区块链技术,用区块链技术实现的各种链都可成为区块链。

比特币作为区块链的第一个应用,也是目前区块链技术最成功、最成熟的应用案例。除了支持比特币,区块链技术也可用于数字身份验证、清算业务等传统的必须由第三方介入的业务,从而有效降低交易成本。

> **区块链是数字化时代的"安全基座"**
>
> 区块链主要应用的范围包括数字货币、金融资产的交易结算、数字政务、供应链领域、汽车产业、公共服务领域、信息安全领域、存证防伪数据服务等领域。区块链是将数据区块有序链接,每个区块负责记录一个文件数据,并进行加密来确保数据不能够被修改和伪造的数据库技术。
>
> 区块链是互联网发展到一定阶段的必然产物,是在低成本、高效、快捷的基础上对其安全可信及多元价值传递与贡献分配体系的完善,是新一代社会信任关系构建的基石[169]。

> "强国杯"技术技能大赛——区块链技术创新与应用赛
> 　　该比赛的国赛由工业和信息化部教育与考试中心主办，北京百度网讯科技有限公司和北京知链科技有限公司联合承办。从 2022 年开始，广东省省赛本科赛段由北京知链科技有限公司主办、暨南大学承办。

13.3.4　课后作业

（1）简述比特币的技术原理。

（2）你会不会去投资比特币？说说理由。

（3）简述比特币的危害以及各国对比特币的政策。

（4）你是否使用过数字人民币？简要说明数字人民币与虚拟货币的区别。

13.4　延伸阅读

13.4.1　比特币还有未来吗

比特币挖矿是一项十分耗电且不环保的过程。2022 年 6 月 1 日，据 CryptoMonday 统计得出，单笔比特币交易所需要消耗的电量大概在 2165kW·h，由于电费上涨，比特币挖矿效率大幅降低，有超过 75% 的比特币矿工都将收入用于支付电费。比特币挖矿不仅耗费大量电力，还排放大量二氧化碳，仅 2020 年通过挖矿排放的二氧化碳就达到了 7000 万吨，占全球排放总和的 1%，据测算，如果不加限制的话，20 年内"挖矿"或将全球气温推高 2℃，其后果不堪设想。

因为中国拥有专业的矿机制造商和相对廉价的电力供应，有许多矿场都设在中国境内，2020 年 4 月，剑桥大学发布比特币全球算力追踪显示，中国比特币矿池的算力大约占整个比特币网络的 65%，这为中国的碳减排任务带来很大压力。此外，由于虚拟货币去中心化和匿名特性，为世界上许多犯罪活动提供了资金转移和资金估值的方便，在某种程度上为跨境洗钱和恐怖犯罪活动提供了便利条件。比特币之类的虚拟货币肆意挖矿和无序炒作，扰乱了经济金融秩序，已经危害到了国家金融安全。由于比特币价格波动巨大，因为炒币导致家破人亡的例子不在少数，严重危害了社会稳定。

货币是国家度量物品价格的工具，是购买货物、保存财富的媒介。任何货币都需要国家力量的加持，而国家力量的背后，就是黄金、石油、铁矿等有形财富。但是，比特币的背后是没有实际价值的数字，严格来说，比特币不算是货币。目前中国已经禁止比特币交易，美国、英国、日本、法国都就比特币发出了警告。

我们要对比特币有清醒的认知：比特币是区块链技术的一种应用，但是是一种过度负面的应用。新技术要应用在有意义的事情上，任何投机取巧，终将付出代价。

13.4.2 数字人民币技术

数字人民币(e-CNY)是中国人民银行发行的数字形式的法定货币,它同时具有数字货币和电子支付两层含义。数字人民币既克服了比特币无政府背书、价格幅度大、记账时间长等各项弊端,又不单单限于支付宝、微信支付的工具定位。

数字人民币借鉴了比特币等去中心化加密货币的很多原理,如可追溯性、不可篡改性等区块链特性,但本质上却完全不同。比特币是去中心化的,其价值没有任何机构或政府来背书,完全取决于社群共识。但数字人民币本质还是中国的法定通币,由中央银行进行信用担保。此外,数字人民币也没有采纳比特币的多节点确认方式,否则,每次支付的确认时间是相当漫长的,完全无法满足今天的各种并发交易场景[170]。

数字人民币既借鉴了区块链加密货币的可追溯性和不可篡改性特点,又充分融合了第三方支付平台的高并发性能,在不改变政府信用背书的前提下,提高了货币流通效率,又解决了货币犯罪问题,还为人民币国际化做好了最根本性的铺垫。数字人民币绝对算得上中国金融史上最伟大的科技创新、制度创新和人文创新,也是中国金融强国的利器[84]。

13.4.3 数字货币的分类

人们常听说的数字货币有三种:电子代币、虚拟货币和游戏币。

电子代币是法币的一种电子化形式,对应的是银行中的金额,数字人民币①是一种电子代币。数字人民币字母缩写按照国际使用惯例暂定为"e-CNY",是由中国人民银行发行的数字形式的法定货币,由指定运营机构参与运营并向公众兑换,以广义账户体系为基础,支持银行账户松耦合功能,与纸钞硬币等价,具有价值特征和法偿性,支持可控匿名。数字人民币作为法定货币的数字形式,其交易支付可实现实时到账、零手续费、双离线支付,从而降本增效,为社会公众、小微商户、企业带来实惠与便利。2021年国家发展改革委等多部门印发《加快培育新型消费实施方案》[171],其中提出,加快数字人民币的试点推广,优先选择部分新型消费活跃的城市进行试点,着力提高金融运行效率、降低金融交易成本。据广州日报报道,2022年4月29日,天河区启动数字人民币试点体验推广,广州市人民政府、中国人民银行广州分行联合印发《广州市推动数字人民币试点工作实施方案》,明确广州将分3个阶段加快推动26类数字人民币应用场景在广州落地,重点推动数字人民币在食、住、行、游、购、娱、医等7类重点民生领域的推广应用,逐步实现数字人民币在重大活动、专业市场、政务服务、财政支付等11类特定领域的推广应用以及物联网、预付款、工程款等8类创新应用场景,力争在广州市率先建立线上、线下全场景数字人民币应用生态。

虚拟货币是一种不受管制的数字货币,通常由其开发者发行和控制,并在特定虚拟社区的成员中使用和接受。2014年,欧洲银行业管理局将虚拟货币定义为"既不是中央银行也

---

① 转自百度百科"数字人民币"。

不是公共机构发行的数字化价值表示，也不一定是法定货币所附带的，而是自然人或法人所接受的一种数字表示形式。依据我国相关法律的规定，虚拟货币是指虚拟的商品，不是由货币当局发行，不具有法偿性与强制性等货币属性，不属于真正的货币，比较出名的虚拟货币有比特币、以太币等。2021 年 2 月，前十大虚拟货币价格见图 13-7。虚拟货币是不受我国金融系统支持的，相比之下，由中央银行发行的数字货币才被定义为"中央银行数字货币"。

游戏币仅限于在游戏中流通，购买游戏道具，发行主体由公司或游戏官方，可以无限发行，不具备普世价值。例如 Q 币、Q 点、盛大点券、百度币、各种元宝、金币等。

#	币种	最新价	24h涨幅	24h成交	市值/占比	
1	ⓑ BTC-比特币	$50,409.12	-0.95%	$64.32亿	$9,523.94亿	40.66%
2	◆ ETH-以太坊	$4,311.43	-0.77%	$39.31亿	$5,114.94亿	21.84%
3	◈ BNB-币安币	$572.21	-2.86%	$10.20亿	$954.13亿	4.07%
4	ⓣ USDT-泰达币	$1.001	-0.02%	$267.10亿	$762.75亿	3.26%
5	▦ SOL-Solana	$188.72	-3.20%	$85,138.61万	$579.72亿	2.48%
6	☀ ADA-艾达币	$1.365	-5.39%	$52,429.32万	$455.13亿	1.94%
7	ⓤ USDC-USD ...	$1.0000	0.00%	$39,445.92万	$409.33亿	1.75%
8	✕ XRP-瑞波币	$0.8119	-2.08%	$44,385.58万	$383.53亿	1.64%
9	♟ DOT-波卡币	$29.02	2.90%	$85,518.48万	$286.50亿	1.22%
10	Ⓛ LUNA-Terra	$67.63	1.97%	$16.18亿	$259.01亿	1.11%

图 13-7　2021 年 2 月前十大虚拟货币价格[172]

13.5　思政总结

本案例的思政总结见表 13-2。

表 13-2　"比特币基础"思政总结

学习阶段	学习内容	思政元素	思政融入
案例材料	比特币骗局	君子爱财，取之有道	比特币不能凭空产生价值，希望从比特币获取收益本身就是一种投机取巧行为，通过比特币诈骗更是犯罪行为。对于普通比特币投资者而言，炒的是镜花水月，亏的是真金白银。任何时候，赚钱都要"取之有道"，不能抱有侥幸心理，在金钱面前失去理智

续表

学习阶段	学习内容	思政元素	思政融入
案例材料	比特币炒作	崇尚价值、摒弃虚妄	比特币炒作是典型的庞氏骗局，比特币无价值、无背书，只是一些毫无意义的数字。参与炒作的人，一部分是造势者，一部分是跟风者，前者拥有主动权，后者屈从于贪欲
教学内容	比特币原理	寻根溯源、求真务实	区块链技术已被应用于各行各业，利用区块链技术可以实现寻根溯源。每个人都要用求真务实的态度对待生活中的一切，可以借助区块链技术帮我们实现业务的管理
延伸阅读	数字人民币	积极探索、勇于创新	比特币是虚拟货币，数字人民币是法定货币。数字人民币借鉴了区块链技术，与比特币不同的是具有集中的特点。数字人民币的诞生属于技术创新应用，能够便利人们的生活、推进人民币国际化进程

"资讯科技"课程思政备赛案例

这一部分介绍第三届全国高校教师教学创新大赛（课程思政组）和2021年广东省首届本科高校课程思政教学大赛的比赛规则，以及"资讯科技"课程思政大赛参赛材料。

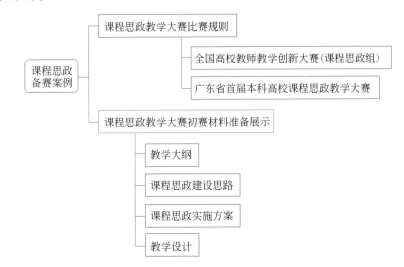

2022年9月16日上午，在2022年全国高校教师发展中心工作研讨会上，高教司副司长武世兴做了报告。他强调，各高校要正确认识"课程思政"的内涵，"课程思政不仅仅是课程的思政，而是一个大概念，是对学科专业建设、人才培养方案、课程体系建设、教学体系建设、教材建设、课堂教学、教师队伍建设、评价激励等一体化的一个设计。"武世兴司长透露，在即将启动的第三届全国高校教师教学创新大赛中，将专设课程思政组，进一步推动提高高校教师课程思政教学意识和能力。2022年11月2日，教育部高等教育司转发了高教学会《关于举办第三届全国高校教师教学创新大赛的通知》，其中大赛专门增加了第6组"课程思政组"。

第14章

课程思政教学大赛比赛说明

14.1 全国高校教师教学创新大赛(课程思政组)

第三届全国高校教师教学创新大赛首次加入了课程思政组,课程思政组全国名额 60 名,占总名额的 12.9%。第三届全国高校教师教学创新大赛比赛成绩包括网络评审成绩和现场评审成绩,具体见图 14-1,评审材料中不得出现个人或者学校信息。教学创新大赛评分标准(课程思政组)见附录 C。

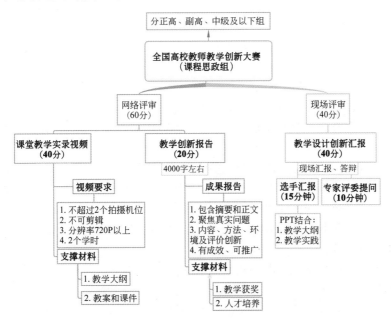

图 14-1　第三届全国高校教师教学创新大赛评审要求(课程思政组)

14.2　广东省首届本科高校课程思政教学大赛

广东省首届本科高校课程思政教学大赛[173]中，比赛成绩包括材料评审成绩和现场决赛成绩，具体见图 14-2。广东省首届本科高校课程思政教学大赛评审标准见附录 D。

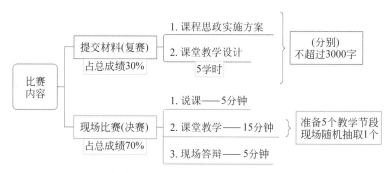

图 14-2　广东省首届本科高校课程思政教学大赛评审要求

（1）参赛教师需要提交的材料占比赛总成绩的 30%，主要包括以下三部分（提交的材料还包括"盖章的推荐表"和"签名的承诺书"）。

① 参赛课程的课程思政实施方案。阐述在本门课程的教学中课程思政元素与专业知识技能有机融合的思路、方式、成效等，正文字数不超过 3000 字。

② 参赛课程的教学大纲。大纲应体现课程育人目标与课程思政内容，正文字数不超过 3000 字。

③ 参赛课程的课堂教学设计。以 1 学时为基本单位，提交参赛课程不同章节的 5 个学时的课堂教学设计（须有目录）。每个学时的教学设计应体现课程思政内容，体现课程思政元素与专业知识技能有机融合的方法策略等。每个教学设计正文字数不超过 3000 字。

【提醒】
- 除个人参赛推荐表、承诺书以外，参赛者上传提交的其他所有材料均不得以任何形式泄露参赛教师个人信息及所在高校的信息，否则取消参赛资格。
- 参赛课程内容及相关材料价值导向正确，参赛作品是参赛者本人的教学成果，不得抄袭、剽窃他人作品，否则取消参赛资格。

（2）比赛项目包括说课、课堂教学和现场答辩，占比赛总成绩 70%，具体包含项目如下。

① 说课。参赛教师进行 5 分钟说课，阐明参赛课程的教学设计思路与实施路径，着重说明在教学组织过程中如何实现课程思政元素与专业知识技能有机融合，达成课程育人目标。

② 课堂教学。参赛教师从复赛已提交的 5 节课中抽签确定本人参赛的具体教学节段，进行 15 分钟的现场教学。

③ 现场答辩。评委根据参赛教师表现及相关教学要求等进行提问，选手即时解答，时间不超过 5 分钟。

第15章

课程思政教学大赛 初赛材料准备展示

15.1 "资讯科技"课程教学大纲

1. 课程基本信息

课程基本信息见表 15-1。

表 15-1 课程基本信息

项　　目	说　　明
课程名称（中文）	资讯科技
课程名称（英文）	Information Technology
课程代码	01050025
课程性质	通识必修课
课程学分	3
总学时数	72：理论 36 学时，实验 36 学时 （含线上和线下学时）
适用专业	暨南大学非计算机专业
适用年级	本科一年级
考核方式	课堂表现＋慕课成绩＋期末闭卷考试

2. 课程介绍

1) 课程背景

"资讯科技"课程是暨南大学面向港澳台侨生的计算机通识教育必修课。该门课程主要介绍信息技术的基本知识及应用。课程将信息技术理论与具体的现实问题结合,采取理论与实践相结合的方式探讨如何将信息技术应用于日常生活和专业学习的过程。

2) 课程定位

"资讯科技"在课程结构中具有的重要作用:一方面,信息技术正在深入改变人们的生活方式,学生有必要掌握最新的信息技术及应用;另一方面,也为后续专业类课程的学习奠定了基础。学生通过全面、系统地学习信息技术的概念、理论与应用,不仅能够提升学生的信息技术素养,还能将信息技术应用于本专业的学习与研究。在学习的过程中,理解我们国家信息技术发展面临的机遇与挑战,初步建立信息技术知识框架,从而建立起具有前瞻性的信息技术思维体系,为专业学习提供理论基础。让学生在学习理论的同时,认识到作为一名具有全球视野的大学生所应当具有的辩证发展眼光看待问题的能力,以及对社会和国家负有的责任和义务。

3. 课程目标

1) 基本目标

(1) 知识目标:使学生了解信息技术的基本机理以及信息技术的应用,具备信息技术相关知识与理论基础。

(2) 能力目标:通过该门课程的学习,希望培养学生掌握信息技术应用的能力,能通过信息技术解决日常生活以及专业问题的能力。

(3) 价值目标:提高学生的信息获取、分析、加工、交流、创新、利用的能力,培养协作意识和能力,促使学生掌握在信息社会中的思维方法和解决问题的方法,培养良好的职业道德、家国情怀和全球视野,最终能够"掌握信息技术、创设美好生活、肩负时代使命"。

2) 专业目标

通过本课程的教学,使学生具备下列能力。

(1) 掌握以计算机技术为核心的信息技术基本知识。

(2) 能够具备计算思维和利用计算机分析问题、解决问题的意识与能力。

(3) 熟练掌握文本、数据和多媒体编辑工具的使用,培养学生应用计算机解决实际问题的能力。

(4) 能够提高学生的信息能力与信息素养,为后续课程的学习打下基础。

4. 教学内容

1) 理论内容

具体内容见图 15-1,主要包括计算机系统、操作系统、数据的表示与存储、数据管理示例、算法基础、程序设计、互联网技术及应用(如物联网、云计算、大数据、人工智能等新技术)、信息安全等。

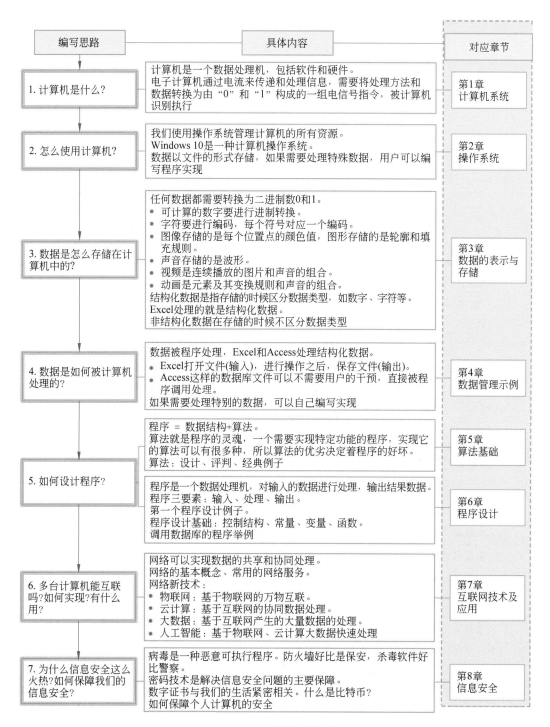

图 15-1 教材章节内容

根据理论教材中的章节安排,学时分配见表 15-2,其中,"＋"后面的学时是线上学时。

表 15-2　理论课学时安排

序　号	章　节	学　时
1	第 1 章 计算机系统	3
2	第 2 章 操作系统	3
3	第 3 章 数据的表示与存储	5
4	第 4 章 数据管理示例	4
5	第 5 章 算法基础	4
6	第 6 章 程序设计	3＋2
7	第 7 章 互联网技术及应用	2＋6
8	第 8 章 信息安全	2＋2

2）实验内容

实验要求：熟练掌握 Windows 基本操作,重点是磁盘管理、文件和文件夹管理、Windows 系统常用设置方法、Word 高级操作技巧、掌握 Excel 常用函数、公式编写及数据分析和管理操作,基本掌握可视化软件 Raptor 的基本操作,能够编写简单算法,熟悉 Python 编码流程,掌握思维导图软件 XMind 的使用,根据实验教材中的章节安排和教学目标,实验内容和学时分配见表 15-3。

表 15-3　实验项目一览表

序号	实验项目名称	实验内容	对应章节	学时
1	数据获取与清洗	2.2 基本数据获取（模仿）	2.2	2＋2
2	数据获取与清洗	2.3 网页数据爬取/2.4 数据清洗（模仿）	2.3	2
3	表格数据处理	3.2.3 工作表的创建与数据输入实验（一）	3.2.3	2
4	表格数据处理	3.2.5 函数与公式计算实验（二）	3.2.5	2
5	表格数据处理	3.3.4 排序、分类汇总与数据透视表实验（三）	3.3.4	2
6	表格数据处理	3.3.6 自动筛选和高级筛选实验（四）	3.3.6	2
7	表格数据处理	3.4.4 图表的创建与编辑实验（五）	3.4.4	2
8	图像处理	4.2 图像修复	4.2	2
9	图文报告	5.2.3 排版练习实验	5.2.3	2
10	图文报告	5.3.2 批注与修订实验	5.3.2	2
11	图文报告	5.4.3 长文档编排实验	5.4.3	2
12	演示文稿	6.2 常见幻灯片元素设计/6.3 PPT 动画	6.2	2

续表

序号	实验项目名称	实验内容	对应章节	学时
13~14	自选	1. 任选 7~10,12 章中的一章,完成一个独立功能的作品设计 2. 用 XMind 制作两个思维导图,分别总结本课程中的理论知识点和自建的实验内容 **可以提前布置给学生**	7~12	2+8

3）思政元素设置

表 15-4 主要针对理论课的内容设计了课程思政的融入元素。

表 15-4　思政元素安排

教学内容与学时分配	思政元素
第1章 计算机系统	1. 规律指导人们生产生活,要善于总结 2. 合作精神的重要性 3. 大胆想象、勇于创新 4. 学会多角度看问题 5. 星星之火可以燎原
第2章 操作系统	1. 时刻有忧患意识 2. 抓住主要矛盾,透过现象看本质 3. 华罗庚:吾爱吾国 4. 天河二号:第一超算背后的故事 5. 鸿蒙操作系统
第3章 数据的表示与存储	1. 理解国家"十四五"规划数字化建设的主要内容和亮点 2. 深入理解数字化及其商业意义 3. 王选院士的事迹与精神
第4章 数据管理示例	1. 请从官网下载软件 2. 莫让计算机软件偷走你的宝贵时间 3. 请支持国产数据库 4. 论核心竞争力的重要性
第5章 算法基础	1. 做好规划、事半功倍 2. 空谈误国,实干兴邦 3. 精益求精、追求卓越 4. 辩证思维 5. 条条大道通罗马
第6章 程序设计	1. 中国无自创程序设计语言 2. 先有基础、再有进步 3. 做个有原则的人 4. 千里之堤溃于蚁穴 5. 用编程的方式,揭秘校园贷的圈套

续表

教学内容与学时分配	思政元素
第7章 互联网技术及应用	1. 认清美国"清洁网络"计划 2. 中国北斗20年 3. 中国互联网科技公司知多少 4. 大数据与隐私保护 5. 疫情与大数据
第8章 信息安全	1. 网络信息安全：一场没有硝烟的战争 2. 法律法规意识 3. 国家安全和个人信息安全 4. 密码学家王小云的初心 5. 用区块链思想武装自己

5. 教学策略与思政融入

（1）课堂讲授。课程内容涉及较多理论知识，将采用以课堂讲授为主的教学方法，教师主要借助 PPT 课件和教学素材（视频、图片等），进行口头讲解。

（2）线上教学。结合课程组自建的线上资源（例如，学堂在线、腾讯课堂、课程平台等），合理安排线上学习内容，引导学生进行线上学习、讨论、测试等。

（3）专题讨论。为了培养学生的独立思考与逻辑思辨能力，在课堂教学时设置一些专题讨论环节。针对课程涉及的重要话题，教师组织学生开展小组讨论，充分发挥学生学习的主动性。

（4）翻转教学。结合课程重要知识点，穿插安排学生以教师的身份进行实物展示讲解和提问互动，发挥学生主体性，做到"生生有互动"。

（5）案例教学。基于课程组设计的典型案例，引导查阅指定的资料和读物，搜集必要的信息，并积极地思索，以分组的形式初步形成关于案例中的问题的原因分析和解决方案。

6. 考核方式及课程评价

本课程团队基于港澳台侨生特点制作了适合线上线下混合式教学的多维立体化教学资源，课程已经基于线上线下混合教学教学模式进行了教学实施。

（1）考核方式。

本课程实施的 O2FP2 评价模式具体组成见图 15-2，结果性评价成绩×50％＋形成性评价成绩×50％。结果性评价：期末考试采用闭卷的形式。形成性评价包括以下方面。

- 思政学习评价。占总成绩10％，主要通过课后问题思考、案例剖析等方式进行。
- 线上学习评价。占总成绩20％，要求完成内容学习、参与讨论等。
- 探究式学习评价。占总成绩10％，每4～6名学生组成一个学习小组，分组探究一个学习主题，必要时头脑风暴，完成作品或者测试。
- 实践性学习评价。占总成绩10％，个人或者分组进行实践练习，积极参加信息技术竞赛。

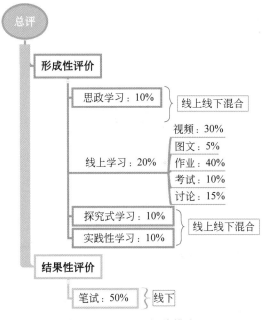

图 15-2 O2FP2 评价模式

（2）课程目标达成评价，见表 15-5。

表 15-5 课程目标达成情况评价

教学目标	知识目标（25%）			能力目标（35%）			素质目标20%）		课程思政目标（20%）	
考核项目	课堂讨论	小组作业	期末考试	课堂讨论	小组作业	期末考试	小组作业	期末作品	小组作业	期末考试
系数分配	20%	50%	30%	10%	45%	45%	50%	50%	70%	30%

7. 课程参考文献

授课教材：

（1）刘小丽,温金明,王肃,等.数据处理实践教程(微课版)[M].北京：清华大学出版社,2022.

（2）刘小丽,杜宝荣,胡彦,等.计算机科学基础[M].北京：清华大学出版社,2020.

参考教材：

（1）余宏华,刘小丽.计算机科学基础习题与解析[M].北京：清华大学出版社,2020.

（2）陈展荣,刘小丽,余宏华,等.数据科学基础实践教程[M].北京：人民邮电出版社,2020.

（3）Jamrich Parsons，Dan Oja. New perspectives-computer concepts comprehensive (20th edition)[M]. China Machine Press，2019.

线上资源：

线上资源见二维码。

15.2　课程思政建设思路

1. 深化课程改革，发挥课程特色

在"大思政"工作格局下，充分发挥专业特色，坚持立德树人，在"三全育人"视角下，发掘专业课特色思政教育元素、学科特点、学校特色，发挥各自领域专长，拓展教学内容深度和广度，在教学方式、教学内容、教学方案、教学理念上，实施"课程思政"全方位课程改革。

2. 丰富教学形式，创建高效课堂

在信息技术高速发展的今天，课程思政建设要拓宽教学手段，在提升教学理念的同时，不断创新教学手段的改革，注重第二课堂教育，提升学生学习兴趣。随着多媒体技术、VR、AR 等技术的发展，市面上涌现了许多虚拟仿真的软件、平台、程序等辅助教学国家，例如，腾讯课堂、雨课堂、超星学习通 App 等实现教、学、考、管、评等功能；使用学堂在线、中国大学慕课等精品课程网站资源，实现翻转课堂，支撑课下自主学习；资讯新闻、虚拟平台、智慧实训室、一体化实训室、直播等。新颖的信息化教学手段便于学生利用碎片时间学习、有效建立师生连接、提升学习效果。

3. 做好内容设计，采用案例贯穿

课程的开发设计要从学生求知需求出发，遵循学生成长规律，立足人才培养目标和学科优势，进行系统设计，在教学目标的制定过程中注重"术道结合"，深度拓展教学内容。另外，课程设计中要注意课堂话语传播的有效性，在网络深度讨论、角色体验与情感模拟、翻转课堂等探索中，引导大学生通过体验式思考，实现理性认知和情感共鸣与行为认同[174]，引导学生具有正确分辨社会现象、掌握社会发展规律的能力，积极引导学生树立正确价值观、人生观，有效推进课程思政教育融合，推动思政教学活动有效开展。要想满足这些条件，就需要结合时下热点事件、时政新闻等设计鲜活的案例，通过吸引学生的兴趣①激发他们对新问

---

①　美国著名心理学家布鲁纳说："最好的学习动机是学生对所学知识本身的内在兴趣"，兴趣是学生学习的内驱力，是学好功课的重要前提。

题、新方法和新技术的探讨。

15.3 课程思政实施方案

1. 思政融入原则和目标

1）融入原则

遵循教书育人原则。课程建设必须遵循教人育人的原则。遵循教书育人的原则，要根据学生的成长规律，根据大学生对知识的需求，根据人才培养的目标和学科的优势，充分发挥专业课程的特点，在教学目标设定和课堂教学设计过程中，注重思政教育与学科教学的结合。在进行课程设计时，要深入探讨其中所包含的学术内涵和传承，并提取出爱国情感的要素、社会责任、文化自信和人文精神，这些要素是课堂教学的"灵魂"。以"教书育人"作为整合思政教育和课堂教育的原则，指导大学生积极参与和思考，激发学生对专业课程学习的兴趣和专注度，达到社会主义核心价值观的思政教育的目标。

立足学科优势原则。要有效地将思政教育与各个学科教学相结合，不仅要与时俱进，还要紧密结合学校的办学特色和专业优势，响应学生的关注，确定专业教学内容和途径。同时，还需要充分利用学校现有的思政教育资源和学生的课程安排。思政教育应该精炼，并保持其有效性。同时在对思政教育内容进行设计的过程中，应该尽可能地接近课堂教育的内容，从而激发学生思考力，提高学生的参与度，以激发学生的兴趣和热情。不仅可以提高学生的专业能力，同时还包含许多爱国主义和人文精神的教育元素。在提高学生追求科学真理精神热情和毅力的同时，还能够激发学生的爱国主义精神。

2）思政目标

由于中小学阶段教育思政教育缺失或者偏离，相对于内地生，港澳台侨生的思政教育尤为重要。我校是国内港澳台侨生最多的高校，我们有较多的学生可供调研反馈，调研反馈结果可用于课程建设，修选"资讯科技"的港澳台侨生规模在国内也处于前列，我们课程团队有义务和责任进行课程思政教育建设，引领国内侨生教育。课程建设时，充分发掘和运用信息技术课程的思想政治教育资源，建设成充满德育元素、发挥德育功能的通识教育课程。

图15-3是"资讯科技"思政课程建设的目标，从信息技术基础知识的传授，到案例分析、新技术的应用以及新型新技术的深入钻研，从这几个阶段从思想上提升学生的信息素养，让学生感悟人生哲理，增加学生的家国情怀以及服务国家战略、担当社会责任的目标。

2. 思政教育的融入方式

本课程的思政教育采用全过程、全场景融入方式，主要从教材建设、案例融入、实验融入和考核评价四部分实施。

1）教材建设

教材是课程的载体，是学生学习的范例，教师教学的拐杖。教材是学生在学校获得系统知识进行学习的主要材料，它可以帮助学生掌握教师讲授的内容；同时也便于学生预习、复

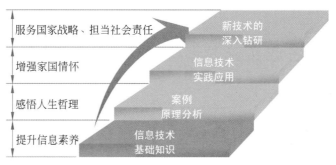

图 15-3　课程内容的思政设计思路

习和做作业。

　　由于信息技术课程是其他专业课程的先修课程，所以为了满足不同层次同学的需求，教学团队规划了主教材、扩展教材等，建设和规划情况详见图 15-4，其中包括理论教材[175]和参考书[176]、实验教材[177]、扩展教材和课程思政案例集。课程思政案例集主要面向授课教师，期望教师能够读懂案例中的思政元素内容，将思政教育融入课堂。

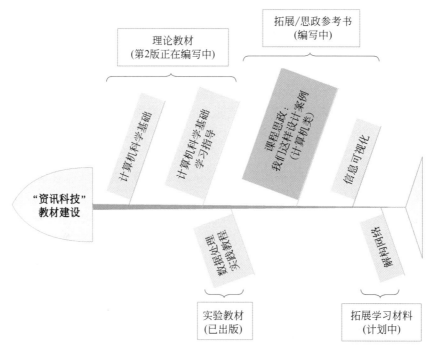

图 15-4　教材建设规划

　　2）案例融入

　　信息技术类的通识课程性质比较特殊，可以说信息技术塑造了当今的现代化生活，所以学生对信息技术的应用通常比较熟悉，使用案例教学，比较容易激发学生的兴趣点。案例教学首启于美国哈佛大学法学院,它在培养自我分析、自我反思和开放性思维能力诸方面卓有成效。所谓案例教学就是首先提供一个典型的案例(事例、材料)给出具体的材料,然后启发引导学生从不同的角度对案例进行深入的分析、讨论,从中抽象出一些认识、经验、观点、道理,以引导学生理论联系实际,更好地理解和运用所学的知识内容。富有典型意义的事例不仅能激发学生的兴趣、增强说服力和感染力,而且能够对学生的情感、态度、价值观等方面的培养起到重要作用。采用案例(可以是视频、文字等方式)更能直观明白地让学生理解。结合具体案例思考一些问题,学生可主动进入学习状态中。

我们将日常生活和工作中的案例融入理论教学、实验教学和课后作业中,案例的形式包括教材、微视频、课程教案、典型例题、大作业等。

3)实验融入

信息技术课程的实验教学目的是提升学生的数据处理能力,在教学的编排过程中,通常是以具体的例子为依托进行知识的传授,所以在具体的实验案例设计的时候,可以加入中国元素,例如,在数据爬取的时候,可以爬取到当新冠病毒、黄水此类的灾难袭击国民的时候,我们的同胞是如何相互帮助的,用具体的数据来进行说明;在进行图像处理实验的时候,可以引导学生制作五星红旗;在进行图文编排实验的时候,可以让学生找一些"中国脊梁"人物进行详细介绍。

4)考核评价

由于在整个教学素材设计的过程中,全场景融入思政教育,要想提高思政教育效果,最重要的事情就是要将学生引入课上课下的学习中。加强过程考核评价,引导学生积极与老师同学进行交流、引导学生挖掘正向的课程案例,通过设置分组和小导师,强化学习效果。课程考核评价框架如图 15-5 所示。

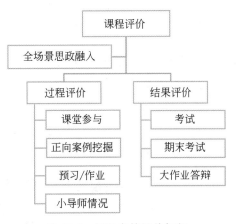

图 15-5　课程考核评价框架

3. 思政融入的教学规划

1)思政融入设计思路及渗透点

课程思政设计的首要任务是提高任课教师的思政素养,思政建设应注重贴近实际、纵观历史、认清现实，并加强中国特色与国际的比较，渗透点见图 15-6。思政渗透要点的设计对标教育部国家级一流本科课程建设指导（2019 年发布）。

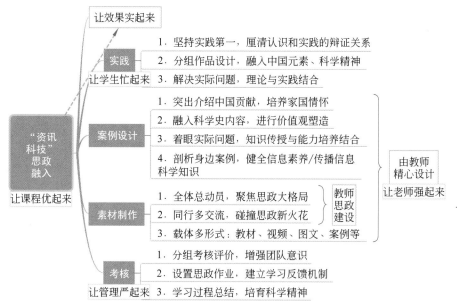

图 15-6 "资讯科技"课程思政渗透点

本节思政融入点包括教材编写（案例探析）、线上视频讲解、思政练习题、课堂讲解、课堂分组讨论和课后作业。通过课程思政教学，让学生了解我们国家领导人高层决策的前瞻性、提升学生对大陆经济社会发展的认知、提升学生的大数据思维和大数据安全意识。

2）思政融入规划

课程内容包括理论和实验两个部分，主要内容如图 15-7 所示，理论内容以提升学生信息素养为目的，让学生理解信息技术的基础和应用；实验内容主要培养学生的动手处理数据的能力。思政规划如下。

图 15-7 "资讯科技"课程内容

（1）理论内容的设计通过讲解国内的信息技术发展情况，让学生感受中国信息技术发展的突飞猛进、国内信息技术公司的实力，让学生及时更新陈旧的认知。

（2）实验内容倾向于数据的分析与展示，通过对国内发展数据、同胞齐心协力共克困难等数据进行获取、分析、展示，让学生感受中国魅力。

3）理论内容

在教学节段选题方面，要体现设计感，打破现有教材编排，由教材体系向教学体系转化；在教学设计上，要体现问题意识，思考教学节段要解决的理论问题或实践问题，从而抓住学生的注意力；在教学内容上，要注意内容的正确性、逻辑性、生动性和价值性[178]。

信息技术与人们日常生活联系紧密，可以将信息技术与日常生活紧密结合，通过案例剖析的方式抓紧学生的兴趣点。

4）实验内容

实验内容基于数据处理基本操作进行展开[179]，根据以往学生的反馈，普遍认为课程难度较大，所以在内容设计时，通过案例的立体化展示，让学生了解数据处理的流程，克服学生对信息处理的恐惧感，提升自信心。内容编排兼顾不同基础的读者，内容由浅入深，期望学生能够针对一个特定问题，进行数据获取、分析处理和展示，有兴趣的同学可以尝试编程数据处理，例如微信小程序开发、Python 数据分析等。本书主要内容如图 15-8 所示。

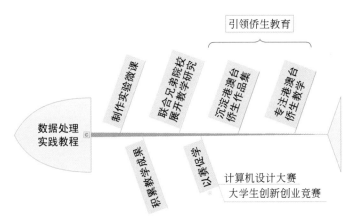

图 15-8　实验教学实施

（1）第一部分主要讲解数据采集，获取并存储基本的原始数据（包括结构化数据），介绍目前常用的数据获取方法，如八爪鱼爬虫、WebScraper 插件网页爬虫、基于电子表格的数据获取等。

（2）第二部分针对前期获取的数据进行处理、展示，展示形式包括静态的图文、演示报告和动态的视频或者动画。

（3）第三部分属于进阶数据处理，通过编程的方法对数据进一步分析或者实现交互式数据处理，如网页设计、微信小程序开发、Python 数据分析等。该部分属于数据处理进阶，实用有趣、难度较大，适合有较好信息技术基础的同学。

4. 实施保障

该课程的授课教师共 11 人，一半以上拥有博士学位，学校、学院对港澳台侨生教学的大力支持使得本教学团队近两年在课程建设方面有一定的成绩，包括慕课录制、教材编写，"资讯科技"课程成果曾获得暨南大学教学成果二等奖、广东省优秀教师网络空间奖等。本课程负责人作为计算中心党支部书记和主任助理，有义务和责任做好"资讯科技"课程建设。课程负责人又被评选为暨南大学第二届"双带头人"教师党支部书记，所以课程负责人有压力和动力，也有能力去进行基于课程思政的教学设计和实施。

15.4 "参赛节段"教学设计

1. 主题名称

第 8 章　信息安全

第二节　比特币

2. 教学课时

本节课教学内容为 1 学时（45min）。

3. 学情分析

1）学生知识能力分析

学生是大一港澳台侨生，由于是非计算机专业，学生没有相关的信息技术背景，所以课程的讲解，从最基本的知识点进行引入，以面向应用为目的。

2）课程重点

（1）比特币的原理。

（2）区块链的应用——比特币的交易过程。

3）教学难点与对策

难点一：比特币的存储。

（1）难点分析：比特币存储在比特币钱包中的时候，如何保证比特币的安全性？

（2）教学手段：类比比特币钱包和支付宝钱包，增强与学生的互动，让学生讲解自己对知识点的理解情况，对学生的理解进行强化讲解或者纠正。

难点二：比特币交易。

（1）难点分析：比特币交易过程安全性的保证，由于学生并没有区块链相关的基础知识学习，所以理解起来会有一定的难度。

（2）教学手段：通过与学生进行角色扮演，模拟比特币的交易过程，发掘其中可能的安全性问题,并讲解保障安全的手段。结合动画演示,展示区块之间安全保障。

4. 教学目标与要求

1）目标

理解比特币的机理和区块链的应用。

2）要求

掌握比特币的存储和整个比特币交易流程。

理解区块链在比特币交易中的作用,理解区块链的基本原理。

5. 思政元素设计

比特币是一种 P2P 形式的虚拟的加密数字货币,是区块链技术的一个应用。比特币的危害非常大,比特币的振幅很大,容易爆亏爆赚。如果重仓高位被套,后果不堪设想。其交易平台的安全性也很差,比特币的存储和交易都存在着很大的风险。毕竟比特币仅靠源代码来存储,所以一旦失窃,基本是无法挽回的。有不少交易平台都先后遭到黑客的攻击,损失了不少比特币。总结一下比特币的危害,首先不产生价值,对于资源再分配也没发挥积极作用。由于缺少监管,还成为各种非法交易、洗黑钱等违法行为的新工具,而且打击难度大。挖矿耗电量巨大,而且间接推高了计算机硬件的价格。2021 年 8 月 27 日,在"金融知识普及月"活动媒体吹风会上,中国人民银行相关负责人再次提醒,比特币等虚拟货币不是法定货币,没有实际价值支撑,相关交易纯属投资炒作。投资者要增强风险意识,自觉远离,保护好自己的"钱袋子"。处理比特币,还有以太坊、狗狗币等其他虚拟货币,其本质是一样的。2021 年 9 月 1 日,中国人民银行金融消费权益保护局副局长尹优平说:作为处置非法集资部级联席会议成员单位,人民银行积极配合牵头部门银保监会,从制度建设、监测预警、打击处置、宣传教育等多个方面做了大量工作,坚决打击以虚拟货币、区块链名义开展的非法集资活动。一定要远离虚拟货币,以免自己遭受财产损失。

6. 教学方法与过程

1）教学手段

PPT 和板书相结合;在介绍概念时侧重使用 PPT,加强与学生的互动。

2）教学方法

由于授课内容比较热门,也有部分同学比较感兴趣,通过与学生的实时交互,引导学生思考应用背后的技术机理。

3）板书设计

PPT 和板书相结合;在介绍相对专业的内容时侧重使用 PPT,使用板书但是所讲内容之间具有关联。

4）教学内容和过程

教学内容和过程见表 15-6。

表 15-6　教学内容和过程

教学要求	教学内容及师生活动内容设计	教学形式	时间
课程导入	通过与学生的互动提问，了解学生对比特币的认知。 调查学习的学习基础，以便为后续讲解做铺垫	课堂互动	2min
了解：比特币是什么	比特币的起源和常见定义。 比特币是一种虚拟货币，也就是数字货币，是 2009 年由日本人中本聪提出的。比特币的总数是 2100 万个，是不可再生的。比特币通过 P2P 分布式网络进行交易，不受任何人或组织的干扰，是去中心化的货币，在整个网络中有一定的合约和协议保证比特币的安全性。所有人均可自由参与，在比特币网络中，所有的节点共享同一个账本 	课堂互动/启发式教学幻灯演示	3min
掌握：比特币的基本概念	要想找出比特币的机理，首先要理解一些基本概念、比特币的获取方式、比特币的存储方式和交易过程。 (1) 用户可以通过接受转账和挖矿获得比特币。 (2) 比特币存储在比特币钱包中，是看不见摸不着的。 (3) 比特币交易过程借助于区块链来实现		3min
比特币的获取方式	比特币获取方式有两种：接受转账和挖矿。接受转账就相当于普通的转账交易；挖矿可以获得记账奖励和手续费奖励比特币。在比特币网络中，有这样的奖励机制：当用户转账时，发起转账方需要支付转账费用，当产生一笔交易的时候，最快记账者可以获得记账奖励（这是唯一产生比特币的情况）。 【选择题】在区块链中，(　　)被称为矿工。 A. 用计算机计算获取比特币的人 B. 采矿工人 C. 黄金矿工游戏角色 D. 矿产主人 【答案】：A		4min

教学要求	教学内容及师生活动内容设计	教学形式	时间
比特币挖矿	挖矿是增加比特币货币供应的一种方式。挖矿同时还需要保证比特币系统的安全,如防止欺诈交易、避免双重支付等。矿工们通过为比特币设计算法来获得比特币奖励。矿工们验证交易并把它们记录在比特币账簿上。每10min就会有一个新的区块被"挖掘"出来,区块中包含从上个区块产生至今发生的所有交易(含在区块内且被添加到区块链上的交易称为"确认"交易),交易被"确认"之后,新的拥有者才能够使用刚刚得到的比特币。 比特币协议规定,挖到新区块的矿工将获得奖励,一开始(2008年)是50个比特币,然后每4年减半,2022年是12.5个比特币,流通中新增的比特币都是这样产生的。据测算,到2140年,比特币就全部被挖掘出来,矿工将得不到任何奖励。这时,矿工的收益就完全依靠交易手续费。 所谓交易手续费,就是矿工可以从每笔交易抽成,具体的金额由支付方自愿决定。你完全可以一毛不拔,一分钱也不给矿工,但是那样的话,你的交易就会没人处理,迟迟无法写入区块链,得到确认。矿工们总是优先处理手续费最高的交易。 目前由于交易数量猛增,交易手续费也水涨船高,如果手续费过低,交易确认时间就会很长。 【选择题】区块链挖矿是指(　　)。 A. 协助金矿矿工找到金块 B. 计算与获取虚拟币的过程 C. 多人协同执行数据计算 D. 通过计算获取美元或者人民币的编号 【答案】:B 【解析】:所谓挖矿,是在比特币网络中,通过参与区块的生产并提供工作量证明(PoW),以获得比特币奖励		8min
熟悉:比特币的存储	比特币是存储在比特币钱包中的,每一个钱包有一个唯一的地址和对应的公钥私钥对	PPT展示比特币钱包	2min

教学要求	教学内容及师生活动内容设计	教学形式	时间
理解：比特币的交易过程	一笔交易就是一个地址的比特币，转移到另一个地址。确认交易的真实性以后，交易还不算完成。交易数据必须写入数据库，才算成立，对方才能真正收到钱。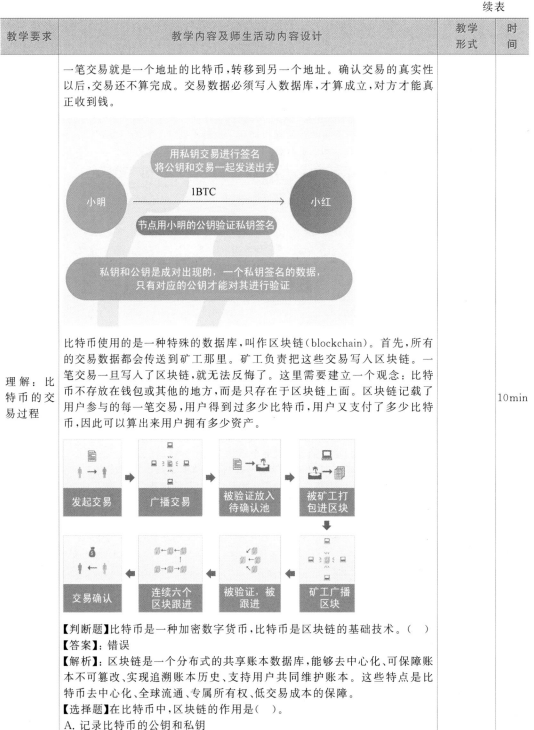比特币使用的是一种特殊的数据库，叫作区块链（blockchain）。首先，所有的交易数据都会传送到矿工那里。矿工负责把这些交易写入区块链。一笔交易一旦写入了区块链，就无法反悔了。这里需要建立一个观念：比特币不存放在钱包或其他的地方，而是只存于区块链上面。区块链记载了用户参与的每一笔交易，用户得到过多少比特币，用户又支付了多少比特币，因此可以算出来用户拥有多少资产。		10min

【判断题】比特币是一种加密数字货币，比特币是区块链的基础技术。（　　）
【答案】错误
【解析】区块链是一个分布式的共享账本数据库，能够去中心化、可保障账本不可篡改、实现追溯账本历史、支持用户共同维护账本。这些特点是比特币去中心化、全球流通、专属所有权、低交易成本的保障。
【选择题】在比特币中，区块链的作用是（　　）。
A. 记录比特币的公钥和私钥

教学要求	教学内容及师生活动内容设计	教学形式	时间
理解：比特币的交易过程	B. 记录所有比特币交易时间戳的账簿 C. 把挖来的比特币连接起来 D. 存储比特币的挖矿过程 【答案】：B 【解析】：比特币不是特定货币机构发行的虚拟货币，是一种 P2P 形式的、虚拟的、加密的数字货币。比特币存在于整个 P2P 网络的所有节点之中，是去中心化的结构，如何保证交易的公开、公平、公正、安全，不可篡改至关重要。区块链技术是比特币的基础，它记录所有比特币交易的时间戳，形成区块链，保证去中心化、不可篡改、全程留痕、可追溯		10min
区块链的基本原理	区块就是一个数据块。类比账本的话，区块就相当于账本上的一页，这一页上记录了多条交易信息。而把这些分散在整个互联网上的"页"串成一条链，就可以形成一个完整的"账本"。一个区块中，包含两种哈希值："上一个区块的哈希值"和"本区块的哈希值"。因为每个区块都包含上一个区块的哈希值，所有的区块就依次连成一条（逻辑上的）链。如果一个区块上的交易信息被人恶意篡改的话，"本区块的哈希值"就会改变。由于区块链中下一个区块包含"上一个区块的哈希值"，为了让下一个区块依然能连到本区块，需要修改下一个区块。而这又导致下下个、下下下个区块也必须修改，所以想篡改区块链是几乎不可能实现的 【选择题】区块链的本质是（　）。 A. 认证中心的实例化 B. 去中心化分布式账本数据库 C. 比特币 D. 虚拟货币 【答案】：B		6min

教学要求	教学内容及师生活动内容设计	教学形式	时间
区块链的基本原理	【解析】：区块链是一个分布式的共享账本数据库，具有安全性、独立性、可追溯、参与者共同维护等特点，实现去中心化。 【简答题】简述区块链的原理及应用。 【解析】区块链是建立在密码学算法之上的一种分布式记账本，每个区块是一个数据块（存储每次的交易信息），各个区块直接通过密码技术实现相互链接，形成一个逻辑链条，采用分布式共享存储。区块链本质上是一个去中心化的数据库，存储的是使用密码学方法相关联产生的数据块，保存在区块链中的信息无法被篡改		6min
比特币危机与启示	中国科学院给出的数据，揭示出了比特币挖矿的代价，这比粉丝倒牛奶要更浪费。因为中国拥有专业的矿机制造商，以及相对廉价的电力供应，所以目前许多矿场都设在中国境内，数据显示，来自中国矿池的算力大约占到整个比特币网络的65％以上。这为中国的碳减排任务带来不小的压力。虚拟货币无序炒作、野蛮发展，侵蚀国家货币主权，扰乱经济金融秩序，严重危害国家金融安全。虚拟货币去中心化和匿名性，如果缺乏有力监管，则为跨境洗钱和恐怖犯罪活动提供了便利条件。由于比特币的巨幅波动，也曾有人因为炒比特币，最终家破人亡。 所以，区块链技术应该用在有意义的事情上，我们要坚定不移地相信党和国家的智囊团，利用新技术造福人类 **Bitcoin Rally** **Crypto coin gained ahead of El Salvador making it legal tender** ■Bitcoin-USD Bitcoin becomes legal tender 52400 El Salvador president announces Bitcoin plan U.S. Dollars 60000 50000 40000 30000 20000 10000 Sep 2020　Dec　Mar 2021　Jun　Sep Source: Bloomberg		5min
思考	（1）比特币的技术机理。 （2）比特币的危害		2min

7. 教学评价

（1）通过授课过程中的提问，考查学生对概念的理解。

（2）通过布置课后作业和思考问题，考查学生对知识的熟练掌握。

8. 预习和扩展阅读

预习：什么是比特币？

扩展阅读：①区块链的工作原理；②比特币的危害。

9. 课后作业

（1）简述比特币的危害以及各国对比特币的政策。

（2）简述区块链的原理。

（3）通过资料查找，简要说明数字人民币的特点。

附录A

全面推进"大思政课"建设的工作方案①

为深入贯彻落实习近平总书记关于"大思政课"的重要指示批示和在中国人民大学考察时的重要讲话精神,贯彻落实中共中央、国务院《关于新时代加强和改进思想政治工作的意见》,中共中央办公厅、国务院办公厅印发的《关于深化新时代学校思想政治理论课改革创新的若干意见》和中共中央办公厅《关于加强新时代马克思主义学院建设的意见》精神,坚持不懈用习近平新时代中国特色社会主义思想铸魂育人,制定本工作方案。

一、总体要求

党的十八大以来,特别是习近平总书记亲自主持召开学校思想政治理论课教师座谈会以来,思政课在党中央治国理政战略全局中的地位日益凸显,发展环境和整体生态发生根本性转变,习近平新时代中国特色社会主义思想铸魂育人成效明显,思政课建设、日常思想政治工作、课程思政全面推进。同时,一些地方和学校对"大思政课"建设的重视程度不够,开门办思政课、调动各种社会资源的意识和能力还不够强,课程教材体系还需要进一步完善,有的学校教师数量不足、质量不高,对实践教学重视不够,有的课堂教学与现实结合不紧密,大中小学思政课一体化建设亟需深化,有的学校第二课堂重活动轻引领,课程思政存在"硬融入""表面化"等现象。

---

① 转自教育部网站[9]。

全面推进"大思政课"建设,要坚持以习近平新时代中国特色社会主义思想为指导,聚焦立德树人根本任务,推动用党的创新理论铸魂育人,不断增强针对性、提高有效性,实现入脑入心。坚持开门办思政课,强化问题意识、突出实践导向,充分调动全社会力量和资源,建设"大课堂"、搭建"大平台"、建好"大师资",建设全国高校思政课教研系统,设立一批实践教学基地,推出一批优质教学资源,做优一批品牌示范活动,支持建设综合改革实验区,推动思政小课堂与社会大课堂相结合,推动各类课程与思政课同向同行,教育引导学生坚定"四个自信",成为堪当民族复兴重任的时代新人。

二、改革创新主渠道教学

(1)建构党的创新理论研究阐释和教育教学的自主知识体系。各高校全面开设"习近平新时代中国特色社会主义思想概论"课。中央宣传部、教育部编写习近平新时代中国特色社会主义思想概论课教材。教育部实施习近平新时代中国特色社会主义思想研究重大专项,加强习近平新时代中国特色社会主义思想系统化学理化和分领域分专题研究,将习近平新时代中国特色社会主义思想有机融入全面贯穿哲学社会科学各学科知识体系。

(2)建强思政课课程群。各地各校加强以习近平新时代中国特色社会主义思想为核心内容的课程群建设,形成必修课加选修课的课程体系。高校要统筹全校力量,结合自身实际,重点围绕习近平经济思想、习近平法治思想、习近平生态文明思想、习近平强军思想、习近平外交思想以及"四史"、宪法法律、中华优秀传统文化等设定课程模块,开设选择性必修课程。

(3)优化思政课教材体系。落实系列重大主题教育指南和纲要,深入推进习近平总书记在地方工作期间的重大实践、视察地方和学校重要论述进课程教材。及时修订思政课统编教材,将党的创新理论最新成果有机融入各门思政课。编写马克思、恩格斯、列宁关于哲学社会科学及各学科重要论述摘编。持续推进新时代马克思主义理论研究和建设工程重点教材建设。

(4)拓展课堂教学内容。教育部组织制作"思政课导学"课件、讲义、专题片等,帮助教师讲深讲透讲活学好思政课的重要意义。各地各校围绕新时代的伟大实践,充分挖掘地方红色文化、校史资源,将伟大建党精神和抗疫精神、科学家精神、载人航天精神等伟大精神,生动鲜活的实践成就,以及英雄模范的先进事迹等引入课堂,推动党的创新理论和历史融入各学段各门思政课。

(5)创新课堂教学方法。各校加强对学生思想、心理及关心的热点难点问题研究,制定针对性的教学方案。善于采用多样化的教学方法,注重发挥学生主体性作用,积极运用小组研学、情景展示、课题研讨、课堂辩论等方式组织课堂实践。有条件的高校要为思政课配备助教,协助开展教学组织、课后答疑等工作。

(6)优化教学评价体系。高校要建立校领导、教学督导、马克思主义学院班子成员、思政课教师和学生参加的多维度综合教学评价工作体系,重视教学过程评价,增加教学研究和教学成果在评价体系中的权重。用好思政课教学评价结果,作为马克思主义学院和班子成员考核的重要指标,作为思政课教师绩效考核、职称晋升、评奖评优等的基本依据。充分发挥教学指导委员会等专家组织作用，开展教学调研指导。鼓励有条件的高校聘请思政课退休教师担任教学督导员、青年教师的成长导师。

三、善用社会大课堂

（1）构建实践教学工作体系。高校要普遍建立党委统一领导，马克思主义学院积极协调，教务处、宣传部、学工部、团委等职能部门密切配合的思政课实践教学工作体系，在马克思主义学院指定专人负责，建立健全安全保障机制，积极整合思政课教师和辅导员队伍，共同参与组织指导思政课实践教学。将思政课教师、辅导员指导学生开展实践活动、指导学生理论社团等纳入教学工作量。参照学生专业实训（实习）标准设立思政课实践教学专项经费。

（2）落实思政课实践教学学时学分。高校要严格落实本科 2 个学分、专科 1 个学分用于思政课实践教学的要求，中小学校要安排一定比例的课时用于学生社会实践体验活动。精心设计实践教学大纲，坚决避免实践教学娱乐化、形式化、表面化。鼓励有条件的高校开设专门的实践教学课。

（3）组织开展多样化的实践教学。教育部持续组织开展中国国际"互联网＋"大学生创新创业大赛青年红色筑梦之旅、习近平新时代中国特色社会主义思想大学习领航计划、"小我融入大我，青春献给祖国"主题社会实践、"技能成才，强国有我"主题教育等活动。高校要紧扣思政课实践教学目标和要求，利用志愿服务、理论宣讲、社会调研等实践活动，开展实践教学。注重总结实践教学成果，把优秀成果作为课堂教学的有效补充，支持出版高校思政课实践教学成果，推动实践教学规范化。

（4）建好用好实践教学基地。教育部会同有关部门，利用现有基地（场馆），分专题设立一批"大思政课"实践教学基地。发挥好教育部高校思政课教师研学基地的实践教学功能。各地教育部门要结合实际，积极建设"大思政课"实践教学基地。大中小学要主动对接各级各类实践教学基地，开发现场教学专题，开展实践教学。有条件的学校可与有关基地建立长效合作机制，加强研究和资源开发。各基地要积极创造条件，与各地教育部门、学校建立有效工作机制，协同完成好实践教学任务。

专栏　建好用好"大思政课"实践教学基地

（1）教育部、科技部联合设立科学精神专题实践教学基地。

（2）教育部、工业和信息化部联合设立工业文化专题实践教学基地。

（3）教育部、生态环境部联合设立美丽中国专题实践教学基地。

（4）教育部、国家卫生健康委联合设立抗击疫情专题实践教学基地。

（5）教育部、国家文物局联合设立中华优秀传统文化、革命文化、社会主义先进文化专题实践教学基地。

（6）教育部、国家乡村振兴局联合设立脱贫攻坚、乡村振兴专题实践教学基地。

（7）教育部、中国关心下一代工作委员会联合设立党史新中国史教育专题实践教学基地。

四、搭建大资源平台

（1）建设全国高校思政课教研系统。教育部建设"全国高校思政课教师网络集体备课平台"网络支持系统、"青梨派"大学生自主学习系统、高校思政课教学创新中心资源开发系统、高校思政课教学指导委员会指导审核评估系统、高校思政课教师基础数据系统、高校思政课教师研修培训系统等为一体，共建共享、系统集成、全面覆盖的全国高校思政课教研系统。

（2）推进国家智慧教育平台建设使用。教育部把"大思政课"摆在教育信息化的突出位置，加强国家智慧教育平台思政教育资源建设。通过项目支持的方式，推动教学资源建设常态化机制化。组织开发和推荐一批科学权威实用的课件、讲义，推动一线教师统一使用。加强思政课教学资源库建设，实施中小学思政课精品课程建设计划，推出一批思政"金课"。加大优质资源推广使用力度，指导各地各校用好国家智慧教育平台。

专栏　思政课教学资源库

（1）建设教学案例库。组织征集和开发高质量、多形式的教学案例，特别是聚焦习近平新时代中国特色社会主义思想在中华大地的生动实践，开发一批党的创新理论主题案例。

（2）打造教学重难点问题库。建立思政课教学重难点问题征集机制，动态收集学生关注的问题和思想理论困惑，统一组织研究回答，形成教学问题库。

（3）建设教学素材库。建立完善采集、审核、共享机制，充分调动一线思政课教师积极性创造性，持续推出一大批优秀思政课课件、讲义、重难点解析、重要参考文献、教学配图、微视频、融媒体公开课等优质教学素材。

（4）开发在线示范课程库。以国家统编教材为基本遵循，整合全国优秀思政课教师和哲学社会科学专家力量，组织开发高水平在线示范课程。

（3）打造网络教育宣传云平台。教育部会同中央网信办等，组织开展"大思政课"网络主题宣传活动，鼓励师生围绕思政课教学内容创作微电影、动漫、音乐、短视频等，建设资源共享、在线互动、网络宣传等为一体的"云上大思政课"平台。加强高校思想政治工作网、大学生在线、易班等网络平台建设。积极研发成本适宜的虚拟仿真教学资源。组织开展"同上一堂思政大课"活动。各地各校用好"学习强国"等平台，鼓励思政课教师积极参加中央和地方主流媒体的政论、时政节目，广泛传播党的创新理论。

五、构建大师资体系

（1）建设专兼结合的师资队伍。各地各校严格按照要求配备建强高校专职思政课教师、辅导员队伍，提高中小学专职思政课教师比例，实行思政课特聘教授、兼职教师制度，积极聘请党政领导、科学家、老同志、先进模范等担任思政课兼职教师。深入实施马克思主义学院院长（书记）培养工程，通过集中培养培训、委托重大项目、加强实践锻炼、开展国际国内访学等方式,培养一批青年马克思主义理论家。

专栏　建立思政课特聘教授、兼职教师制度

　　高校要通过建立健全思政课特聘教授制度,选聘优秀地方党政领导干部、企事业单位管理专家、社科理论界专家、各行业先进模范以及高校党委书记校长、院（系）党政负责人、名师大家和专业课骨干教师、日常思想政治教育骨干等加入思政课教师队伍,讲授思政课;通过建立健全兼职教师制度,形成英雄人物、劳动模范、大国工匠等先进代表,以及革命博物馆、纪念馆、党史馆、烈士陵园等红色基地讲解员、志愿者经常性进高校参与思政课教学的长效机制。

　　（2）搭建队伍研究平台。充分发挥国家社科基金规划项目、教育部人文社科研究项目思政课教师研究专项作用,设立马克思主义理论研究和建设工程后期资助项目,组织教师加强马克思主义理论和思政课教学研究。重点支持开展"大思政课"建设规律、思政课教学难点及对策、大中小学思政课一体化、课程思政等研究。举办习近平新时代中国特色社会主义思想进教材进课堂进头脑系列研讨会。建设辅导员工作室、资助开展课题研究、推广优秀工作案例。

　　（3）提升队伍综合能力。完善国家、地方、学校三级培训体系,实现思政课教师培训全覆盖。教育部完善"手拉手"集体备课机制,定期组织开展教学研讨活动。开展中小学思政课教师示范培训、教学基本功展示交流活动。建设辅导员网上资源库、开发虚拟仿真实训平台,组织支持开展国情考察。各地教育部门要建立中小学思政课教师轮训制度,依托各级党校和高校马克思主义学院每3年对中小学思政课教师至少进行一次不少于5日的集中脱产培训。中小学校新进专职思政课教师须取得思政课教师资格。小学兼职思政课教师在上岗前应完成一定学时的专业培训,并考核合格。各地各高校建立专门制度,常态化支持思政课骨干教师到各级宣传、教育等党政机关或基层挂职锻炼、蹲点调研,相关经历纳入评奖评优、干部选聘体系,相关成果作为职称评聘参考。严格落实生均经费用于思政课教师的学术交流、实践研修等,并逐步加大支持力度。

专栏　加强思政课教师培养培训

（1）加强"高校思政课教师信息库"建设。

（2）打造"全国高校思政课教师网络集体备课平台"升级版。

（3）实施"高校思政课教师队伍后备人才培养专项支持计划"。

（4）实施"高校思政课教师在职攻读马克思主义理论博士学位专项支持计划"。

（5）举办"高校思政课骨干教师研修班"和"高校哲学社会科学骨干研修班"。

（6）举办"周末理论大讲堂"。

（7）依托全国高校思政课教师研修（学）基地，组织思政课教师开展分课程、分专题研修活动。

（8）"高校思想政治理论课'手拉手'集体备课中心"和"高校思想政治理论课名师工作室"，举办跨地区、跨学段、跨学校等多形式的集体备课、教学研讨活动。

（9）举办"全国高校思政课教学展示活动"。

（10）开展"高校优秀思政课教师和马克思主义理论学科学生奖励基金"遴选。

（11）开展中小学思政课教师示范培训。

（12）开展中小学思政课教师基本功展示交流活动。

六、拓展工作格局

（1）分层分类开展"大思政课"综合改革试点。教育部围绕实践教学、教师队伍建设、大中小学思政课一体化、问题式专题化团队教学和均衡发展等思政课改革创新重大问题，在北京、天津、上海、江西、陕西等地设立综合改革实验区。地方党政负责同志坚持联系高校并讲思政课。坚持教材编写、师资培养、理论阐释、教学研究相结合，统筹推进习近平新时代中国特色社会主义思想研究中心（院）、国家教材建设重点研究基地、人文社科重点研究基地、师资培训中心、马克思主义学院等建设，开展"联学联讲联研"综合改革试点。深入推进"三全育人"综合改革，持续扩大高校"一站式"学生社区综合管理模式建设试点。

（2）深入推进大中小学思政课一体化建设。教育部加强大中小学思政课一体化建设指导委员会建设，支持各地建设一批一体化基地，鼓励高校积极开展与中小学思政课共建。各地教育部门加强引导和协调，建立大中小学师资培育、听课评课、教研交流、集体备课等常态化工作机制。

（3）全面推进课程思政高质量建设。教育部组建高等学校课程思政教学指导委员会，研制普通本科专业类课程思政教学指南，组织开展高校教师课程思政教学能力培训，建设一批课程思政系列共享资源库。建成一批课程思政示范高校，推出一批课程思政示范课程，选树一批课程思政教学名师和团队，建设一批高校课程思政教学研究示范中心。加强中小学学科德育建设。

（4）扎实开展日常思政教育活动。学校党委书记、校长要在开学、毕业典礼等重要场合，讲授"思政大课"。学校要以重大纪念日、重大历史事件为契机，通过"学习新思想，做好接班人"主题教育、职教学生读党报、新时代先进人物进校园、论坛讲坛、讲座报告会等，组织专题"思政大课"。教育部打造并集中展示一批校园文化原创精品，建设一批文化传承基地。办好"全国大学生网络文化节"和"全国高校网络教育优秀作品推选展示活动"。

七、加强组织领导

（1）强化统筹协调。教育部、中央宣传部做好"大思政课"建设的总体谋划。中央网信办指导做好"大思政课"全媒体宣传。科技部、工业和信息化部、生态环境部、国家卫生健康委、国家文物局、国家乡村振兴局、中国关心下一代工作委员会等部门，加强对基地的指导和建设,切实发挥好基地的育人功能。

（2）积极推进落实。各地要把"大思政课"建设作为"十四五"时期推动思政课高质量发展的重要抓手,在基地资源、经费投入、队伍建设、条件保障等方面采取有效措施。将中外合作办学院校纳入"大思政课"建设整体布局。各地各校要及时总结宣传"大思政课"建设的好经验好做法,营造良好舆论氛围。

高等学校课程思政建设指导纲要①

为深入贯彻落实习近平总书记关于教育的重要论述和全国教育大会精神,贯彻落实中共中央办公厅、国务院办公厅《关于深化新时代学校思想政治理论课改革创新的若干意见》,把思想政治教育贯穿人才培养体系,全面推进高校课程思政建设,发挥好每门课程的育人作用,提高高校人才培养质量,特制定本纲要。

一、全面推进课程思政建设是落实立德树人根本任务的战略举措

培养什么人、怎样培养人、为谁培养人是教育的根本问题,立德树人成效是检验高校一切工作的根本标准。落实立德树人根本任务,必须将价值塑造、知识传授和能力培养三者融为一体、不可割裂。全面推进课程思政建设,就是要寓价值观引导于知识传授和能力培养之中,帮助学生塑造正确的世界观、人生观、价值观,这是人才培养的应有之义,更是必备内容。这一战略举措,影响甚至决定着接班人问题,影响甚至决定着国家长治久安,影响甚至决定着民族复兴和国家崛起。要紧紧抓住教师队伍"主力军"、课程建设"主战场"、课堂教学"主渠道",让所有高校、所有教师、所有课程都承担好育人责任,守好一段渠、种好责任田,使各类课程与思政课程同向同行,将显性教育和隐性教育相统一,形成协同效应,构建全员全程全方位育人大格局。

---

① 转自教育部网站[11]。

二、课程思政建设是全面提高人才培养质量的重要任务

高等学校人才培养是育人和育才相统一的过程。建设高水平人才培养体系，必须将思想政治工作体系贯通其中，必须抓好课程思政建设，解决好专业教育和思政教育"两张皮"问题。要牢固确立人才培养的中心地位，围绕构建高水平人才培养体系，不断完善课程思政工作体系、教学体系和内容体系。高校主要负责同志要直接抓人才培养工作，统筹做好各学科专业、各类课程的课程思政建设。要紧紧围绕国家和区域发展需求，结合学校发展定位和人才培养目标，构建全面覆盖、类型丰富、层次递进、相互支撑的课程思政体系。要切实把教育教学作为最基础最根本的工作，深入挖掘各类课程和教学方式中蕴含的思想政治教育资源，让学生通过学习，掌握事物发展规律，通晓天下道理，丰富学识，增长见识，塑造品格，努力成为德智体美劳全面发展的社会主义建设者和接班人。

三、明确课程思政建设目标要求和内容重点

课程思政建设工作要围绕全面提高人才培养能力这个核心点，在全国所有高校、所有学科专业全面推进，促使课程思政的理念形成广泛共识，广大教师开展课程思政建设的意识和能力全面提升，协同推进课程思政建设的体制机制基本健全，高校立德树人成效进一步提高。

课程思政建设内容要紧紧围绕坚定学生理想信念，以爱党、爱国、爱社会主义、爱人民、爱集体为主线，围绕政治认同、家国情怀、文化素养、宪法法治意识、道德修养等重点优化课程思政内容供给，系统进行中国特色社会主义和中国梦教育、社会主义核心价值观教育、法治教育、劳动教育、心理健康教育、中华优秀传统文化教育。

——推进习近平新时代中国特色社会主义思想进教材进课堂进头脑。坚持不懈用习近平新时代中国特色社会主义思想铸魂育人，引导学生了解世情国情党情民情，增强对党的创新理论的政治认同、思想认同、情感认同，坚定中国特色社会主义道路自信、理论自信、制度自信、文化自信。

——培育和践行社会主义核心价值观。教育引导学生把国家、社会、公民的价值要求融为一体，提高个人的爱国、敬业、诚信、友善修养，自觉把小我融入大我，不断追求国家的富强、民主、文明、和谐和社会的自由、平等、公正、法治，将社会主义核心价值观内化为精神追求、外化为自觉行动。

——加强中华优秀传统文化教育。大力弘扬以爱国主义为核心的民族精神和以改革创新为核心的时代精神，教育引导学生深刻理解中华优秀传统文化中讲仁爱、重民本、守诚信、崇正义、尚和合、求大同的思想精华和时代价值，教育引导学生传承中华文脉，富有中国心、饱含中国情、充满中国味。

——深入开展宪法法治教育。教育引导学生学思践悟习近平全面依法治国新理念新思想新战略，牢固树立法治观念，坚定走中国特色社会主义法治道路的理想和信念，深化对法治理念、法治原则、重要法律概念的认知，提高运用法治思维和法治方式维护自身权利、参与社会公共事务、化解矛盾纠纷的意识和能力。

——深化职业理想和职业道德教育。教育引导学生深刻理解并自觉实践各行业的职业精神和职业规范,增强职业责任感,培养遵纪守法、爱岗敬业、无私奉献、诚实守信、公道办事、开拓创新的职业品格和行为习惯。

四、科学设计课程思政教学体系

高校要有针对性地修订人才培养方案,切实落实高等职业学校专业教学标准、本科专业类教学质量国家标准和一级学科、专业学位类别(领域)博士硕士学位基本要求,构建科学合理的课程思政教学体系。要坚持学生中心、产出导向、持续改进,不断提升学生的课程学习体验、学习效果,坚决防止"贴标签""两张皮"。

公共基础课程。要重点建设一批提高大学生思想道德修养、人文素质、科学精神、宪法法治意识、国家安全意识和认知能力的课程,注重在潜移默化中坚定学生理想信念、厚植爱国主义情怀、加强品德修养、增长知识见识、培养奋斗精神,提升学生综合素质。打造一批有特色的体育、美育类课程,帮助学生在体育锻炼中享受乐趣、增强体质、健全人格、锤炼意志,在美育教学中提升审美素养、陶冶情操、温润心灵、激发创造创新活力。

专业教育课程。要根据不同学科专业的特色和优势,深入研究不同专业的育人目标,深度挖掘提炼专业知识体系中所蕴含的思想价值和精神内涵,科学合理拓展专业课程的广度、深度和温度,从课程所涉专业、行业、国家、国际、文化、历史等角度,增加课程的知识性、人文性,提升引领性、时代性和开放性。

实践类课程。专业实验实践课程,要注重学思结合、知行统一,增强学生勇于探索的创新精神、善于解决问题的实践能力。创新创业教育课程,要注重让学生"敢闯会创",在亲身参与中增强创新精神、创造意识和创业能力。社会实践类课程,要注重教育和引导学生弘扬劳动精神,将"读万卷书"与"行万里路"相结合,扎根中国大地了解国情民情,在实践中增长智慧才干,在艰苦奋斗中锤炼意志品质。

五、结合专业特点分类推进课程思政建设

专业课程是课程思政建设的基本载体。要深入梳理专业课教学内容,结合不同课程特点、思维方法和价值理念,深入挖掘课程思政元素,有机融入课程教学,达到润物无声的育人效果。

——文学、历史学、哲学类专业课程。要在课程教学中帮助学生掌握马克思主义世界观和方法论,从历史与现实、理论与实践等维度深刻理解习近平新时代中国特色社会主义思想。要结合专业知识教育引导学生深刻理解社会主义核心价值观,自觉弘扬中华优秀传统文化、革命文化、社会主义先进文化。

——经济学、管理学、法学类专业课程。要在课程教学中坚持以马克思主义为指导,加快构建中国特色哲学社会科学学科体系、学术体系、话语体系。要帮助学生了解相关专业和行业领域的国家战略、法律法规和相关政策,引导学生深入社会实践、关注现实问题,培育学生经世济民、诚信服务、德法兼修的职业素养。

——教育学类专业课程。要在课程教学中注重加强师德师风教育,突出课堂育德、典型

树德、规则立德,引导学生树立学为人师、行为世范的职业理想,培育爱国守法、规范从教的职业操守,培养学生传道情怀、授业底蕴、解惑能力,把对家国的爱、对教育的爱、对学生的爱融为一体,自觉以德立身、以德立学、以德施教,争做有理想信念、有道德情操、有扎实学识、有仁爱之心的"四有"好老师,坚定不移走中国特色社会主义教育发展道路。体育类课程要树立健康第一的教育理念,注重爱国主义教育和传统文化教育,培养学生顽强拼搏、奋斗有我的信念,激发学生提升全民族身体素质的责任感。

——理学、工学类专业课程。要在课程教学中把马克思主义立场观点方法的教育与科学精神的培养结合起来,提高学生正确认识问题、分析问题和解决问题的能力。理学类专业课程,要注重科学思维方法的训练和科学伦理的教育,培养学生探索未知、追求真理、勇攀科学高峰的责任感和使命感。工学类专业课程,要注重强化学生工程伦理教育,培养学生精益求精的大国工匠精神,激发学生科技报国的家国情怀和使命担当。

——农学类专业课程。要在课程教学中加强生态文明教育,引导学生树立和践行绿水青山就是金山银山的理念。要注重培养学生的"大国三农"情怀,引导学生以强农兴农为己任,"懂农业、爱农村、爱农民",树立把论文写在祖国大地上的意识和信念,增强学生服务农业农村现代化、服务乡村全面振兴的使命感和责任感,培养知农爱农创新人才。

——医学类专业课程。要在课程教学中注重加强医德医风教育,着力培养学生"敬佑生命、救死扶伤、甘于奉献、大爱无疆"的医者精神,注重加强医者仁心教育,在培养精湛医术的同时,教育引导学生始终把人民群众生命安全和身体健康放在首位,尊重患者,善于沟通,提升综合素养和人文修养,提升依法应对重大突发公共卫生事件能力,做党和人民信赖的好医生。

——艺术学类专业课程。要在课程教学中教育引导学生立足时代、扎根人民、深入生活,树立正确的艺术观和创作观。要坚持以美育人、以美化人,积极弘扬中华美育精神,引导学生自觉传承和弘扬中华优秀传统文化,全面提高学生的审美和人文素养,增强文化自信。

高等职业学校要结合高职专业分类和课程设置情况,落实好分类推进相关要求。

六、将课程思政融入课堂教学建设全过程

高校课程思政要融入课堂教学建设,作为课程设置、教学大纲核准和教案评价的重要内容,落实到课程目标设计、教学大纲修订、教材编审选用、教案课件编写各方面,贯穿于课堂授课、教学研讨、实验实训、作业论文各环节。要讲好用好马工程重点教材,推进教材内容进人才培养方案、进教案课件、进考试。要创新课堂教学模式,推进现代信息技术在课程思政教学中的应用,激发学生学习兴趣,引导学生深入思考。要健全高校课堂教学管理体系,改进课堂教学过程管理,提高课程思政内涵融入课堂教学的水平。要综合运用第一课堂和第二课堂,组织开展"中国政法实务大讲堂""新闻实务大讲堂"等系列讲堂,深入开展"青年红色筑梦之旅""百万师生大实践"等社会实践、志愿服务、实习实训活动,不断拓展课程思政建设方法和途径。

七、提升教师课程思政建设的意识和能力

全面推进课程思政建设,教师是关键。要推动广大教师进一步强化育人意识,找准育人

角度,提升育人能力,确保课程思政建设落地落实、见功见效。要加强教师课程思政能力建设,建立健全优质资源共享机制,支持各地各高校搭建课程思政建设交流平台,分区域、分学科专业领域开展经常性的典型经验交流、现场教学观摩、教师教学培训等活动,充分利用现代信息技术手段,促进优质资源在各区域、层次、类型的高校间共享共用。依托高校教师网络培训中心、教师教学发展中心等,深入开展马克思主义政治经济学、马克思主义新闻观、中国特色社会主义法治理论、法律职业伦理、工程伦理、医学人文教育等专题培训。支持高校将课程思政纳入教师岗前培训、在岗培训和师德师风、教学能力专题培训等。充分发挥教研室、教学团队、课程组等基层教学组织作用,建立课程思政集体教研制度。鼓励支持思政课教师与专业课教师合作教学教研,鼓励支持院士、"长江学者""杰出青年"、国家级教学名师等带头开展课程思政建设。

加强课程思政建设重点、难点、前瞻性问题的研究,在教育部哲学社会科学研究项目中积极支持课程思政类研究选题。充分发挥高校课程思政教学研究中心、思想政治工作创新发展中心、马克思主义学院和相关学科专业教学组织的作用,构建多层次课程思政建设研究体系。

八、建立健全课程思政建设质量评价体系和激励机制

人才培养效果是课程思政建设评价的首要标准。建立健全多维度的课程思政建设成效考核评价体系和监督检查机制,在各类考核评估评价工作和深化高校教育教学改革中落细落实。充分发挥各级各类教学指导委员会、学科评议组、专业学位教育指导委员会、行业职业教育教学指导委员会等专家组织作用,研究制订科学多元的课程思政评价标准。把课程思政建设成效作为"双一流"建设监测与成效评价、学科评估、本科教学评估、一流专业和一流课程建设、专业认证、"双高计划"评价、高校或院系教学绩效考核等的重要内容。把教师参与课程思政建设情况和教学效果作为教师考核评价、岗位聘用、评优奖励、选拔培训的重要内容。在教学成果奖、教材奖等各类成果的表彰奖励工作中,突出课程思政要求,加大对课程思政建设优秀成果的支持力度。

九、加强课程思政建设组织实施和条件保障

课程思政建设是一项系统工程,各地各高校要高度重视,加强顶层设计,全面规划,循序渐进,以点带面,不断提高教学效果。要尊重教育教学规律和人才培养规律,适应不同高校、不同专业、不同课程的特点,强化分类指导,确定统一性和差异性要求。要充分发挥教师的主体作用,切实提高每一位教师参与课程思政建设的积极性和主动性。

加强组织领导。教育部成立课程思政建设工作协调小组,统筹研究重大政策,指导地方、高校开展工作;组建高校课程思政建设专家咨询委员会,提供专家咨询意见。各地教育部门和高校要切实加强对课程思政建设的领导,结合实际研究制定各地、各校课程思政建设工作方案,健全工作机制,强化督查检查。各高校要建立党委统一领导、党政齐抓共管、教务部门牵头抓总、相关部门联动、院系落实推进、自身特色鲜明的课程思政建设工作格局。

加强支持保障。各地教育部门要加强政策协调配套,统筹地方财政高等教育资金和中

央支持地方高校改革发展资金,支持高校推进课程思政建设。中央部门所属高校要统筹利用中央高校教育教学改革专项等中央高校预算拨款和其他各类资源,结合学校实际,支持课程思政建设工作。地方高校要根据自身建设计划,统筹各类资源,加大对课程思政建设的投入力度。

加强示范引领。面向不同层次高校、不同学科专业、不同类型课程,持续深入抓典型、树标杆、推经验,形成规模、形成范式、形成体系。教育部选树一批课程思政建设先行校、一批课程思政教学名师和团队,推出一批课程思政示范课程、建设一批课程思政教学研究示范中心,设立一批课程思政建设研究项目,推动建设国家、省级、高校多层次示范体系,大力推广课程思政建设先进经验和做法,全面形成广泛开展课程思政建设的良好氛围,全面提高人才培养质量。

第三届全国高校教师教学创新大赛评分标准（课程思政组）①

一、课堂教学实录视频评分表（40 分）

评价维度	评 价 要 点
教学理念与目标	坚持立德树人，坚持"以学生发展为中心"，将价值塑造、知识传授和能力培养融为一体，充分发挥课程育人作用
教学内容	坚持思想性和学术性相统一，教学内容及资源优质适用，能够将思政教育与专业教育紧密结合，帮助学生丰富学识、增长见识、塑造品格
	坚持正确方向和正面导向，深入挖掘课程自身蕴含的思政资源，并科学有机融入教学内容体系，不做不恰当的延伸，体现思想性、时代性和专业特色
	教学内容满足行业与社会需求，关注学生已有知识和经验，关注学科专业发展前沿，教学重点难点处理恰当，体现高阶性、创新性与挑战度
教学过程	教学组织有序，注重以学生为中心，体现教师主导、学生主体，能够寓价值观引导于知识传授和能力培养之中
	教学安排合理，教学方法恰当，能够激发学生学习兴趣，引导学生深入思考，体现针对性、互动性和启发性

① 转自"全国高校教师教学创新大赛官网"文件。

续表

评价维度	评 价 要 点
教学过程	信息技术的使用合理有效,实现信息技术与课堂教学的有机融合,有力支持教学创新
	教学考核评价内容科学、方式创新,注重对学生素质、知识、能力的全方位评价,注重形成性评价与生成性问题的解决和应用
教学效果	教学内容、方法及实施过程遵循教学理念,高效达成教学目标,达到如盐化水,润物无声的效果,有效实现教书、育人相统一
	课堂讲授富有吸引力,课堂气氛积极热烈,学生深度参与课堂,积极性和活跃度高,学生素质、知识和能力得到发展和提高
	形成突显专业特色、符合学生特点的教学模式,具有较大借鉴和推广价值
视频质量	教学视频清晰、流畅,能客观、真实反映教师和学生的教学过程常态

二、教学创新成果报告评分表(20分)

评价维度	评 价 要 点
问题导向	以落实立德树人根本任务为导向,立足于学科专业的育人特点和要求,发现和解决本课程开展课堂思政教学过程中的真实问题
创新举措	能够准确把握课程思政的内涵建设要求,聚焦需要解决的课程思政教学过程的问题,在教学目标、教学设计、教学内容、方法手段、考核评价等方面提出了具体举措,且针对性、创新性、可操作性强
创新效果	能够切实解决课程思政教学存在的问题,能够有效实现寓价值观引导于知识传授和能力培养之中,帮助学生塑造正确的世界观、人生观、价值观
成果辐射	能对课程思政实践成效开展基于案例的有效分析与总结,面向同一类型课程、同一学科专业、同一类型学校,形成具有较强辐射推广价值的课程思政教学新方法、新模式

三、教学设计创新汇报评分表(40分)

评价维度	评 价 要 点
教学理念	坚持立德树人,体现"以学生发展为中心",将价值塑造、知识传授和能力培养融为一体,充分发挥课程育人作用
总体设计	遵循教学理念,围绕思政教育与专业教育紧密融合,从教学目标、教学内容、教学活动、教学方法、教学手段、教材选用、教师配备、教学考核、评价反馈等进行系统性设计,能够有效落实所在专业人才培养方案要求,有效落实立德树人根本任务
教学目标	教学目标符合学校办学定位、学生情况和专业人才培养需求,准确体现对学生价值塑造、知识传授和能力培养等方面的要求。教学目标清楚具体,易于理解,便于实施,行为动词使用正确,阐述规范
学情分析	学生认知特点和起点水平表述恰当,学习习惯和能力分析合理,思想发展现状、特点和规律总结准确

续表

评价维度	评价要点
过程与方法	符合学生思想发展和认知特点,体现课程育人理念和目标,课程知识体系清晰科学,课程自身蕴含的思政教育资源挖掘深入准确,思政资源和知识内容融合紧密恰当
	教学活动丰富,过渡自然,充分发挥教师主导、学生主体作用,能够帮助学生有效提升素质、知识和能力
	教学方法灵活恰当,现代信息技术应用科学合理,关注学生兴趣、引导学生思考,强调自主、合作、探究的学习
	教材和教学资源选用科学,教学案例典型恰当,注重价值引领,注重理论联系实际,将思政教育有机融入教学过程
考评与反馈	教学评价维度多样,方法多元,内容科学,适合学科专业要求和学生特点,能够评价学生素质、知识和能力等各方面的发展变化
设计创新	围绕价值引领、知识传授和能力培养紧密融合进行一体化设计,充分体现育人理念和特点,专业特色突出,富有思想性、时代性、科学性和创新性
文档规范	文字、符号、单位和公式符合标准规范;语言简洁、明了,字体、图表运用适当;文档结构完整,布局合理,格式美观
现场交流	观点正确,切中要点,条理清晰,重点突出,表达流畅

附录D

广东省首届本科高校课程思政教学大赛评审标准①

一、复赛(占比 30%)

评价项目	评价要点		分值
课程思政实施方案(50分)	课程思政的实施理念先进、设计思路清晰,充分体现课程育人的价值导向		15
	课程思政的实施路径合理、方法策略多样,课程思政元素融入教学各环节、全过程		25
	课程思政元素有机融入专业知识技能教学,课程育人成效显著		10
	小计		50
课堂教学设计(50分)	教学目标清晰度	教学目标清晰、具体,符合学生认知水平,能够体现课程育人目标	10
	教学内容结合度	教学内容具备高阶性、创新性、挑战度,教学重难点突出,善于结合专业知识技能挖掘提炼课程思政元素	15
	教学策略融合度	教学方法多样,注重现代信息技术应用;教学过程安排合理有序,能自然、恰当融入课程思政元素	15
	教学效果达成度	教学评价科学合理,注重过程性评价;教学内容、方法及实施过程能充分实现教学要求及课程育人目标	10
	小计		50
总分			100

---

① 转自广东省高教学会发布的文件。

二、决赛（占比 70%）

评价项目		评 价 要 点	分值
说课（30分）		阐明参赛课程的教学设计思路与实施路径,着重说明在课程教学组织过程中如何实现课程思政元素与专业知识技能教学有机融合,达成课程育人目标。条理清晰,要点突出	30
课堂教学（60分）	教学内容	教学内容充实饱满,具备高阶性、创新性、挑战度,反映学科前沿	20
		课程思政内容与专业知识技能教学内容有机融合、联系紧密	
	教学组织	教学过程安排合理,教学方法运用灵活、恰当,合理有效运用现代信息技术,将课程思政元素自然、巧妙地融入教学内容	20
		突出教师的主导性和学生的主体性,善于启发学生思考,调动学生学习积极性	
	教学特色	课程思政元素体现专业特色,展现形式新颖,示范性强	10
	教学效果	语言表达清晰流畅,精神面貌积极向上,感染力强,教学效果好	10
现场答辩（10分）		根据专家提问,完整、准确地回答,内容关联性强;逻辑清晰,条理分明;应变力强,语言流畅	10
总分			100

参 考 文 献

[1] 王学俭，石岩. 新时代课程思政的内涵、特点、难点及应对策略[J]. 新疆师范大学学报(哲学社会科学版)，2020，41 (02)：50-58.

[2] 钟金雁. 论"思政课程"与"课程思政"的异同及协同育人机制的构建[J]. 思想政治课研究，2020，(1)：6.

[3] 温潘亚. 思政课程与课程思政同向同行的前提、反思和路径[J]. 中国高等教育，2020，(08)：12-14.

[4] 谢瑜. 思政课程与课程思政融合的教学研究[M]. 成都：西南交通大学出版社，2021.

[5] 金丽馥，王玉忠，吴奕，等. 润物无声(思政课程与课程思政江大元素汇编)[M]. 镇江：江苏大学出版社，2021.

[6] 葛卫华. 厘定与贯连：论学科德育与课程思政的关系[J]. 中国高等教育，2017，15 (3)：25-27.

[7] 许家烨. 论课程思政实施中德育元素的挖掘[J]. 思想理论教育，2021，(01)：70-74.

[8] 楚国清，王勇. "大思政课"格局下统筹思政课程与课程思政协同育人的蝴蝶结模式[J]. 北京联合大学学报(人文社会科学版)，2022，20 (03)：10-15.

[9] 教育部等十部门. 教育部等十部门关于印发《全面推进"大思政课"建设的工作方案》的通知[Z]. 2022-08-10.

[10] 沈壮海. 把准全面推进大思政课建设的关键点[EB]. 中国教育新闻网，2022-10-25.

[11] 中华人民共和国教育部. 教育部关于印发《高等学校课程思政建设指导纲要》的通知[Z]. 2020-06-01.

[12] 赵罡. 协同联动扎实推进课程思政建设[N]. 中国教育报，2020-06-06.

[13] 徐雷. 专业不减量 育人提质量"三全育人"整体格局下的高校课程思政建设[N]. 中国教育报，2020-06-05.

[14] 马小洁. 课程思政要把准"四个高度融合"的内在逻辑[N]. 中国教育报，2020-06-05.

[15] 彭刚. 课程思政要如盐在水[N]. 中国青年报，2020-06-08.

[16] 陈杰. 面向复兴大业 加强课程思政 培育时代新人[N]. 教育部官网，2020-12-15.

[17] 巩金龙. 开启"新工科"课程思政建设新篇章[N]. 中国教育报，2020-06-06.

[18] 周叶中. 提升课程思政建设的意识和能力[N]. 人民日报，2021-07-28.

[19] 邸乘光. 论习近平新时代中国特色社会主义思想[J]. 新疆师范大学学报(哲学社会科学版)，2018，39 (02)：7-21.

[20] 汪劲松，张炜. 推动思政课程和课程思政同向同行[N]. 中国教育报，2021-08-29.

[21] 李兴旺. 构建具有鲜明农科特色的"领航体系"[N]. 中国教育报，2020-06-08.

[22] 靳诺. 把好"指挥棒" 抢占"主战场" 建强"主力军"[N]. 中国教育报，2020-06-05.

[23] 教育部. 教育部关于公布课程思政示范项目名单的通知[Z]. 2021-06-01.

[24] 西安电子科技大学. "计算机与网络安全"入选首批国家级课程思政示范课程[R]. 西安电子科技大学新闻网，2021-06-22.

[25] 于歆杰，朱桂萍. 从课程到专业,从教师到课组——由点及面的课程思政体系建设模式[J]. 思想理论教育导刊，2021(3)：92-98.

[26] 于歆杰. 合五为一连通课程思政建设的最后一公里[J]. 中国大学教学，2021(8)：28-34,41.

[27]　清华大学教师发展中心. 于歆杰做客名师教学讲坛 分享对课程思政的理解和经验[R]. 2021-4-21.

[28]　李文生，叶文，刘晓鸿. 操作系统课程思政探索与实践[J]. 软件导刊，2022，21（7）：6.

[29]　上海电力大学. 我校举办课程思政主题系列研讨沙龙（一）——国家级课程思政名师研讨沙龙[R]. 上海电力大学新闻网，2022-05-20.

[30]　教育部. 教育部推出首批国家级一流本科课程[Z]，2021-06-01.

[31]　中国计量大学. 教之以事而喻诸德——国家级教学名师王万良教授来校作课程思政专题报告[R]. 中国计量大学新闻网，2021-05-20.

[32]　洛阳师范学院.【启梦大讲堂】走进人工智能时代[R]. 2021-12-10.

[33]　华中科技大学.【七一光荣榜】秦磊华：埋头拉车 抬头看路 仰望星空[R]. 2021-07-06.

[34]　华中科技大学.【七一光荣榜】湖北省高校优秀共产党员风采[R]. 2021-07-02.

[35]　周海波，曾煦欣，李海燕等. 基于"全人教育"的药物分析课程思政改革[J]. 药学教育，2022，38（2）：18-21.

[36]　刘雷. 暨南大学孙平华教授的课程思政之路[N]. 广东科技报，2021-04-06.

[37]　许琳. 国家总局贯彻落实习近平总书记讲话精神 用"四个最严"确保人民群众"舌尖上的安全"[J]. 中国食品药品监管，2016（12）：9.

[38]　中国人民大学. 中国教育在线头条刊登数据库课程虚拟教研室负责人杜小勇教授专访[R]. 2022-06-20.

[39]　中国人民大学. 杜小勇教授受邀参加四川大学"课程思政|计算机专业课教学模式探索与启示研讨会"并作主题报告[R]. 2020-07-20.

[40]　东北林业大学. 信息学院开展"课程思政专家谈"线上讲座交流活动[R]. 2021-10-15.

[41]　烟台理工学院. 信息工程学院组织教师参加首届全国高校计算机课程思政案例设计大赛研讨会[R]. 2022-09-07.

[42]　教育部. 教育部关于公布课程思政示范项目名单的通知[EB]. 教育部官网，2021-06-01.

[43]　重庆大学课程思政建设实施办法[EB]. 重庆大学本科教学信息网. 2021-11-30.

[44]　东北大学. 东北大学实施"思业融合燎原计划"构建课程思政建设新模式[R]. 教育部简报，2020-12-30.

[45]　东南大学课程思政建设实施方案[EB]. 东南大学教育部高校思想政治工作创新发展中心，2021-09-28.

[46]　关于印发《复旦大学关于全面深入推进课程思政建设的实施方案》的通知[EB]. 复旦大学教务处. 2021-07-13.

[47]　南京大学全面加强课程思政建设行动方案[EB]. 南京大学研究生院，2021-10-22.

[48]　南开大学课程思政建设实施方案[EB]. 南开大学教务处，2021-04-03.

[49]　天津大学"课程思政"工作实施方案[EB]. 天津大学教务处，2018-09-14.

[50]　武汉大学. 我校获批教育部课程思政教学研究示范中心[R]. 武汉大学新闻网，2021-06-17.

[51]　一图读懂《西安交通大学全面深化课程思政建设工作实施方案》[EB]. 西安交通大学新闻网，2021-05-20.

[52]　中国科学院大学课程思政实施方案[EB]. 中国科学院大学教务部，2022-01-07

[53]　武文娟. "北大思政课"育时代新人[N]. 北京青年报，2022-03-27.

[54]　北京理工大学：推进课程思政数字化，打造红色铸魂精品课[R]. 新华网，2022-03-24.

[55] 辛阳. 东北大学创新"三全育人"机制 打造育人强磁场[R]. 人民网，2022-04-24.

[56] 苏雁，张然. 河海大学：将"源头活水"注入思政工作[N]. 光明日报，2021-12-22.

[57] 许子威. 人和植物一样，都需要奋力生长[N]. 中国青年报，2022-05-10.

[58] 郭婷婷，张隽. 新工科专业课程思政教育有了"华中大方案"[R]. 人民网湖北频道，2022-05-13.

[59] 新华网. 暨南大学打造"大思政"育人模式下的科技思政课堂[R]. 新华网，2022-06-29.

[60] 南开大学. 南开大学积极探索构建"大思政课"育人格局[R]. 教育部，2022-05-12.

[61] 厦门大学. 厦门大学打造五个"同心圆"为一体的课程思政体系[R]. 教育部，2021-12-02.

[62] 李伟. 武大百余专家打造思政授课"梦之队"[R]. 新华网，2022-01-11.

[63] 李琳. 窦贤康为本科生讲思政课[R]. 武汉大学新闻网，2022-04-12.

[64] 习近平. 为建设世界科技强国而奋斗[N]. 人民日报，2016-06-01.

[65] 吴长锋. 113 个光子的量子计算原型机"九章二号"研制成功[N]. 科技时报，2021-10-27.

[66] 许琦敏. 量子计算升级！"九章二号""祖冲之二号"问世[N]. 文汇报，2021-10-27.

[67] Mosca M，Piani M. Quantum Threat Timeline Report[R]. 2022.

[68] Ness G，Lam MR，Alt W，et al. Observing crossover between quantum speed limits[J]. Science Advances，2021,7(52)：1-9.

[69] 习近平. 加强政党合作 共谋人民幸福[N]. 人民日报，2021-07-07.

[70] 张媛，周强，张扬. 量子计算机进入 2.0 时代,这一路经历了怎样的曲折过程？[N]. 中国军网-解放军报，2021-12-03.

[71] 宇津木健. 图解量子计算机[M]. 胡屹，译. 北京：人民邮电出版社，2022.

[72] 百度量子计算研究所. 量子计算机基础[R]. 2021.

[73] Wang P，Luan C-Y，Qiao M，et al. Single ion qubit with estimated coherence time exceeding one hour[J]. Nature Communications，2021, 12 (1)：233.

[74] McDonald M. Establishing World-Record Coherence Times on Nuclear Spin qubits made from neutral atoms[R]. Nature Communications，2022-05-19.

[75] 周卓俊，罗乐. 离子阱量子计算机的发展现状与趋势[J]. 世界科技研究与发展，2022，44 (2)：15.

[76] 吴怡莎. IBM 研究院院长：量子计算"大爆发"将在十年内到来[R]. 澎湃新闻，2022-10-21.

[77] 天下财经. 别拿"量子"当幌子[R]. 央视网，2021-06-17.

[78] 丁慎毅. 莫让"量子"骗局损害消费升级[N]. 中国工商时报，2021.

[79] 张一迪. 未来操作系统可能是多生态并存[EB]. 中国经济网，2021-09-07.

[80] 孙冰. 500 亿鸿蒙生态圈 设备数超 1.5 亿,智能座舱最快年底上市[J]. 中国经济周刊，2021(20)：66-67.

[81] 时娜. 覆盖设备超 1.5 亿台！鸿蒙生态初步成型[N]. 上海证券报，2021-10-23.

[82] 何立民. 浅谈华为的双循环战略与鸿蒙生态体系建设[J]. 单片机与嵌入式系统应用，2021，21 (8)：2.

[83] 汤志伟，李昱璇，张龙鹏. 中美贸易摩擦背景下"卡脖子"技术识别方法与突破路径——以电子信息产业为例[J]. 科技进步与对策，2021，38(1)：1-9.

[84] 李国敏. 新时代中国企业海外拓展的战略风险[D]. 北京：中共中央党校，2019.

[85] 吴绍波. 创新生态视角下中国信息产业面临的挑战与突围——美国制裁华为事件的启示[J]. 中国西部，2020(1)：91-100.

[86]　谢克强. 鸿蒙操作系统打造生态的路径思考[J]. 单片机与嵌入式系统应用, 2019, 19(10): 3-6.

[87]　王小方. 商用三年 鸿蒙更稳了[R]. 集微网, 2022-10-23.

[88]　新智元. 中国区禁用! 知名开源软件 Terraform、Consul、Vagrant 官宣禁止国内部署安装[R]. 新智元, 2020-05-30.

[89]　罗罡. 盘点国产操作系统[J]. 时代风采, 2021(9): 2.

[90]　中央政府采用国产操作系统[J]. 办公自动化, 2019, 24 (15): 26.

[91]　韩乃平, 李蕾. 国产操作系统生态体系建设现状分析[J]. 信息安全研究, 2020, 6 (10): 887-891.

[92]　贾丽. 国产操作系统研发取得实质性进展 "开放麒麟"加速开源生态构建[N]. 证券日报, 2022.

[93]　盖茨有先见之明 早知道柯达股票将崩盘[EB]. 赛迪网, 2009-12-31.

[94]　高伟. "数"尽其用 智慧生活[N]. 贵州日报, 2022-05-26.

[95]　刘子涵. 元宇宙: 人类数字化生存的高级形态[J]. 新阅读, 2021(9): 78-79.

[96]　保建云. 元宇宙、数字革命与中国数字经济创新发展——基于党的十九届六中全会决议视角的分析[J]. 曲靖师范学院学报, 2022, 41(2): 1-9.

[97]　工业和信息化部网站. 八部门关于印发《"十四五"智能制造发展规划》的通知[Z]. 2021-12-21.

[98]　数字化转型伙伴行动[Z]. 国家发展改革委官网.

[99]　数字化转型"知行合一": 中国二十冶工程管控平台思考与实践[Z]. 广联达新建造, 2021.

[100]　姚磊. 新冠疫情倒逼数字化转型加速[R]. 赛迪直播, 2020-03-13.

[101]　陈雪频. 一本书读懂数字化转型[M]. 北京: 机械工业出版社, 2020.

[102]　陈雪频. 家族企业的数字化转型[J]. 家族企业, 2022(7): 2.

[103]　新闻联播. 【解码十年】中国掀起数字化浪潮[R]. 央视新闻, 2022-08-20.

[104]　韩羽. 第四届数字中国建设峰会: 掀起中国新一轮数字化浪潮[J]. 技术与市场, 2021(5): 22-23.

[105]　上海高级金融学院. 奇绩创坛走进高金 陆奇揭秘数字化浪潮下的创新创业风口[R]. 上海交通大学, 2020-01-14.

[106]　国家市场监督管理总局. 《信息化和工业化融合 数字化转型 价值效益参考模型》国家标准[S]. 2022-10-14.

[107]　张蕊, 陈旭. 行程码累计查询突破 458 亿次![R]. 每日经济新闻, 2022-04-28.

[108]　《我和我的祖国》: 岁月静好 是因有人负重前行[N]. 新京报, 2019-10-04.

[109]　习近平. 在纪念中国人民志愿军抗美援朝出国作战 70 周年大会上的讲话[N]. 人民日报, 2020.

[110]　通讯员. 万里数据库 GreatDB 为"行程码"提供技术支撑[R]. 墨天轮, 2022-05-25.

[111]　潘子夜. 国产数据库排行榜及发展现状分析[EB]. 2022-05-06.

[112]　李娜. 中兴通讯: 国产数据库进入金融业"核心区"[N]. 第一财经日报, 2021-10-15.

[113]　李争粉. 市场空间巨大 国产数据库创新谋变[N]. 中国高新技术产业导报, 2021-08-02.

[114]　闫景爽. 拒绝"校园贷", 不负青春债[N]. 华商报, 2021-06-03.

[115]　信用中国. 信用知识|一起了解校园贷的套路[R]. 2021-03-22.

[116]　陈远丁, 席莉莉, 邹雅婕. 聚焦"校园贷"之一[R]. 人民网, 2019-12-30.

[117]　陈远丁, 席莉莉, 邹雅婕. 聚焦"校园贷"之二[R]. 人民网, 2019-12-30.

[118]　编程语言排行榜[EB]. TIOBE, 2022-10.

[119]　胡少华. 高速光纤通信系统不同信号损伤下的性能增强技术研究[D]. 成都: 电子科技大学, 2022.

[120]　天下财经. 江苏: 探访亚洲最大光棒生产基地 年产光纤可绕地球超 2000 圈[R]. 央视网, 2022-

09-10

[121] 白央，陈雷，张岗，等. 西北工业大学遭网络攻击事件调查报告发布：网络攻击源头系美国国家安全局[R]. 央视新闻，2022-09-05.

[122] 习近平. 共同构建人类命运共同体[N]. 人民日报，2017-01-20.

[123] 王云峰. "双语带货"出圈 新东方开启跨界转型之路[J]. 服务外包，2022(7)：76-77.

[124] 新华网. 专家：没网络主权就没网络安全 打造中国自己网络[R]. 2016-02-06.

[125] 姜虹. 网络安全进入"云威胁"时代[N]. 中华工商时报，2011.

[126] 于世梁. 浅谈根域名服务器与国家网络信息安全[J]. 江西行政学院学报，2013，15（2）：4.

[127] 本报编辑. 专家：中国急需自建根域名服务器[J]. 计算机与网络，2014(2)：6.

[128] 中国教育网络. 下一代互联网根服务器实验项目"雪人计划"正式发布[R]. 中国教育网络，2015.

[129] 那什. 5G持续演进 6G稳步布局[N]. 光明日报，2022-08-17.

[130] 潘树琼，杨洋. 胡玮炜：骑行改变城市未来[R]. 网络传播杂志，2017-03-17.

[131] 数可视. 共享单车兴衰史：爆发期20多家企业共存，如今寥寥无几[R]. 腾讯科技，2018-08-26.

[132] 刘启腾. 从ofo小黄车兴衰史看共享经济怪圈[J]. 现代商业，2022，(11)：3-5.

[133] 中国日报社深圳记者站. 哈啰单车全面接入北斗定位[R]. 中国日报，2020-06-23

[134] 王宗想. 信息技术视角下共享单车技术创新探析[J]. 数字通信世界，2018，164(8)：117.

[135] 郭鹏，林祥枝，黄艺，等. 共享单车：互联网技术与公共服务中的协同治理[J]. 公共管理学报，2017，14（3）：10.

[136] 智东西. 共享单车三大迷局：人没了，车没了，钱没了[N]. 中国日报，2017-11-27.

[137] 彭秀萍，黎忠文. 共享单车背后的物联网技术解析[J]. 信息与电脑，2017(18)：3.

[138] 娄支手居. 第四产业：数据业的未来图景[M]. 北京：中信出版社，2022.

[139] 李佳师. 数据编织，大数据的新风口？[N]. 中国电子报，2021-08-24.

[140] 齐艳平. 大数据时代数据编织方法及其对数据治理影响初探[J]. 中国国情国力，2022(01)：69-73.

[141] 韩鑫. 智能养老 生活更好[N]. 人民日报，2018-08-26.

[142] 智东西. 智能音箱这一年：飙增15倍！四巨头哭着收割市场[N]. 中国日报，2018-12-28.

[143] 销（销售举措）. 销售与市场：管理版. 2018(4)：9.

[144] 洛图科技(RUNTO). 2021中国客厅IoT智能设备发展白皮书[R]. 2022.

[145] 国家工业信息安全发展研究中心，工信部电子知识产权中心. 2020人工智能中国专利技术分析报告[R]. 2020.

[146] 嘉玛. 中国有多少人用手机？我国人均手机数量超1部[R]. 中国日报网，2021-08-12.

[147] 上海力浩物联网科技有限公司. 未来物联网将无处不在[R]. 2022.

[148] 吴吉义，李文娟，曹健，等. AIoT智能物联网研究综述[J]. 电信科学，2021，(8)：1-25.

[149] 盘和林. 从AIoT到元宇宙：关键技术、产业图景与未来展望[M]. 杭州：浙江大学出版社，2022.

[150] 财联社. 乌克兰网络安全中心：国防部网站和银行遭到DDoS攻击[R]. 财联社，2022-02-16.

[151] 小淳. 乌克兰军队被曝使用默认账号密码"admin"和"123456"[R]. 快科技，2018-09-27.

[152] JZ，知行图. Zoom用户暴涨背后的隐秘风波[J]. 品质，2020(5)：2.

[153] 张顺亮. 移动办公，别忘了风险[J]. 保密工作，2020(8)：2.

[154] Wikipedia. Encrypted using ECB mode[EB].

[155] 柳大方. Zoom冰火劫[J]. 创新世界周刊，2020(6)：48-53.

[156]　习近平. 决胜全面建成小康社会 夺取新时代中国特色社会主义伟大胜利[N]. 人民日报，2017-10-28.

[157]　习近平. 在网络安全和信息化工作座谈会上的讲话[N]. 人民日报，2016-04-26.

[158]　鲍盛旭，李依梦. 椒江一女子炒"比特币"被骗300万元[R]. 台州日报，2021-01-18.

[159]　刘巍巍. 苏州警方破获虚拟货币黑客案[R]. 新华社，2020-08-20.

[160]　杜宇. 比特币跌破37000美元关口，全网近24小时又有105122人爆仓，26.68亿资金灰飞烟灭! [R]. 每日经济新闻，2022-02-22.

[161]　汤翠玲. 疯狂! 比特币大涨至6万美元，却有超过13万人爆仓，怎么回事?[N]. 上海证券报，2021-03-14.

[162]　徐琢. 夫妻投资比特币亏2000万[N]. 辽沈晚报，2020-12-21.

[163]　比特币价格[Z]. 全球第四大财经网站"英为财情"，2022-9-30.

[164]　国家发展改革委. 国家发展改革委等部门关于整治虚拟货币"挖矿"活动的通知[Z]. 2021-09-03.

[165]　陈建奇. 数字货币会影响国家安全吗? [J]. 新华月报，2019，(11)：3.

[166]　华尔街见闻. 2022巴菲特股东大会精华版来了[R]. 华尔街见闻，2022-05-01.

[167]　币大师. 比特币是怎么发行的? 比特币查收的原理详解[EB]. 币圈子，2022-04-18.

[168]　李贤. 深入浅出讲透区块链[EB]. 百度文库.

[169]　李伟. 区块链是数字化时代的"安全基座"[R]. 2022-07-14.

[170]　何德旭，姚博. 人民币数字货币法定化的实践、影响及对策建议[J]. 金融评论，2019，11 (5)：38-50,116,117.

[171]　国家发展改革委，关于印发《加快培育新型消费实施方案》的通知[Z]. 2021-03-25.

[172]　搜狐新闻. 加密货币价格[R]. 搜狐新闻，2021-12-08.

[173]　关于举办广东省首届本科高校课程思政教学大赛复赛的通知[EB]. 广东高教学会. 2021.

[174]　何红娟. "思政课程"到"课程思政"发展的内在逻辑及建构策略[J]. 思想政治教育研究，2017，33 (5)：60-64.

[175]　刘小丽，杜宝荣，胡彦，等. 计算机科学基础[M]. 北京：清华大学出版社，2020.

[176]　余宏华，刘小丽. 计算机科学基础习题与解析[M]. 北京：清华大学出版社，2020.

[177]　刘小丽，温金明，王肃，等. 数据处理实践教程(微课版)[M]. 北京：清华大学出版社，2022.

[178]　古天龙. 人工智能伦理导论[M]. 北京：高等教育出版社，2022.

[179]　陈展荣，刘小丽，杜宝荣，等. 数据科学基础实践教程[M]. 北京：人民邮电出版社，2020.